riable dans vos engagements, chéri, adoré presque d'une nation inépuisable dans ses ressources, quand elle les cherche dans son amour : que manque-t-il à votre gloire ? Osons le dire cependant, tant d'avantages réunis n'assurent point la vraie grandeur : ils peuvent fixer ici-bas la plus vaste ambition ; mais après tout, ils n'offrent rien que de frivole & de périssable : la mort les efface, le tombeau les anéantit. Il n'est de gloire solide que celles que donnent les vertus chrétiennes. Le vainqueur de Fontenoy, le pacificateur de l'Europe, le pere des François, vivra à jamais dans nos fastes, mais nos fastes périront. Le digne fils de l'église, le prince vraiment chrétien, le monarque religieux ; voilà, Sire, vos titres les plus augustes, titres durables, que la religion consacre, & qui seuls peuvent vous assurer la véritable immortalité.

2 Mars 1766. *Le préservatif contre le clergé, ou lettre à un curé*, de près de 80 pages. Cet écrit tend à prouver,

1°. Que la bulle *unigenitus* n'est ni ne peut être une loi dogmatique.

2°. Que le souverain a droit d'imposer silence sur un pareil décret, & de fermer l'entrée de ses états.

3°. Que cette loi, fût-elle réellement dogmatique, l'opposition n'est pas un crime.

4°. Que dès-lors l'opposition ne peut être punie par un refus de sacrements.

5°. Que, quand elle seroit de nature à mériter cette punition, elle n'a été prononcée par aucune loi.

6°. Que le magistrat peut donc & doit empêcher ce refus.

7°. Qu'enfin tout exercice extérieur du ministere religieux est soumis à l'inspection des loix & du magistrat, qui en est par son état le défenseur.

3 *Mars* 1766. Avant-hier M. l'archevêque de Toulouse (Brienne) a prononcé à Notre-Dame l'oraison funebre du dauphin. Cet orateur n'a pas répondu à l'attente qu'on avoit de lui : il n'a dit que des choses communes, & nous n'avons point trouvé dans son style cette chaleur & cette rapidité qu'exige tout discours éloquent.

4 *Mars* 1766. M. l'évêque de Lavaur est nommé pour faire l'oraison funebre du roi Stanislas.

4 *Mars*. On débite imprimée une *Réponse du roi au parlement*, en date du 3 mars, dont le fonds & la forme sont également intéressants; ce sont les principes du despotisme établis avec la plus grande hardiesse sur ceux du droit naturel. Quant au style, il est fort, nerveux, noble, à quelques phrases près, très-entortillées.

5 *Mars* 1766. On a donné avant-hier pour la premiere fois la premiere & derniere représentation de *Gustave*, de M. de la Harpe. Il place son héros dans les montagnes de la Dalécarlie. Ce drame a eu beaucoup de peine à parvenir jusqu'à la fin, & les deux derniers actes ont été soufferts très-impatiemment. Rien de plus misérable aussi. Cet auteur, au lieu d'augmenter, n'a fait que décroître depuis sa premiere tragédie, & montre absolument dans celle-ci son incapacité. C'est un monstre dramatique de toutes façons, où il ne se trouve aucune beauté, même de détail.

6 *Mars* 1766. Un auteur a voulu venger la gloire de *Beauvais*, qu'on reprochoit à M. de

MÉMOIRES SECRETS

POUR SERVIR A L'HISTOIRE

DE LA

RÉPUBLIQUE DES LETTRES

EN FRANCE,

DEPUIS MDCCLXII JUSQU'A NOS JOURS;

OU

JOURNAL

D'UN OBSERVATEUR,

CONTENANT les Analyses des Pieces de Théatre qui ont paru durant cet intervalle ; les Relations des Assemblées Littéraires ; les notices des Livres nouveaux, clandestins, prohibés; les Pieces fugitives, rares ou manuscrites, en prose ou en vers; les Vaudevilles sur la Cour ; les Anecdotes & Bons Mots ; les Eloges des Savants, des Artistes, des Hommes de Lettres morts, &c. &c. &c.

TOME TROISIEME.

. . . . huc propius me,
. . . . vos ordine adite.
Hor. L. II, Sat. 3, ℣. 81 & 82.

A LONDRES,
Chez JOHN ADAMSON.

M. DCC. LXXXIV.

MÉMOIRES
SECRETS

Pour servir a l'Histoire de la République des Lettres en France, depuis MDCCLXII jusqu'a nos jours.

ANNÉE M. DCC. LXVI.

1 *Mars.* Compliment du R. P. Martial Hardi, recollet, fait au roi à l'ouverture du carême de cette année.

SIRE,

Posséder la plus brillante couronne, commander à un peuple digne d'obéir au premier maître du monde, régner sur autant de cœurs que l'on compte de sujets : voilà, SIRE, les privileges de votre sceptre, & l'étendue de votre empire : redoutable à vos ennemis, alors même que le succès couronne leurs efforts ; respecté de vos alliés, qui vous trouvent équitable dans vos projets ; désintéressé dans vos vues, inva-

Belloy d'avoir flétri mal-à-propos : en conséquence il a fait le *Siege de Beauvais*, ou *Jeanne l'aînée*, tragédie en cinq actes. Cet ouvrage est d'un honnête citoyen, plus capable sans doute de faire une bonne action que de composer un bon drame. C'est M. Araignon.

7 *Mars* 1766. Le pere Fidele de Pau, capucin, a prononcé au couvent des capucins une oraison funebre de M. le dauphin, qui paroît imprimée. A travers tout le galimathias & le ridicule dont elle est pleine, on découvre une imagination vive & ardente, un génie hardi & fécond : il ne manque à ces deux facultés que du jugement pour les diriger; & l'auteur a fait un abus de termes qui dénaturent absolument ses idées. On prétend qu'il a pillé une pareille oraison funebre, prononcée autrefois pour le grand dauphin, qu'on trouve imprimée dans quelques recueils. Elle étoit si plaisante, que madame de Maintenon ne trouva point de meilleur moyen pour mettre un terme à la douleur de Louis XIV, que de lui faire lire cet ouvrage, dont il ne put s'empêcher de rire.

8 *Mars* 1766. On vient d'imprimer, par ordre du parlement de Provence, le fameux *Discours de M. le Blanc de Castillon*, dont nous avons donné un extrait. On y rapporte ce même extrait, qu'on supprime & qu'on condamne avec différentes qualifications, & sur-tout comme calomnieux envers le magistrat. Par une singularité inconcevable, ce même précis se retrouve épars tout entier dans le discours, à quelques phrases près, qu'on sent très bien avoir été supprimées. Il résulte de cette justification, que l'extrait étoit vraisemblablement très-bien fait, & qu'on

n'a rien imputé à M. Castillon qu'il n'eût dit : mais il convenoit de le désavouer. Ce discours, du reste, est très-beau, très-éloquent, & plein de grandes vues.

9 *Mars* 1766. M. de Caylus en mourant avoit souhaité qu'on mît sur son tombeau à St. Germain-l'Auxerrois sa paroisse, un monument antique de porphyre très-cher & très-précieux. Le curé de la paroisse a fait des difficultés : il a témoigné des scrupules de faire entrer dans son église cet ornement profane. La chose n'est point encore décidée. M. de Caylus vouloit qu'on y joignît pour épitaphe: CI GIT CAYLUS.

10 *Mars* 1766. M. l'abbé de Boisemont a prononcé aujourd'hui, devant l'académie Françoise, l'oraison funebre de M. le dauphin, dont il étoit chargé. Ce discours a paru faire une grande sensation sur les auditeurs : on craint qu'à la lecture il n'ait pas le même succès. En général, cet orateur fort lâche & plein d'afféterie, n'est pas propre aux grandes touches de l'éloquence.

11 *Mars* 1766. L'académie des sciences vient de perdre un célebre chymiste, M. Hellot, âgé de quatre-vingt-huit ans. Il avoit été chargé de la composition de la gazette de France, depuis 1718 jusqu'en 1732; & cette gazette, à ce qu'on prétend, étoit devenue très-intéressante entre ses mains. Mais son mérite brille essentiellement dans les mémoires de l'académie, où il développe les plus grandes connoissances dans la chymie, & le style le plus correct dans sa composition. Le conseil l'avoit chargé d'une espece d'inspection sur les teintures, l'exploitation des mines, & la fabrication des porcelaines en France ; & il a ré-

pandu fur tous ces objets des lumieres qui feront très-utiles à ceux qui lui fuccedent.

12 Mars 1766. L'oraifon funebre du *pere Fidele de Pau* a fait tant de bruit dans ce pays, où l'on rit de tout, qu'il a fallu l'arrêter, & la police vient de la défendre: au moyen de quoi elle eft très-chere.

Depuis quelque temps l'auteur en avoit débité une avec des notes, dont on a faifi 200 exemplaires dans fa chambre.

14 Mars 1766. On a refté long-temps indécis fur la rentrée de Mlle. Clairon; il y a eu même là-deffus diffenfion entre M. de Valbelle, fon amant, & l'actrice en queftion. Il paroît que le goût naturel de cette héroïne pour la fcene, l'envie de perpétuer fa célébrité, & peut-être des raifons de fortune l'avoient déterminée à paffer par-deffus la fatisfaction qu'elle fe croyoit en droit d'attendre pour un châtiment qu'elle ne s'étoit attiré que par des motifs auffi nobles que louables. Ce militaire, délicat fur l'honneur, n'avoit pas penfé de même, & prétendoit qu'il falloit tout facrifier, plutôt que de faire une démarche peu glorieufe. La difpute avoit été fi vive entr'eux, que le bruit avoit couru d'une rupture. Cependant des amis communs cherchent à les rapprocher, & M. de Valbelle a confenti de s'en rapporter à un comité de gens fages & éclairés. En conféquence on eft allé au fcrutin chez Mlle. Clairon, & le grand nombre ayant été pour qu'elle rentrât, M. de Valbelle y a acquiefcé.

15 Mars 1766. *Projet d'écoles publiques.* L'auteur de ce projet releve très-bien les abus de l'éducation ordinaire de nos colleges. Dans la

premiere partie de son ouvrage, la difficulté est d'en substituer une réellement bonne: l'auteur simplifie les objets, & réduit à quatre le nombre des professeurs.

17 Mars 1766. M. l'abbé de Beauvais a prononcé à Notre-Dame *l'oraison funebre de Don Philippe.* Quoique l'orateur fût tremblant, on a remarqué de très-belles choses dans son discours, & l'art merveilleux par lequel il a rapproché le deuil général de l'Europe.

Tous les spectacles ont vaqué ce jour-là, suivant l'usage.

17 *Mars.* L'*enthousiasme François.* Cette brochure de M. Marchand, est la redondance d'un homme d'esprit qui ne peut plus contenir ce qu'il pense: elle n'est ni aussi légere, ni aussi agréable que celles de sa jeunesse; elle se sent de la pesanteur de l'âge. L'auteur passe en revue les différents objets qui ont fait la matiere des conversations de Paris, depuis les pantins jusqu'à la scene que firent les histrions François au public à la rentrée de pâque 1765. Il finit par une apologie du gouvernement François; il prétend que c'est celui dans lequel on goûte le plus de liberté.

18 *Mars* 1766. M. Villaret, le continuateur de *l'Histoire de France*, commencée par l'abbé Vely, est mort ces jours-ci. Il laisse son histoire à *Louis* XI. Il étoit plus diffus que son prédécesseur, & n'étoit pas aussi bien goûté par quantité de gens.

19 *Mars* 1766. Il court une lettre manuscrite qu'on attribue à M. de Voltaire. Ce grand poëte y parle de la fameuse réponse du roi du 3 mars. Il respecte avec toute la soumission d'un sujet

les principes qui y font établis : il ne l'examine que du côté littéraire ; il la trouve si bien écrite, le style en est si fort, si concis, si rapide, si noble, qu'il ajoute que si S. M. n'étoit pas protectrice de l'académie, il faudroit sur le champ lui donner une place par acclamation.

20 *Mars* 1766. *Livre d'estampes de l'art de la coëffure des dames Françoises, sur les desseins originaux d'après les accommodages ; avec le traité en abrégé de l'art d'entretenir & de conserver les cheveux naturels, par le sieur le Gros, coëffeur des dames, in-4°. avec figures.* L'auteur, dit-il, a eu l'honneur de coëffer les dames de quarante-deux goûts différents, bien applaudis : il a fait une dissertation savante sur la nature des cheveux & les moyens de les conserver : il a établi une académie ; il a formé des éleves, &c. Il a fait présent de son ouvrage à mesdames de France, aux impératrices de Russie, d'Allemagne, &c. Il ne vend ce volume au public que 72 livres, relié en maroquin.

21 *Mars* 1766. M. Gaillard, de l'académie des inscriptions & belles-lettres, vient de donner *l'histoire de François I, roi de France, dit le grand roi & le pere des lettres, 4 vol. in-12.* L'auteur ne s'est point assujetti à la méthode purement chronologique des annalistes, n'a pas même mêlé ensemble les événements d'un ordre différent ; il a séparé l'histoire ecclésiastique de l'histoire civile, l'histoire littéraire de l'histoire politique & militaire, sans pourtant négliger de montrer leur connexité. Il donne aujourd'hui seulement la partie civile, politique & miltaire ; il justifie dans sa préface cette nouvelle méthode,

& traite la maniere d'écrire l'histoire; il y porte les jugements les plus solides sur les historiens anciens & modernes.

22 *Mars* 1766. C'est M. l'abbé Garnier que le libraire a choisi pour continuateur de l'histoire de France, interrompue par la mort de Villaret. Il est abonné à 1,500 livres par volume, quoique son prédécesseur eût mille écus. Il avoit commencé de même, & l'abbé Vely n'avoit d'abord eu que 1,000 livres.

23 *Mars* 1766. Les comédiens remuent avec force pendant ces vacances pour se procurer au moins un état légal : ils prétendent avoir trouvé dans leurs titres qu'ils avoient autrefois celui de *valets de chambre du roi*; & ils le réclament de nouveau. Mlle. Clairon paroît faire dépendre sa rentrée au théâtre de cette condition.

24 *Mars* 1766. Mlle. Préville, actrice de la comédie Françoise, d'un talent noble & distingué dans le haut comique, de mœurs assez honnêtes pour une comédienne, vivoit depuis long-temps avec Molé, autre acteur dont elle étoit éprise. Celui-ci, jeune & ardent, ne s'en est pas tenu à elle; il a porté ses vœux ailleurs, & l'on parle même de son mariage avec Mlle. Doligny. La premiere est tombée malade de jalousie; elle est dans une langueur qui fait craindre pour sa vie. Ce bel exemple lui feroit un honneur infini, si elle poussoit l'héroïsme jusqu'à en mourir.

25 *Mars* 1766. On répand très-furtivement une brochure, qui a pour titre : *Oraison funebre du parlement*. C'est une satire amere de ce

ribunal & de sa conduite dans les circonstances présentes.

26 *Mars* 1766. Dans le *journal encyclopédique* du 15 février 1766, on lit une *apologie en raccourci de la conduite de la compagnie des pasteurs de la principauté de Neuchâtel, à l'occasion de M. J. J. Rousseau.*

Ces Messieurs démontrent la validité de leurs raisons pour refuser d'admettre à leur communion ce célèbre incrédule. Réfutant tout ce qui a été dit là-dessus dans une lettre qu'on suppose écrite de Goa, & dans d'autres écrits clandestins, &c.; ils désavouent en même temps les violences exercées contre M. Rousseau, qu'ils regardent comme tout-à-fait contraires à l'esprit de la religion & au vrai zele, toujours unis à la plus tendre & la plus vive charité, &c.

27 *Mars* 1766. M. Thomas a cru, dans les circonstances présentes, devoir élever aussi la voix, par son *éloge funebre du dauphin*. Il prétend moins avoir voulu honorer la cendre du mort, que donner des leçons à ses successeurs. Grande & sublime entreprise, très-bien soutenue dans cet ouvrage, où regne presque par-tout un ton dogmatique & pédantesque! Il y a accumulé les métaphores outrées, les hyperboles gigantesques, les figures extravagantes, &c. en un mot, c'est un travail pénible de lire de suite un pareil éloge. Il faut pourtant rendre justice à l'orateur: il y a un morceau très-bien fait & très-touchant; c'est celui de la mort. Il est de la plus grande beauté, parce qu'on n'y reconnoît en rien le rhéteur: c'est un choix heureux de

tous les faits, de toutes les circonstances propres à rendre ce moment intéressant, revêtus du style le plus simple & le plus vrai. C'est en cet endroit que M. Thomas est supérieur à tous ceux qui ont traité le même sujet. Il regne en général dans son ouvrage un défaut très-grand ; c'est que par la maniere dont le sujet est traité, l'Eloge de M. le dauphin est une satire perpétuelle de la conduite du roi. On cite sur-tout le morceau des études, où M. Thomas trace le prince développant l'histoire de ces grands corps, &c. ; il parle des parlements, & semble établir des principes contradictoires à ceux de la Réponse du Roi.

28 Mars 1766. L'estampe représentant la famille des *Calas*, dont on a tant parlé, & qui avoit été arrêtée par des ordres supérieurs, va enfin se distribuer ; le dessin est d'un fameux amateur, M. *de Carmontel*, & il a été exécuté par les plus habiles graveurs. Toute la France & même toute l'Europe s'est empressée de souscrire pour un pareil acte de charité. L'impératrice de Russie a donné 5,000 livres.

29 Mars 1766. Enfin l'*Encyclopédie* paroît toute entiere ; il y a dix nouveaux volumes. Par un arrangement assez bizarre, le libraire les a fait venir de Hollande, aux environs de Paris où ils sont imprimés ; & c'est aux souscripteurs à les faire entrer ici à leurs risques, périls & fortune. Il est à présumer cependant que le gouvernement, sans vouloir prêter son autorité à cette publicité, ferme les yeux là-dessus, & que le tout se fait avec son consentement tacite.

30 *Mars* 1766. On parle beaucoup d'un *Mandement de l'évêque de Verdun*, concernant la mort de M. le dauphin, où cet évêque, en traçant le portrait du prince, s'est permis des traits indiscrets qui paroissent retomber sur le roi. Ce prélat & ses amis cherchent à en retirer les exemplaires, & cette piece devient rare.

1 *Avril* 1766. M. de Chabanon étant allé voir M. de Voltaire cet hiver, pour le consulter sur ses diverses tragédies, un soir qu'il se trouvoit en verve, rentré dans sa chambre, il écrivit les vers suivants à ce grand homme ; il le suppose occupé de travaux métaphysiques.

J'ai volé pour vous voir des rives de la Seine,
Et l'estime & le goût de vous m'ont approché;
Foible & timide aiglon sur vos ailes caché
J'attends que votre vol me dirige & m'entraîne.
Redevenez vous-même, & prenez votre essor.
    Faut-il que je vous voie encor
    Pour des songes métaphysiques
Quitter l'illusion de nos jeux poétiques?
Tous vos doutes heureux valent-ils un transport?
L'homme est un livre obscur & difficile à lire,
    On n'en connoît pas la moitié:
Qu'est-ce que notre esprit? On a peine à le dire,
    Mais tel qu'il est, il fait pitié ;
    Il est petit, foible & pusillanime
    Chez tant de sots dignes de nos mépris:
J'aime à l'étudier dans vos charmants écrits,
    Il s'y peint éclatant, immortel & sublime.

Réponse de M. de Voltaire.

Aimable amant de Polymnie,
Jouissez de cet âge heureux,
Des voluptés & du génie ;
Abandonnez-vous à leurs feux.
Ceux de mon ame appésantie
Ne sont qu'une cendre amortie,
Et je renonce à tous vos jeux.
La fleur de la saison passée,
Par d'autres fleurs est remplacée.
Une sultane avec dépit,
Dans le vieux serrail délaissée,
Voit la jeune entrer dans le lit
Dont le grand seigneur l'a chassée.
Quand Elie étoit décrépit
Il s'enfuit laissant son esprit
A son jeune éleve Elysée.
Ma muse est de moi trop lassée,
Elle me quitte & vous chérit ;
Elle sera mieux caressée.

2 *Avril* 1766. Les comédiens redoublent leurs efforts pour réussir dans leur projet de se réhabiliter tant civilement que canoniquement ; ils prétendent avoir trouvé des lettres-patentes de Louis XIII, qui les établissent *valets-de-chambre comédiens du roi.* M. de Saint-Florentin s'intéresse fortement pour eux ; il s'est chargé d'un mémoire qu'il doit lire au conseil samedi ou dimanche, jour où doit se rapporter ce grand procès. Mlle. Clairon parle haut & fait dépendre sa rentrée de cette condition.

3 *Avril* 1766. M. Gibert, de l'académie des

inscriptions & belles-lettres, a été élu aujourd'hui secretaire des pairs à la place de M. Villaret: de 33 voix il en a eu 29. M. Thomas étoit son concurrent, & il redoutoit fort ce puissant adversaire.

6 *Avril* 1766. La ville de Rheims ayant résolu de faire construire une fontaine & de la consacrer à la mémoire de M. de Pouilli, a décidé que l'inscription suivante, composée par M. de Saulx, chanoine de l'église de Rheims, en style & forme lapidaire, y seroit gravée, afin que tout le monde sache que Rheims honore les gens de bien, & pendant leur vie & après leur mort.

« Rheims, par ce monument, consacre à la
» postérité le nom, les vertus & les bienfaits de
» *Louis-Jean Levêque de Pouilly*, écuyer,
» président trésorier de France, au bureau des
» finances de Champagne, de l'académie royale
» des sciences & belles-lettres, philosophe ver-
» tueux, dans un ouvrage élégant & profond,
» *la Théorie des sentiments agréables*; il y a déve-
» loppé la cause des sentiments agréables que
» produisent en nous l'exercice & la beauté de
» la vertu. Il en avoit tous les caracteres dans
» son cœur: son urbanité, sa bienfaisance, sa
» modestie lui méritent la confiance, l'estime &
» la vénération de ses concitoyens. Ils le procla-
» merent lieutenant des habitants en 1746.
» L'amour actif du bien public, l'avancement des
» arts, la gloire de la patrie, occuperent tout
» entier le citoyen, le savant, le grand homme.
» C'est à ses vues nobles & sublimes que Rheims
» doit l'honneur de contempler sur le bronze
» l'image de Louis XV le Bien-aimé. L'établis-

» fement des écoles de deffin & de mathéma-
» tiques, eft le fruit des reffources de fon génie.
» L'agrément & l'utilité des fontaines qui arro-
» fent la ville, font dues aux infpirations de fon
» humanité & à fes perfévérantes follicitations.
» Leur éloquence détermina le bienfaifant *Godinot*
» à répandre dans ces mœurs ce bien falutaire,
» defiré depuis long-temps par nos peres. Que
» d'avantages nouveaux auroient été le fruit des
» méditations & des projets de cet infatigable
» magiftrat ! Une mort précipitée termina fes
» jours à l'âge de 59 ans, avant la fin de fon
» confulat. Il mérite les pleurs & les regrets de
» toute la ville. Le feu de fon zele ne s'éteignit
» point avec fa vie, il paffa dans l'ame de fes
» fucceffeurs, & il fe foutient conftamment dans
» un fils digne de lui. Habitants d'une ville
» aujourd'hui floriffante, célébrez à jamais le
» nom de *Pouilly*, fon bienfaiteur. Qu'il foit
» encore mieux gravé dans le cœur de fes ne-
» veux, que fur ce marbre dépofitaire de la re-
» connoiffance du confeil & du peuple de
» Rheims. »

L'affaire des comédiens a été rapportée ces jours-ci devant le roi. M. de St. Florentin avoit commencé fon mémoire en faveur de ces hiftrions ; S. M., dès la feconde phrafe, l'a arrêté : *Je vois*, a-t-elle dit, *où vous voulez en venir; les comédiens ne feront jamais fous mon regne que ce qu'ils ont été fous celui de mes prédéceffeurs ; qu'on ne m'en parle plus.* Le confeil s'eft rompu là-deffus.

8 *Avril* 1766. L'académie des infcriptions & belles-lettres a fait aujourd'hui fa rentrée publique d'après pâque. La féance s'eft ouverte

par la distribution du prix qui avoit été adjugé à l'abbé Ameilhon, censeur royal & sous-bibliothécaire de la ville. Le sujet proposé étoit *d'examiner l'éducation que les Athéniens donnoient à leurs jeunes gens dans les beaux jours de la république.* Le sieur le Beau, secretaire perpétuel, annonça ensuite pour sujet du prix de l'année 1767, l'examen de la question : *quels furent les noms & les attributs divers de Saturne & de Rhée chez les différents peuples de la Grece & de l'Italie ? Quelles peuvent être l'origine & les raisons de ces attributs ?*

M. le Beau lut ensuite l'éloge historique du comte de Caylus.

Les mémoires suivants remplirent la séance :
1°. Essai sur les moyens qu'on pourroit employer pour lire les hiéroglyphes Égyptiennes, par M. de Guignes.

2°. Une traduction d'un morceau du Timée de Locres, par l'abbé Batteux.

3°. Un mémoire sur les causes de l'abolition de la servitude en France & de l'établissement du droit municipal, par le sieur Dupuy.

9 Avril 1766. Outre le prix ordinaire de cette année, l'académie des sciences devoit en adjuger un aujourd'hui de 2,000 livres, à celui qui auroit donné la meilleure méthode pour éclairer les rues de Paris, en consultant la clarté, l'économie & la facilité du service. Aucun des mémoires n'a paru satisfaire en entier l'objet de M. de Sartines, lieutenant de police & fondateur du prix. En conséquence l'académie a converti ces 2,000 livres en trois gratifications, pour MM. *Bailly, Bourgeois & le Roi,* qui avoient fait à ce sujet des expériences dispendieuses. Mais il y avoit un mémoire plein de recherches curieuses & de la meilleure physique, fait par M. *Lavoisier*, dont l'académie a fait l'éloge. Le roi lui a accordé une médaille d'or, qui lui a été présentée publiquement par le président de l'académie.

M. de de Fouchi a lu l'extrait des trois arts publiés par l'académie dans ce dernier semestre ; celui du chapelier, par M. l'abbé Nollet ; celui du Couvreur, par M. Duhamel ; celui du Mégissier ou du travail des peaux blanches, par M. de la Lande.

Le même a fait ensuite l'éloge de M. Hellot. M. de Chabert, lieutenant de vaisseau, a lu un mémoire sur l'état actuel des cartes marines de la Méditerranée, &c.

M. de Thury a annoncé verbalement, que la veille au soir il avoit apperçu de l'observatoire royal une nouvelle comete dans la constellation du belier, avec une queue assez longue, visible à la vue simple, qui se faisoit remarquer sur les 7 à 8 heures du soir vers le couchant, au-dessous des *playades*. C'est une des plus belles qu'on ait vues depuis 20 ans.

M. Duhamel a lu un mémoire sur les sels qu'on retire des végétaux ; M. Tillet un mémoire sur la comparaison des poids & mesures des étrangers avec les poids & les mesures de France ; M. de la Lande, sur la cause qui fait monter les fluides au-dessus du niveau dans les tuyaux capillaires.

12 *Avril* 1766. La requête des comédiens au roi tendante à obtenir l'état de citoyen & à faire confirmer les lettres-patentes de Louis XIII, qui

le leur accordent, a été rapportée famedi au confeil, où il a été décidé que ces lettres-patentes n'ayant pas été abrogées, il étoit libre aux comédiens de les rendre publiques.

13 *Avril* 1766. L'académie Françoife propofe pour fujet d'un des prix dont le fonds a été fait par un particulier d'Amfterdam, & d'ont l'académie a accepté le jugement, *d'expofer les avantages de la paix, d'infpirer de l'horreur pour les ravages de la guerre, & d'inviter toutes les nations à fe réunir pour affurer la tranquillité générale.* Le prix eft une médaille d'or de la valeur de 300 liv. L'académie tiendra une féance publique extraordinaire en 1767, pour adjuger ce prix le 2 janvier.

14 *Avril* 1766. On donne enfin demain *la Reine de Golconde*. Ce ballet héroïque en trois actes n'eft pas annoncé favorablement; les directeurs répugnoient même à le jouer; mais un grand miniftre l'a pris fous fa protection. M. le duc de Choifeul, malgré fes importantes occupations, eft allé à fix répétitions de fuite, & s'intéreffe fortement au fuccès de ce drame: il a exigé de Rebel & de Francœur qu'ils n'épargnaffent rien pour la réuffite. Ils ont tout épuifé pour la pompe du fpectacle, la richeffe des habits, la magnificence des décorations. On affure qu'ils ont fait 30,000 liv. de dépenfe.

15 *Avril* 1766. L'opéra a donné aujourd'hui la *Reine de Golconde*, avec l'affluence qu'exigeoit une pareille nouveauté. Le drame eft tiré en partie d'un joli conte du chevalier de Boufflers, qui parut en 1761. L'auteur ne le diffimule pas, mais on lui reproche d'avoir pris le

surplus ailleurs, & de n'en rien dire. Au reste, l'auteur n'a pas su tirer le parti qu'il auroit dû de ses situations. Rien de si heureux que celle où Saint-Phar se retrouve dans le même bocage, avec la même nymphe, dont il a eu les premieres faveurs. On reproche à M. Sedaine d'avoir fait des paroles très-peu lyriques, souvent plates & mal sonnantes, des ariettes qui ne disent mot, &c. Quant au musicien, on ne peut encore rien prononcer : cet opéra est d'un genre si nouveau, qu'il doit nécessairement essuyer des contradictions. On ne peut disconvenir que l'auteur n'ait jeté de l'action & de la variété dans les scenes. On y trouve du récitatif obligé, des airs de mouvement, des ariettes, des romances, &c. Ajoutons que dans quelques-uns de nos opéra on s'est plus occupé de l'orchestre que du chanteur, & qu'ici le chanteur n'est jamais sacrifié à l'orchestre.

16 *Avril 1766*. Le pere *Elysée*, carme-déchaussé, qui étoit allé en Lorraine pour prêcher devant le roi de Pologne, vient d'être nommé pour faire l'oraison funèbre de ce monarque.

Celle que l'évêque de Lavaur devoit prononcer à Notre-Dame, un de ces jours-ci, est retardée de beaucoup, l'orateur ayant été obligé de venir à Paris pour travailler & être plus à même de faire ses recherches.

17 *Avril 1766*. On attribuoit à M. Dorat, l'épître à Mlle. Clairon sur sa rentrée. Ce poëte la désavoue : sans doute, le ton irréligieux qui y regne, l'oblige à se rétracter. On paroît rester convaincu que cette plaisanterie est de lui, surtout aux traits épigrammatiques qui retombent sur Mlle. Dubois ; il y a une vieille animosité de

ce poëte contre l'actrice, qu'il manifeste par-tout où il peut.

18 *Avril* 1766. M. de Semperavi vient de répandre une *Epître sur la consomption*, où il y a de beaux vers, & un sombre qui contraste singuliérement avec la gaieté forcée de tous nos poëtes modernes, qui se chatouillent pour se faire rire. L'auteur y a joint des *stances sur une infidélité*. C'est la même maniere noire, qui ne sera pas goûtée de tout le monde.

21 *Avril* 1766. On lit dans le *Journal Encyclopédique* du 15 mars une lettre de M. le Febvre de Beauvezay, à l'occasion de l'histoire de *Miss Honora*, qu'il revendique ; il prétend, dans ses moments de loisir, avoir autrefois dicté cet ouvrage à un galant homme de ses amis, mais qui se l'est tellement approprié en le défigurant, qu'il le désavoue ensuite de la façon la plus amere.

22 *Avril* 1766. Voici comme le même journaliste s'exprime à l'occasion du *Philosophe sans le savoir*, même cahier du 15 mars.

« Si le nombre des représentations décide de
» la bonté d'un ouvrage, cette comédie pour-
» roit être regardée comme une de nos meil-
» leures pieces de théatre. Le jeu des acteurs,
» une ou deux situations qui l'ont soutenue,
» n'avoient pu la garantir d'abord d'une chûte:
» mais à la troisieme représentation le public se
» ravisa, se ressouvint que la comédie n'étoit
» plus un tableau des ridicules, qu'elle étoit tou-
» jours bonne dès qu'il y pleuroit, & il applaudit
» en pleurant. »

Il faut ajouter à cela que le mal est qu'on se sent le cœur serré à cette piece, des angoisses, des étouffements, sans pouvoir pleurer, &c.

23 *Avril* 1766. Voici ce que nous apprenons de M. de Villaret. Au sortir du college, il s'étoit destiné au barreau ; il débuta dans le monde littéraire par un roman intitulé : *la belle Allemande*, roman tout-à-fait ignoré pour l'honneur de son auteur. Il fit en société, avec M. Dancour, actuellement fermier-général, & M. Bret, une piece qui fut jouée sans succès au théatre François. Des affaires domestiques l'obligerent, en 1748, de s'éloigner de Paris & de prendre le parti du théatre. Il alla à Rouen où, sous le nom de *Dorval*, il débuta dans les rôles d'amoureux. Il y joua ensuite avec succès *le Glorieux*, *le Misanthrope*, *l'Enfant Prodigue*, &c. Il fut souvent applaudi à Compiegne pendant les voyages de la cour. Il sentit bientôt les dégoûts d'un état qu'il n'avoit embrassé que par nécessité ; il renonça au théatre, à Liege, où il étoit à la tête d'une troupe de comédiens, qui ne se soutenoient que par ses talents, & il se retira à Paris, où il avoit arrangé les affaires qui l'avoient obligé de s'en éloigner. Il a poussé la continuation de l'histoire de l'abbé *Velly* jusqu'au 17e. vol. inclusivement. Il joignit une belle ame à des talents assez distingués pour l'histoire.

24 *Avril* 1766. Le clergé a trouvé très-mauvais qu'on eût choisi le moment où il venoit de proscrire authentiquement *l'Encyclopédie*, & celui où il alloit se rassembler, pour publier la continuation complete de cet ouvrage, au nombre de dix volumes. Il a tant crié que M. de St. Florentin s'est fait donner les noms de tous ceux qui en avoient retiré les exemplaires, & leur a envoyé un ordre du roi de les rapporter au lieutenant de police,

Les libraires, auteurs & coopérateurs des travaux de cette édition, sont mis à la Bastille.

25 *Avril* 1766. *Poétique de M. de Voltaire, ou Observations recueillies de ses ouvrages, concernant la versification françoise & les différents genres de poésie, style poétique, &c.* On sent bien qu'un pareil ouvrage n'a été fait que par M. de Voltaire, lui-même, ou par un de ses suppôts.

26 *Avril* 1766. Mlle. Beauvais, que nous avons annoncé comme ayant débuté au concert spirituel, vient d'entrer à l'opéra. Elle a chanté ces jours derniers un morceau dans celui d'*Hypermnestre*, qui lui donna lieu de déployer toute l'étendue & la beauté de sa voix.

27 *Avril* 1766. Il paroît une *Histoire Ecclésiastique* en deux volumes, qu'on attribue au roi de Prusse.

28 *Avril* 1766. Mlle. Clairon s'est expliquée définitivement sur sa résolution prise de ne plus monter sur les planches; elle a écrit aux comédiens qu'ils pouvoient la rayer de leur catalogue. On ne sait pas encore les conditions de sa retraite.

29 *Avril* 1766. Il paroît différents mémoires dans l'affaire de M. de Lally, très-curieux pour l'historique. Ceux de ce général contiennent un détail de ses opérations sur terre. M. d'Aché, qui commandoit la marine, & sur qui le premier veut faire retomber la perte de l'Inde, s'explique de la façon la plus étendue & la plus détaillée sur ses manœuvres. Il en paroît différents autres qui, éclaircissant de plus en plus la matière, en formeront une collection très-intéressante. M. de Bussy & M. le Chevalier

lier de Soupire doivent donner au public la marche de leurs opérations, &c. Tous ces ouvrages sont des archives où l'historien doit puiser un jour.

30 *Avril* 1766. Les comédiens François cherchent de toutes parts pour remplacer la grande actrice qu'ils viennent de perdre. On en attend incessamment une de province, qu'on annonce réunir le genre de Mlle. Dumesnil & celui de Mlle. Clairon; mais elle est laide & peu jeune.

30 *Avril* 1766. On vend clandestinement un ouvrage intitulé: *Observations sur tout ce qui s'est passé à la séance de l'assemblée du clergé en 1765.* C'est volume in-12 de 300 pages, où l'auteur a extrait tout ce qui a été dit de plus fort contre cette auguste assemblée, & il y a ajouté plusieurs choses, d'où il résulteroit que les actes du clergé ne seroient que l'effet de l'intrigue & de la cabale.

1 *Mai* 1766. On a vu la réclamation que M. le Febvre de Beauvezay faisoit de *Miss Honora*, en la désavouant en même temps comme tout-à-fait altérée par l'éditeur ou le plagiaire prétendu; voici l'épigramme qui a été faite en conséquence:

    Ce nouveau livre, où l'on s'engage
    A divertir en instruisant,
    D'un aveugle & d'un clair-voyant
    Est, dit-on, le commun ouvrage:
    Il est vrai: l'aveugle (1) dictoit,
    Et le clair-voyant écrivoit.

1 *Mai.* *Réflexions hasardées d'une femme importante, qui ne connoît les défauts des autres*

---

(1) M. le Febvre de Beauvezay, est aveugle.

que par les siens & le monde que par relation & par oui dire. Deux parties *in*-12. Ce titre qui annonce un ouvrage original, n'est pas rempli à beaucoup près. On remarque, au contraire, que l'auteur a beaucoup lu, & peut-être avec trop de mémoire.

3 Mai 1766. Il nous est tombé depuis quelque temps entre les mains un *dialogue* manuscrit ; entre *Mars* & *Thalie*, récité un des jours du carnaval devant M. le duc de Brissac. Ce seigneur ayant pris jour pour aller chez M. Dorat, poëte très-connu, il y fut accueilli par cette ingénieuse galanterie. Une demoiselle jeune, aimable & qui a du talent pour le théatre, étoit de la partie. On la pria de déclamer au hasard quelque scene d'une piece prétendue nouvelle. Un homme de condition joua le rôle de *Mars*. On se doute bien que ce dialogue en vers, trop long pour être copié ici, est composé de louanges très-délicates en l'honneur de monsieur le duc de Brissac. Il y a beaucoup d'aisance & de gaieté dans cet ouvrage.

4 Mai 1766. Madame Geoffrin est une femme riche de Paris, qui joint à son opulence un grand goût pour les arts. Sa maison est le rendez-vous des savants, des artistes & des hommes fameux dans tous les genres. Les étrangers sur-tout croiroient n'avoir rien vu en France, s'ils ne s'étoient fait présenter chez cette *virtuose* célebre. En un mot, c'est elle qu'a voulu autrefois ridiculiser le sieur Palissot dans sa comédie *des Philosophes*. Il est question aujourd'hui de son voyage en Pologne, & quoiqu'âgée de près de 60 ans, madame Geoffrin est sur le point de se rendre aux vives sollicitations du monarque. Ce prince n'étant que comte de Poniatowski, avoit vécu dans son séjour à Paris fort intimément avec cette dame : elle l'appelloit son fils, & lui a rendu des services dignes d'une mere. Ce jeune seigneur ayant été mis au Fort-l'Evêque, pour quelque dérangement de fortune, elle fit face à ses dettes & le retira de cette maison. Poniatowski en a conservé une reconnoissance indélébile, & il sollicite fortement sa bienfaitrice de se rendre auprès de lui. Evénement mémorable, qui honore l'un & l'autre.

5 *Mai* 1766. Le théatre François s'occupe à réparer ses pertes. Mademoiselle Sainval, nouvellement arrivée de Lyon, a débuté aujourd'hui dans le rôle d'*Ariane*. Ses talents sont déja développés. C'est une actrice exercée ; elle a beaucoup de feu, des entrailles, un jeu naturel à la fois & raisonné ; elle est plus dans le genre de madame Dumesnil, & moins irréguliere. Il est dommage qu'elle ait contr'elle l'organe & la figure. Elle n'est pas d'ailleurs fort jeune. Elle a été reçue avec de grands applaudissements.

7 *Mai* 1766. Nous avons déja fait mention de *Richardet*, poëme héroï-comique en douze chants, avec l'Epître à M. de Voltaire, & sa réponse à l'auteur. Ce poëme est dans le genre bernesque, imité de l'Arioste. L'auteur vient de mettre la derniere main à cet ouvrage, en traduisant les six derniers chants ; &, au lieu de s'assujettir à la forme de l'original qui est en octaves ou en strophes de huit vers, il a suivi la marche ordinaire, moins gênante & plus naturelle dans un poëme épique.

10 *Mai* 1766. Il paroît une *lettre* fort curieuse

d'un M. Derofné de Lifle, grand naturalifte. Elle roule fur les polypes. Selon lui, ces infectes, qu'on a cru jufqu'à préfent de véritables animaux, ne font en effet que le fac ou le fourreau qui contient des animaux plus petits; &, ce qu'on a pris pour un individu, eft une famille très-nombreufe réunie fous le même toit. Ce fyftême eft revêtu de toutes fes preuves. On y rappelle les obfervations les plus curieufes qu'on ait faites fur les polypes, & l'on eft furpris de voir toutes leurs manœuvres & tous les divers phénomènes de leur nutrition & de leur génération s'expliquer naturellement dans ce fyftême. L'obfervateur trouve ces animacules dans les petits grains obfervés depuis long-temps fur la furface & dans l'intérieur du fac. Cette lettre, très-intéreffante pour le fonds, eft en outre bien écrite.

12 *Mai* 1766. Les trois débuts de Mlle. Sainval dans *Ariane* ont été des plus brillants; on lui remarque des filences & des coups de force qui annoncent la plus grande intelligence, & l'ame la plus énergique & la plus fenfible. Elle a joué aujourd'hui dans *Alzire*, & elle paroît avoir un peu déchu; mais elle eft encore fupérieure à tout ce que nous avons à la comédie, même à Mlle. Dumefnil.

13 *Mai* 1766. M. de Cicé, évêque d'Auxerre, a prononcé aujourd'hui l'oraifon funebre de monfieur le dauphin, devant l'affemblée du clergé, aux auguftins. L'orateur n'a pas répondu à la pompe du fpectacle & à la magnificence de l'affemblée: fon difcours a été trouvé des plus médiocres, pour ne rien dire de pis.

14 *Mai* 1766. Aujourd'hui M. le duc de Duras,

gentilhomme de la chambre, de service, a donné au nom de S. M. une fête très-élégante à M. le prince héréditaire de Brunswick : c'est à l'hôtel des Menus qu'elle s'est passée. On y a joué pour ce seigneur la piece de M. Collé, *Henri IV*. Elle a été exécutée par les comédiens de la comédie Françoise avec beaucoup de succès.

15 *Mai* 1766. On vient d'imprimer à Londres : *La vie de M. Jacques Quin, comédien, avec l'histoire du théâtre depuis son entrée jusqu'à ce qu'il s'en est retiré ; enrichie de plusieurs anecdotes curieuses & intéressantes de diverses personnes de distinction, avec une copie authentique du testament de cet acteur.* Le sieur *Quin*, né en 1693, fut destiné au barreau ; mais son pere étant mort trop tôt, il discontinua l'étude des loix par nécessité, & monta par goût sur le théatre, où il acquit une grande réputation, & y resta sans rival jusqu'à ce que M. Garrick vint partager avec lui les suffrages du public. En 1748 *Quin* se retira à Bath, après avoir eu une querelle fort vive avec le directeur *Riche*. Quelque temps après il voulut se raccommoder avec lui ; mais sans lui faire aucune sorte d'excuse, il écrivit à *Riche* la lettre suivante :

« *Je suis à Bath*,

QUIN. »

Riche répondit :

« *Restez-y, jusqu'à ce que le diable vous emporte*.

RICHE. »

On voit par cette vie, que si les comédiens ne sont pas aussi méprisés à Londres qu'à Paris, ils n'en sont pas moins insolents.

Quin fut choisi maître de langue angloise, par feu le prince de Galles, pere du roi régnant, qui lui avoit fait depuis une pension considérable. *Quin* est mort cette année.

16 Mai 1766. On écrit de Londres qu'on a frappé & qu'on y distribue actuellement une médaille du volume d'un écu, sur laquelle on voit la tête de M. Pitt avec son nom, & sur le revers l'inscription suivante : *the man, with having saved the parent, pleaded with succes sur her children* : « L'homme qui, après avoir sauvé la » mere, a plaidé avec succès pour les enfants. » On sent que ce dernier trait regarde la révocation de l'acte du timbre, pour laquelle cet orateur patriote a plaidé si éloquemment.

17 Mai 1766. Histoire des révolutions de la Haute-Allemagne, contenant les ligues & les guerres de la Suisse, avec une notice sur les loix, les mœurs & les différentes formes du gouvernement de chacun des états compris dans le corps Helvétique, 2 volumes. Cet ouvrage manquoit à notre littérature, & l'on y lit avec le plus grand intérêt le détail des efforts dont est capable un peuple ardent pour la liberté, qui ne connoît d'autre bien avant celui-là. Le style de l'auteur n'est pas assez châtié.

18 Mai 1766. Au défaut de nouveautés théatrales, le public est régalé de temps en temps de drames faits pour le cabinet. Telle est une tragédie nouvelle en trois actes & en vers libres, qui a pour titre *les Héros Subalternes*. Le sujet en est tiré d'un très-beau mémoire, écrit par M. *Loyseau de Mauléon*, en faveur des nommés *Savary, Lainé, Delamet*, tous trois soldats au régiment des gardes Françoises, dans une affaire malheureuse où l'un d'eux s'est trouvé coupable de meurtre.

19 Mai 1766. Histoire des révolutions de l'Empire Romain, pour servir de suite à celle des révolutions de la république, par Me. Linguet, avocat au parlement. L'auteur adresse cet ouvrage à un de ses amis, & paroît montrer de l'humeur. Rebuté par quelques dégoûts inévitables dans la profession des lettres, il s'est jeté dans le sein de la jurisprudence, & c'est ici qu'il fait ses adieux aux muses.

Son histoire commence où finit celle de l'abbé de Vertot. Elle est bien distribuée en huit livres, depuis l'usurpation d'Auguste inclusivement jusqu'à l'assassinat d'Alexandre Sévère ; période qui comprend 24 empereurs. L'auteur semble avoir suivi une route opposée à l'abbé de de Vertot ; le dernier ne met dans son ouvrage qu'autant de réflexions qu'il en faut pour lier les faits & leur donner une certaine consistance. Celui-ci ne paroît se servir des faits que pour y mêler des réflexions, tantôt de la plus grande justesse, tantôt un peu hasardées & pleines d'inductions, quelquefois arbitraires. Il prend sur-tout à tâche de contredire toutes les idées reçues. Selon lui, Auguste n'avoit aucune bonne qualité, & Tibere lui paroît bien plus honnête homme ; il en défend la mémoire : il rend suspect d'adulation sourde & rafinée Tacite ; il le traite de misérable écrivain, &c. Au reste, si ce livre doit être lu avec précaution, on le lit au moins avec beaucoup de plaisir. Il est écrit avec beaucoup de génie, de force, de chaleur, & fournit aux spéculations.

20 *Mai* 1766. L'académie Françoise se propose de tenir samedi prochain une séance pour M. le prince héréditaire de Brunswick, c'est-à-dire, de l'y admettre, & de le régaler de ce que ces messieurs pourront avoir de plus agréable & de plus ingénieux. En conséquence tous les membres qui sont à Paris, ont été priés de ne point désemparer, & M. l'abbé de Voisenon a été chargé spécialement de le complimenter au nom de l'assemblée : on croit qu'il le fera en vers.

21 *Mai* 1766. Madame Geoffrin est partie aujourd'hui pour Varsovie, au grand regret de ses amis, qui la voient avec peine entreprendre à cet âge un si long voyage. On assure que le roi de Pologne lui a ménagé une galanterie bien digne d'un monarque délicat ; il lui a fait construire une maison exactement semblable à sa maison de Paris, distribuée & meublée de même : elle croira entrer dans la sienne. C'est l'ingénieuse fiction d'*Aline* réalisée.

20 *Mai* 1766. L'auteur du poëme de *Richardet* ayant fait envoi de ses œuvres à monsieur de Voltaire, par une petite piece en vers, ce grand poëte a répondu de même. Voici ces deux gentillesses :

A M. *de Voltaire.*

O vous, Apollon de notre âge,
Qui tour-à-tour, badin, sublime, sage,
Vous soumettant tous les genres divers,
Par vos accords ravissez l'univers,
J'ose vous offrir mon ouvrage !
En recevant ce médiocre don
Songez qu'au grand Virgile au sommet d'Hélicon,
Jadis, de son moineau, Catulle fit hommage.

Réponse de M. de Voltaire.

Vous ne parlez que d'un moineau,
Et vous avez une voliere :
Il est chez vous plus d'un oiseau
Dont la voix tendre & printanniere
Plaît par un ramage nouveau :
Celui qui n'a plumes qu'aux ailes
Et qui fait son nid dans les cœurs,
Répandit sur vous ses faveurs :
Il vous fait trouver des lecteurs,
Comme il vous a soumis des belles.

23 *Mai* 1766. *La Pharsale*, traduite par monsieur Marmontel, paroît depuis quelque temps, avec une préface très-longue, servant d'apologie à son auteur & à son ouvrage. Cette préface contient un développement des causes de la dissolution de la république Romaine & de la guerre qui l'entraîna sous le joug.

Il semble que le public n'en raffole pas, & ce livre fort cher ne se vend pas prodigieusement. L'auteur, au reste, n'a pas tout traduit, il a élagué les morceaux qui ne lui convenoient pas.

24 *Mai*. M. le prince héréditaire s'est rendu aujourd'hui à l'académie, où il a été admis au rang des membres. M. Marmontel a commencé la séance par la lecture d'un Roman intitulé *Bélisaire*. M. de Nivernois a lu ensuite cinq fables de sa façon ; & enfin M. l'abbé de Voisenon a adressé son compliment au prince, consistant en une piece de vers, où, après avoir félicité l'académie du bonheur de posséder ce héros, il s'est rejeté sur les fêtes qu'on

lui donne, en a fait voir le ridicule, en ce qu'elles font toutes dans un genre qui ne lui convient pas. Il s'est moqué de lui, de nous & de tout le public, &c. MM. Duclos & d'Alembert ont ensuite reconduit ce prince à son carrosse.

On lui a donné deux jetons, comme aux autres académiciens; il a d'abord fait quelque difficulté, c'est-à-dire, témoigné sa surprise. Le préfentant lui a déclaré qu'ils lui convenoient d'autant mieux qu'ils contenoient sa devise au revers, s'il vouloit la lire: il l'a retourné, & il a trouvé *à l'immortalité.*

26 Mai 1766. M. de Rochefort, qui nous avoit donné, il y a un an, *un Essai de sa traduction d'Homere*, ne perd point de vue cette grande & laborieuse entreprise. Il vient de faire paroître les six premiers chants, avec le discours préliminaire, qu'il a augmenté & perfectionné. Il est fâcheux qu'on ne retrouve point dans sa traduction cette chaleur, cette vie, cette abondante fécondité de l'original.

27 Mai 1766. *Les Ennemis réconciliés*, piece dramatique en trois actes & en prose, dont le sujet est tiré d'une des anecdotes les plus intéressantes du temps de la ligue: par M. de Marville.

Il regne dans ce drame un pathétique de situation; mais les sentiments pourroient être plus approfondis. On y retrouve cependant cette férocité de caractere que produisent nécessairement & la différence de parti & le feu des guerres civiles. Voici l'anecdote.

Le baron de Montfort, catholique, est ennemi déclaré du marquis de Langeon, protestant. Ils se sont fait la guerre ouvertement, &

Langeon a même tué, dans un combat, un des fils de Montfort. La nuit de la St. Barthelemi fournit à ce pere furieux & désespéré un moyen de se venger. Il entre, suivi d'une troupe de satellites, chez le marquis, s'empare de lui & de sa fille, les force à montrer dans une chaise de poste, monte dans une autre & les conduit dans un château qui lui appartient. Là il les fait passer dans une chambre, où, à la lueur d'un lampe funebre, ils apperçoivent sur un brancard une espece de bierre enveloppée d'un drap mortuaire. C'étoit le cadavre du fils du baron. Il les fait entrer dans un cachot voisin, & les y laisse, en disant : *attendez votre sort*. Cette attente forme l'intérêt & le nœud de la piece.

28 *Mai* 1766. Il n'y a pas moyen d'enlever à l'abbé de Voisenon ses vers au prince héréditaire, que les auditeurs ont trouvé très-jolis. On attribuoit cela à une coquetterie d'auteur, mais il en donne une raison plus plausible, dans la crainte qu'il témoigne de se faire des ennemis en publiant une plaisanterie où il tourne en ridicule les plus grands seigneurs de France, qui ont fêté M. le prince héréditaire, & dont il critique le choix des plaisirs peu agréables à ce jeune héros.

29 *Mai* 1766. Les comédiens François se disposent à donner pour nouveauté *Artaxerxes*, tragédie de M. le Mierre, dont on parle depuis long-temps avec de grands éloges. Ce n'est, au reste, que la traduction de celle de Métastase : toutes les situations, tous les coups de théatre sont tirés de ce grand poëte.

30 *Mai* 1766. On parle d'un bon mot du roi à l'égard de M. le comte de Lauraguais. Ce

seigneur, de retour d'Angleterre depuis peu est allé, suivant l'usage, faire sa cour à Versailles. Le roi d'abord ne faisoit pas grande attention à lui : il s'est si avancé que S. M. l'a remarqué, & lui a demandé d'où il venoit ? *De l'Angleterre*, SIRE. — *Et qu'avez-vous été faire là ?* — *Apprendre à penser.* — *Des chevaux*, a repris le roi. Cette allusion reçoit d'autant plus de force dans la circonstance, M. de Lauraguais se piquant d'être grand connoisseur en chevaux, & d'après l'histoire de sa course, il y a quelques mois.

31 *Mai* 1766. M. de Saint-Foix vient de donner son cinquième volume de ses *Essais Historiques sur Paris*. On pourroit reprocher à l'auteur que plusieurs anecdotes de cette nouvelle brochure, qui fait le dernier volume de ses *Recherches*, paroissent ne pas tenir à son sujet. Il prévient cette objection en déclarant que son objet est d'y faire voir la conformité ou la différence entre nos mœurs, nos idées, nos usages, nos coutumes, & les mœurs, les idées, les usages & les coutumes des autres nations.

1 *Juin* 1766. *La Cacamonade, Histoire politique & morale, traduite de l'Allemand du docteur Panglos, par ce docteur lui-même, depuis son retour de Constantinople.* Cette plaisanterie de M. Linguet est une allégorie soutenue ; & décrit très-historiquement tous les progrès de la V..... en France & en Europe. L'auteur a personnifié & mis en action le fameux traité de M. Astruc, *de Morbis Venereis*.

1 *Juin* 1766. Il parut, il y a quelque temps, une *Histoire de Henri IV*, par monsieur de Bure, dans laquelle l'auteur s'est permis une critique

très-amere du célebre de Thou. Le chantre du grand *Henri* n'a pas cru devoir garder le silence contre des accusations aussi peu fondées, & vient de publier une brochure contre M. de Bure, dont il releve quelques bévues avec ce sarcasme qui lui est propre, & qui venge l'illustre historien de la critique mal fondée du moderne compilateur.

3 *Juin* 1766. Le succès qu'ont eu dans différentes sociétés particulieres les représentations de *Henri IV*, ou *la Partie de Chasse*, de monsieur Collé, & tout récemment les applaudissements que ce drame a reçu aux Menus, ont donné au public la plus grande envie de le voir. En conséquence il y a de grands mouvements à la cour, pour obtenir cette permission, qui souffre beaucoup de difficultés. Comme ce sont les comédiens François qui ont exécuté cette comédie à l'hôtel des Menus, ils seroient à même de nous en régaler sur le champ, & l'*Artaxerxes* seroit reculé.

4 *Juin* 1766. Les Anglois qui écrivent tout, ont inséré dans le *Saint-James Chronicle* une lettre prétendue du roi de Prusse à J. J. Rousseau. Nous avons déja fait mention de cette lettre, que le même journal assure être de l'invention d'un grand seigneur Anglois, très-connu dans la république des lettres, à Paris dans le temps dont on parle.

Le célebre Misanthrope a été si sensible à ce badinage, qu'il a écrit au journaliste la lettre suivante, datée de Wooton le 3 mars 1766.

« Vous avez manqué, Monsieur, au respect
,, que tout particulier doit aux têtes couron-
,, nées; en attribuant publiquement au roi de

» Prusse une lettre pleine d'extravagance & de
» méchanceté, dont par cela seul vous deviez
» savoir qu'il ne pouvoit être l'auteur. Vous
» avez même osé transcrire sa signature, comme
» si vous l'aviez vue écrite de sa main. Je vous
» apprends, Monsieur, que cette lettre a été
» fabriquée à Paris, & ce qui navre & déchire
» mon cœur, que l'imposteur a des complices
» en Angleterre. Vous devez au roi de Prusse,
» à la vérité, à moi, d'imprimer la lettre que
» je vous écrits & que je signe, en réparation
» d'une faute que vous vous reprocheriez, sans
» doute, si vous saviez de quelles noirceurs vous
» vous rendez l'instrument coupable. Je vous fais,
» Monsieur, mes sinceres salutations. (*Signé*)
» J. J. ROUSSEAU. »

5 *Juin* 1766. On continue à instruire dans la faculté de médecine le procès pour & contre l'inoculation. Il se répand un nouvel ouvrage, propre à donner des lumieres sur cette grande question; on vient de traduire *l'Etat de l'Inoculation de la petite vérole en Ecosse, par monsieur Alexandre Monro, le pere, &c.* C'est une réponse à la lettre des commissaires de la faculté de Paris, pour examiner la pratique de l'inoculation. L'auteur répond de la façon la plus favorable aux questions de ces messieurs. Il paroît que l'inoculation a commencé en Ecosse vers 1726; qu'elle a essuyé comme ailleurs, des contradictions, & qu'elle y est actuellement très en usage.

6 *Juin* 1766. Une virtuose nouvelle vient de donner un *abrégé de l'Histoire de France à l'usage des jeunes gens.* Il n'en paroît encore que le premier volume, qui s'étend depuis le

règne de Pharamond jusqu'à la mort de Philippe, en 1108. Cet ouvrage est de Mlle. *l'Espinasse*, déja connue par un *Essai sur l'Education des jeunes Demoiselles*, mais encore plus par ses liaisons avec M. d'Alembert. Ce philosophe demeure avec elle depuis sa derniere maladie, & le bruit a même couru qu'il l'avoit épousée.

7 Juin 1766. Les capucins, vivement touchés de la malheureuse célébrité que s'est acquise le pere Fidele de Pau par son oraison funebre, viennent de faire inférer dans une feuille de Freron (N°. 8.) un désaveu de cet ouvrage. Voici ce qu'en dit le pere Joseph-Romain Joly, qui paroît écrire au nom des supérieurs.

« Après la mort du prince qui cause les
» regrets de la Nation, le pere Fidele alla pro-
» poser aux capucines d'en faire l'éloge dans
» leur église, le jour du service. Le pere con-
» fesseur de ces religieuses qui fut consulté,
» n'étoit pas de cet avis, attendu que c'étoit
» une nouveauté, qu'il y auroit peu d'audi-
» teurs, enfin qu'il ne convenoit pas de dé-
» vancer la cathédrale. Toutes ces raisons ne
» purent l'emporter sur les instances & les
» importunités du pere Fidele. Il prêcha son
» oraison funebre devant quarante ou cin-
» quante personnes, non toutefois telle qu'on l'a
» imprimée : on en a retranché les traits édifiants
» & l'érudition chrétienne, & la plupart des sail-
» lies qui ont fait rire le lecteur, n'ont point été
» débitées en chaire. Au surplus, les supérieurs ont
» ignoré l'impression de ce discours : la sensation
» qu'il a fait dans le public, les a singuliérement

,, affligé, & ce font eux qui ont prié M. de
,, Sartines de le fupprimer.

,, Ce n'eft pas feulement aux fupérieurs de
,, l'ordre que le pere Fidele a fait un myftere
,, de fon deffein, il ne l'a pas même commu-
,, niqué à aucun religieux. Un de fes compa-
,, triotes, inftruit par la voie publique, s'efforça
,, de lui faire ouvrir les yeux : il répondit que
,, fi l'ouvrage étoit tel que les moines jaloux
,, ofoient l'affirmer, il ne feroit pas devenu fi
,, célebre. ,,

8 *Juin* 1766. Le même Freron (dans fa feuille N°. 8.) rapporte trois pieces qu'il prétend être imprimées dans les papiers Anglois, & qui ne fervent qu'à confirmer le peu de fenfation qu'a fait dans ce pays-là, compofé d'êtres finguliers, J. J. Rouffeau, qui afpire fi fort à la fingularité. La premiere eft traduite de l'Anglois, & a pour titre : *Lettre d'un Anglois à J. J. Rouffeau.* Elle roule fur la fenfibilité qu'a témoigné ce philo-fophe à la plaifanterie prétendue du roi de Pruffe. Il y a du bon fens dans cette lettre, mais peu de légéreté & un farcafme très-amer. La feconde eft une *lettre d'un Quakre*, beaucoup meilleure, pleine de raifon & de fentiment. La troifieme a pour titre : *Fragment d'un ancien manufcrit Grec.* C'eft une allégorie, où l'on décrit, fous le nom d'un charlatan de Grece, le caractere de Jean-Jacques Rouffeau, & les traits généreux de fa vie.

8 *Juin*. Les fieurs de Querlon & de Surgy s'annoncent pour continuateurs de l'*Hiftoire générale des Voyages* du feu abbé Prevôt. Ils répandent des profpectus : ils fe propofent de porter cette fuite à 8 volumes in-4°. au plus.

Il y en a déja 17 de la façon du premier traducteur.

9 Juin 1766. M. l'abbé Mably, rival du fameux Montesquieu, vient de nous donner le pendant des *considérations sur les causes de la grandeur de l'Empire Romain*. Ce sont des *observations sur l'histoire de la Grece, ou des causes de la prospérité & des malheurs des Grecs*. Il y a quelques années que le même auteur publia des *observations sur les Grecs*, &c. Il avoue avec candeur qu'il a changé de système en beaucoup d'endroits & vu souvent les choses sous un aspect tout différent dans cet ouvrage. Outre qu'il y a toujours plus de mérite à ouvrir la carriere, Montesquieu l'emporte encore par la profondeur des vues, la concision, l'énergie & la chaleur du style.

10 Juin 1766. On a imprimé à Besançon un discours sur le sujet proposé par l'académie de cette ville : *la Prospérité découvre les vices ; l'adversité, les vertus*. On ne dit point s'il a concouru pour le prix, mais il mérite d'être distingué pour son originalité & ses écarts dignes du pere Fidele de Pau. Il s'ouvre par une épître dédicatoire à une dame de qualité : on y voit que l'orateur est un militaire. Nous n'en citerons que le début, pour en donner une idée convenable.

„ C'est à l'homme, c'est à son cœur, que
„ j'ai à parler de son cœur : il est tout ensemble
„ & mon sujet & mon juge. Si je dois indiquer
„ l'époque de la découverte de ses vices, j'ai
„ à célébrer celle de ses vertus. J'ai à présen-
„ ter les différents théatres, où les uns & les
„ autres, traduits à un plus grand jour, pour-

» roient être bien vus de l'obſervatoire du ſage.
» C'eſt à ce ſage que j'obéis avec confiance.
» Toujours ſemblable à lui-même, à lui-même
» ſupérieur, il cherche à ſe connoître. De ſon
» être il fait ſon étude : le miroir de la vérité
» offert à ſes yeux béatifie ſon ame ; c'eſt le
» creuſet qui épure l'or, &c. »

10 *Juin* 1766. Aujourd'hui M. Tivot a chanté pour la premiere fois une ariette dans la *Reine de Golconde*. On a applaudi à la beauté de l'organe, à l'agrément du timbre & même au goût du chanteur : il eſt d'ailleurs d'une figure très-intéreſſante, & à peine âgé de 20 ans. Le même jour un danſeur Anglois, qui a déja paru ſur le théatre Italien, a exécuté avec ſuccès quelques entrées de demi-caractere.

11 *Juin* 1766. M. Linguet, avocat, dans ſon diſcours mis à la tête de ſon *Hiſtoire des révolutions de l'Empire Romain*, ajoute cette phraſe : « L'abbé de Vertot a ſu renfermer en trois vo-
» lumes la grandeur de Rome ; on voudroit
» qu'il n'en eût pas employé ſept à développer
» la petiteſſe de *Malte* ; on aimeroit mieux
» voir de ſa main l'hiſtoire des empereurs que
» celle des grands maîtres. » L'ordre de Malte s'eſt ſoulevé contre cette antitheſe, & M. le chevalier de Reſſeguier (celui qui a été enfermé du vivant de Mad. de Pompadour pour des vers ſatiriques contr'elle) vient d'inſérer dans le *Mercure* de juin une lettre fort honnête & fort polie, où il réclame avec raiſon contre cette aſſertion très-haſardée & très-indécente. Sa lettre eſt du 20 mai 1766.

12 *Juin* 1766. M. l'évêque de Lavaur a fait

aujourd'hui à Notre-Dame l'Eloge funebre du roi de Pologne *Stanislas*. On ne trouve point que l'auteur ait répondu à la grandeur de la matiere. Celui du pere *Elysée*, prononcé à Nancy le 20 mai, paroît bien supérieur. Il y a pourtant quelques détails très-attendrissants & des tours d'éloquence d'un genre neuf.

13 *Juin* 1766. Madame Pitrot, ci-devant Mlle. Rey, cette célebre danseuse qui brilloit à la Comédie Italienne & partageoit la gloire avec son mari, a perdu vendredi, dernier de ce mois, son procès singulier dont nous avons parlé, où elle prétendoit n'être point mariée avec lui, & s'être débarrassée de toute formalité en jetant au feu son contrat de mariage. Elle est reconnue femme véritable & légitime dudit Pitrot, obligée de retourner avec lui, déclaré le chef de la communauté. Pour se soustraire à l'autorité conjugale, elle est entrée depuis quelque temps à l'opéra.

14 *Juin* 1766. *Etrennes salutaires aux Riches voluptueux & aux dévots trop économes, ou lettre d'un Théologien infortuné à une dévote de ses amies, par M. Travenol, pensionnaire de l'académie royale de musique.*

Il nous paroît que ces *Etrennes* originales contiennent des reproches aux riches de ce qu'ils ne font pas assez de bien à ceux qui sont pauvres, & que dans ces reproches il entre beaucoup de personnel.

Ce Travenol est sans doute celui qui a été compliqué dans le singulier procès de M. de Voltaire.

15 *Juin* 1766. Des fades adulateurs, des écrivains mercenaires ne cessent d'élever des tro-

phées à la gloire de M. de Voltaire, comme si ses propres ouvrages n'étoient pas un monument supérieur à tous ceux qu'on pourroit lui consacrer. On vient d'imprimer *Pensées philosophiques de M. de Voltaire, ou Tableau Encyclopédique des connoissances humaines, contenant l'Esprit, Principes, Maximes, Caracteres, Portraits, &c. tirés des ouvrages de ce célebre auteur & rangés suivant l'odre des matieres.* M. Constant d'Orville est l'auteur prétendu de cette compilation, dans laquelle on soupçonne que M. de Voltaire pourroit bien être de moitié, suivant l'usage.

16 *Juin* 1766. Madame la duchesse de Villeroy se propose de donner une fête au prince héréditaire de Brunswick; & pour le traiter dans un genre plus neuf & plus intéressant, Mlle. Clairon se prête aux desirs de cette dame, & doit jouer la comédie chez elle. On régalera le prince d'*Ariane*, piece où triomphe la moderne Melpomene.

18 *Juin* 1766. On ne cesse de travailler à grossir l'énorme collection d'ouvrages pernicieux & destructeurs de la religion, qui se publie depuis quelque temps avec autant de constance que de liberté. Il va paroître au premier jour un fameux manuscrit qui ne se prêtoit que sous le manteau; il est intitulé *Examen Critique des Apologistes de la Religion Chrétienne*. L'auteur, sous prétexte que dans une cause comme celle de la religion, on ne doit apporter que des arguments victorieux, discute, détruit, renverse, pulvérise tous ceux de nos plus fameux docteurs, & réduit à rien tout ce qu'ils ont dit de plus fort. L'ouvrage est de M. *Freret*, secre-

taire perpétuel de l'académie royale des belles-lettres. Son nom doit être mis à la tête, comme pour braver toute décence.

20 *Juin* 1766. M. Gautier de Sibert vient de donner un *Nouvel Abrégé de l'histoire de France*, qu'il prétend présenter sous un autre point de vue. Il intitule son ouvrage: *Variations de la Monarchie Françoise, dans son gouvernement politique, civil & militaire, avec l'examen des causes qui les ont produites*, &c. Il a divisé son ouvrage en neuf époques, depuis Clovis jusqu'à la mort de Louis XIV. Il n'en est encore qu'à la sixieme époque, qui termine le quatrieme tome. Ce livre a resté long-temps à la police, & a souffert beaucoup de discussions de la part du ministere.

21 *Juin* 1766. *Histoire d'Izerben, poëte Arabe, traduite de l'Arabe, par monsieur* Merico. On comprend bien que sous le nom d'un poëte Arabe, c'est l'histoire d'un poëte François qu'on a voulu donner. Voici quelques titres de l'histoire de sa vie, qui pourront le faire connoître.... Le drame d'Izerben lu, reçu, joué, applaudi..... Izerben reçu dans le grand monde..... Il devient amoureux d'Almanzaïde..... Il l'immortalise..... S'arrache au monde..... Dissertation du poëte Izerben sur la poésie, les poëtes, l'art dramatique, & la vénération due aux auteurs tragiques.... Etat de la fortune du poëte..... Il va à la cour..... Il est obligé de prendre la fuite..... Il se réfugie dans un royaume voisin..... Vieillesse du poëte Izerben, &c. Cet ouvrage est écrit de maniere à piquer la curiosité : il est agréable, ingénieux & amusant, & donne lieu à des applications.

24 *Juin* 1766. L'oraison funebre du roi Stanislas, prononcée le 10 mai à Nancy par le pere Elysée, paroît aujourd'hui imprimée. Les deux parties de ce discours sont : 1°. dans une vie agitée, au milieu d'une vicissitude de revers & de succès, ce monarque a reconnu la puissance du seigneur, & il a paru supérieur à tous les événements, par une soumission constante à la volonté divine : 2°. dans une vie tranquille, & au milieu des douceurs d'une longue prospérité, il ne s'est montré que bienfaisant, & il n'a usé de sa puissance que pour le bonheur des hommes. Le nom du pere Elysée & le nom du héros répondent d'avance du succès de cet éloge.

25 *Juin* 1766. *Fabliaux & contes des poëtes François, des* 12, 13, 14, *&* 15e. *siecles, tirés des meilleurs auteurs.* Depuis quelques années on avoit épuisé l'édition de nos premiers poëtes, faits en 1755. On sait que les grands hommes du siecle passé y ont puisé le fonds d'un grand nombre de leurs ouvrages. Ces poésies forment comme la base du Parnasse François, & quoique très-anciennes, elles ont encore pour la plupart ce sel & cette finesse qui distinguent les ouvrages de goût & d'agrément, & elles ont par dessus une naïveté qu'on ne retrouve plus.

26 *Juin* 1766. Quoiqu'il n'y ait point d'absurdité qui ne s'imprime, & qu'il ne doive plus paroître étonnant de voir soutenir quelque paradoxe que ce soit, on est toujours surpris de certaines assertions. Un nouvel orginal se met sur les rangs, &, dans un ouvrage appellé *le Conservateur du sang humain*, ou *la Saignée démontrée toujours*

pernicieuse & souvent mortelle, il combat cette pratique reçue depuis si long-temps dans la médecine. L'auteur se nomme M. *de Malon....* Il a pris pour épigraphe : *Salus populi suprema lex esto.* On ne dit point s'il est un homme de l'art.

28 *Juin* 1766. *Lettres écrites en* 1743 & 1744 *au chevalier de Luzancourt, par une jeune veuve, un volume.* On nous assure que ces lettres sont exactement transcrites d'après un manuscrit connu depuis long-temps à Malte, sous le titre de *lettres d'une jeune veuve au chevalier de...* Elles sont décrites avec cette facilité de style, qui n'est point rare dans les femmes. Ajoutons que la jeune veuve aime avec une bonne foi qui n'est peut-être pas non plus sans exemple. On trouve du moins dans cet ouvrage un ton françois, un tour d'esprit national, que ces sortes de recueils n'offrent pas toujours.

29 *Juin* 1766. M. l'abbé *Ameilhon*, censeur royal & sous-bibliothécaire de la ville, vient d'être reçu à l'académie des inscriptions & belles-lettres, où il a remporté trois prix. Le premier, & le plus important de ses ouvrages couronnés, est celui intitulé : *Histoire du commerce & de la navigation des Egyptiens sous le regne des Ptolemées.*

L'auteur a divisé son ouvrage en deux parties : dans la premiere, il parcourt ce que chacun des rois Ptolemées a fait en particulier pour l'avantage du commerce & de la navigation, en les suivant regne par regne.

Dans la seconde partie, M. Ameilhon suit les commerçants Egyptiens sur mer & sur terre. Il indique la route qu'ils tenoient pour aller commercer dans les différentes contrées du monde : il parle des marchandises qu'ils portoient aux étrangers, &c. Il termine cette seconde partie par une notice des principales manufactures établies dans les différentes villes de l'Egypte & des divers ouvrages qui en sortoient. Il fait voir que les Egyptiens avoient l'art de peindre des toiles dans le goût de nos indiennes.

Cet ouvrage est une histoire intéressante, instructive, purement écrite & bien développée de l'industrie de la nation, la plus ancienne & la plus active, dont il nous soit resté des monuments.

En 1763 le même auteur avoit fait une dissertation : *quels étoient les droits & prérogatives du pontifex Maximus de Rome sur les autres sacerdoces*, &c. C'est son second prix. Le troisieme & le plus récent est pour un mémoire *sur l'éducation que les Athéniens ont donnée à leurs enfants, dans les siecles florissants de la république.*

30 *Juin* 1766. Il s'est formé une cabale contre M. Saverien, auteur d'une *Histoire du progrès de l'esprit humain dans les sciences exactes & dans les arts qui en dépendent*. M. Du Séjour, conseiller au parlement & de l'académie des sciences, & M. Gondin, de la cour des aides, trouvent que cet historien n'ait pas assez loué M. Clairaut dans la notice qu'il en donne ; ils intriguent pour faire supprimer ce livre : ils veulent que M. de la Lande, qui l'a approuvé, se rétracte. Ils reprochent à l'auteur de la malignité dans ses insinuations.

30 *Juin* 1766. Dans les 4e. & 5e. volumes des
vies

Vies des femmes illustres & célèbres de la France, qui paroissent, nous remarquons entr'autres, la fameuse madame *Tiquet*, qui fit assassiner son mari en place de Greve. C'est bien abuser du terme d'*illustre* !

30 *Juin*. Madame Benoît, l'auteur d'*Elizabeth*, fait paroître un nouveau roman, intitulé *Céliane, ou les amants séduits par leurs vertus*.

1 *Juillet* 1766. Malgré les espérances que le public avoit de voir jouer *Henri* IV, il est à craindre que ce drame n'ait pas lieu. Il s'est tenu ces jours derniers un grand conseil à Versailles sur cette matiere : M. le duc de Choiseul, M. le prince de Soubise étoient pour en permettre la représentation ; M. de Laverdy, M. le duc de Praslin s'y opposoient ; enfin la pluralité a été pour qu'on ne traduisît point indécemment sur la scene ce grand roi.

4 *Juillet* 1766. Il n'est question que des fêtes que madame Geoffrin a reçues dans tous les lieux où elle a passé. L'empereur a voulu voir cette femme singuliere, & s'est trouvé à sa rencontre incognito. Presque toute la noblesse Polonoise est allée au-devant d'elle. L'impératrice reine a dîné avec elle.

6 *Juillet* 1766. Il y a déja quelques années que M. de Regagnac, maître des jeux floraux, donna au public une traduction en prose du premier livre des *odes d'Orace*, sans nom d'auteur. Il ne parvint à Paris que peu d'exemplaires de cet essai imprimé en province. M. l'abbé Goujet en parle avantageusement dans sa bibliotheque Françoise. M. Regagnac s'est encouragé & vient

de donner un essai de traductions en vers de sept odes du même auteur. On y trouve une imagination brillante, une chaleur vive & un goût exquis. C'est, après M. de Nivernois, l'homme qui paroît le plus propre à rendre l'aménité du poëte latin.

6 Juillet. On sait que le roi a nommé une commission pour examiner les instituts des différents ordres religieux, & y faire la réforme nécessaire. Cinq archevêques sont à la tête de ce tribunal : M. de la Roche-Aymon, archevêque de Rheims; M. Phelippeaux, archevêque de Bourges; M. Dillon, archevêque de Narbonne; M. de Brienne, archevêque de Toulouse; enfin M. de Jumillac, archevêque d'Arles. Voici l'épigramme qu'on a faite en conséquence.

> On a choisis cinq évêques paillards,
> Tous cinq rongés de v... & de ch..., e,
> Pour réformer des moines trop gaillards;
> Peut-on blanchir l'ébene avec de l'encre?

7 Juillet 1766. Les comédiens François ont remis derniérement *le Médisant*, comédie en cinq actes & en vers, de M. Destouches. Cette piece a fait une grande sensation. Le sieur Bellecour s'acquitte supérieurement du premier rôle.

8 Juillet 1766. On doit se rappeller que le J. J. Rousseau est passé en Angleterre sous les auspices de M. Hume, auteur célèbre de la Grande-Bretagne, & qui y jouit de la réputation la plus flatteuse pour un homme de lettres. On avoit imaginé d'abord que l'arrivée de l'ex-citoyen de Geneve à Londres y feroit sensation, & tout le monde a été trompé sur cette attente. Rousseau s'est retiré à la campagne, où il menoit une vie fort ignorée: mais ce à quoi l'on ne s'attendoit pas, c'est à la lettre qui vient d'être écrite par M. Hume à un homme de ses amis à Paris (M. le baron d'Olbac). Il n'entre dans aucun détail sur les motifs qui lui donnent lieu de se plaindre du prétendu philosophe Genevois; mais il marque que c'est un serpent qu'il a porté dans son sein, & un monstre indigne de l'estime des honnêtes gens. On attend avec bien de l'impatience le détail de cette querelle.

10 *Juillet* 1766. On applaudit avec raison à la loi que l'académie Françoise paroît s'être imposée elle-même, de ne proposer pour sujet des prix d'éloquence que l'éloge d'un de nos grands hommes. Cet usage paroît s'introduire dans quelques académies étrangeres, entr'autres dans celle de Berlin. On écrit que la classe des belles-lettres de cette académie, propose pour sujet du prix d'éloquence de l'année 1768, *l'éloge de Leibnitz.*

11. *Juillet* 1766. M. de Voltaire continue à manier le sarcasme avec la même facilité & la même abondance: il a fait répandre depuis peu une lettre qui n'est encore qu'en manuscrit, intitulée: *Lettre curieuse de M. Robert Covelle, célebre citoyen de Geneve, à la louange de H. V... professeur en théologiie dans ladite ville.* L'auteur paroît en vouloir à M. V. ministre évangélique, qui s'est comporté vis-à-vis de lui avec une charité peu chrétienne.

12 *Juillet* 1766. *Le génie, le goût & l'esprit, poëme en IV chants, dédié à M. le duc de.... Le cri de l'honneur, épître à la maîtresse que j'ai*

C 2

eu.... *L'ufage des talents*, épitre à Mlle. *Sainval*, jeune débutante au théatre François. Ces trois ouvrages de M. Durofoy, à la fuite de fon gros *poëme fur les fens*, annoncent en lui une facilité peu commune, fur-tout à l'âge où il eft; mais en même temps le titre, la forme de la plupart de fes ouvrages donnent une très-médiocre idée de fon goût, de fon imagination & de fon jugement.

12 *Juillet 1766.* Mlle. Préville, qui avoit difparu depuis long-temps, & dont on craignoit la perte totale au théatre, prend enfin le deffus fur la malheureufe paffion dont nous avons parlé; elle s'eft trouvée en état de jouer depuis peu : elle a fait deux rôles avec les applaudiffements univerfels, & a été accueillie d'une bienveillance particuliere du public.

14 *Juillet 1766.* Les détails qu'on a reçu jufqu'à préfent fur les plaintes que forme M. Hume contre J. J. Rouffeau, ne font pas affez clairs pour qu'on puiffe en inférer l'opinion que fes antagoniftes veulent faire prendre fur fon compte; & l'on doit fufpendre fon jugement fur cet homme fingulier, jufqu'à ce que cette difcuffion foit éclaircie. La cabale encyclopédique jette les hauts cris, & met tout le tort du côté de M. Hume. Cependant on réveille une anecdote fur le compte de M. Rouffeau, qui rendroit tout croyable de fa part.

On prétend qu'il a été autrefois colporteur de dentelles en Flandres, & que madame Boivin, fameufe marchande en ce genre, fut chargée, il y a déja long-temps, d'une lettre de change & contrainte par corps contre lui. Il avoit enlevé la marchandise & l'argent. M. Rousseau demeuroit alors dans la rue de Grenelle Saint-Honoré. C'étoit dans le temps où son discours, couronné par l'académie de Dijon, commençoit à le rendre célebre. Madame Boivin s'en étant informé, & ayant appris sa célébrité & la médiocrité de sa fortune, ne voulut point se charger de mettre à exécution contre lui les pouvoirs qu'elle avoit, & renvoya le tout à ses correspodants.

15 *Juillet* 1766. Il est absolument décidé que les comédiens François ne pourront jouer *Henri* IV; mais par une de ces contradictions si ordinaires en France, cette piece se réimprime. Il y en a déja eu deux éditions, & les comédiens de campagne ne cessent de la représenter en province.

16 *Juillet* 1766. M. Lessing vient de publier à Berlin en Allemand la premiere partie d'un ouvrage, dont le titre se rend en François par celui-ci : *Laocoon, ou traité des limites qui séparent la peinture & la poésie*. L'auteur se propose, dans cette excellente dissertation, de rectifier le faux goût dans ces deux arts, en posant de justes bornes entre la poésie & la peinture. Ce sujet n'est point ici traité avec une sécheresse méthodique, mais avec une philosophie lumineuse, puisée dans la contemplation & dans l'analyse des chef-d'œuvres de l'antiquité, ces grands modeles du beau & du parfait dans les arts. L'auteur commence par comparer le *Laocoon* de Virgile avec le célebre grouppe du même nom qui est dans le Belvedere à Rome : c'est ce qui a donné lieu au titre de cette dissertation.

17 *Juillet* 1766. M. J. B. Robinet a donné une suite à son livre *de la nature*. Les tomes 3;

& 4 paroiſſent. C'eſt par-tout même érudition, même étendue de connoiſſances, même profondeur de raiſonnement, & ſans doute mêmes erreurs. A la tête du 3e. eſt une préface, en date du 15 janvier 1765, où l'auteur diſcute les différents ſyſtêmes des philoſophes. Le 4e. eſt auſſi précédé d'un diſcours, qui répond aux objections des ſceptiques, & où l'on établit très-bien que nous ne devons point nous laſſer de chercher la vérité, duſſions-nous commencer par épuiſer toutes les erreurs. Ce petit exorde eſt daté d'Amſterdam, ce 20 décembre 1765. On lit au frontiſpice les lettres initiales du nom de l'auteur.

18 *Juillet* 1766. Un curé de campagne (d'Epiais) nommé l'abbé *Dubault*, s'eſt aviſé de mettre en vers François le *Télémaque* de M. le Fénelon. On ſent combien il eſt ridicule d'entreprendre une pareille tâche. Ce laborieux auteur en eſt pourtant venu à bout. Il a enrichi le tout de notes, de préfaces, de diſſertations, d'avertiſſements, & de tous les ingrédients dont il étoit capable. Il eſt parvenu à en former cinq volumes, qu'il a copiés de ſa main. Il a fait relier le tout très-richement ; & s'étant rendu à Louvre au paſſage des enfants de France, l'année derniere, il a préſenté ce ſingulier mélange au duc de Berry. Comme cette anecdote n'a été conſignée nulle part, du moins de notre connoiſſance, nous en faiſons mention ici pour la rareté du fait. Ce manuſcrit ſe trouvera quelque jour peut-être dans la bibliotheque des princes, ſans qu'on en ſache l'auteur ni l'origine.

20 *Juillet* 1766. Le ſpectacle *Pyri-pantomime* du ſieur *Torré* ſe perfectionne de plus en plus,

& donne à son auteur une sorte de consistance parmi les hommes de génie. Aujourd'hui il a donné une représentation des *Forges de Vulcain sous le Mont Etna*. Elle a été précédée par différents tableaux d'artifice détachés, qui ont fait le plus grand effet & le plus grand plaisir. Après quoi on a apperçu dans l'intérieur du mont, Vulcain & ses cyclopes, tous vêtus selon le costume. On a vu descendre Vénus, qui venoit demander à son époux des armes pour Enée. Le palais de Vulcain occupoit le fond de l'antre, & formoit une perspective des plus profondes & des plus riches.

Le travail des cyclopes a produit des effets d'artifice très-heureux, & qui pourront encore être plus multipliés. Mais sur-tout le public a paru frappé des effets du volcan ; effets pris dans la nature même de la chose. On sent que le sujet ne peut être mieux choisi, qu'il est parfaitement analogue au genre, & que l'artifice paroît avoir été inventé exprès pour imiter ces sortes de phénomenes de la nature.

23 *Juillet* 1766. Les comédiens Italiens ont donné aujourd'hui la premiere représentation de *la Clochette*, comédie en un acte & en vers, mêlée d'ariettes, paroles de M. *Anseaume*, musique de M. *Duni*.

Le drame n'est autre chose que le conte de la Fontaine, où l'auteur a introduit un rival, pour former l'intrigue de sa piece, qui supplante le ravisseur des moutons. La piece est très-peu de chose : elle n'a ni les graces & la douceur d'une pastorale, ni les saillies & la finesse de dialogue d'une comédie.

La musique est douce, agréable & d'un bon genre : les connoisseurs la trouvent foible.

25 *Juillet* 1766. Si l'on en croit les nouvelles de Londres sur la personne du célebre Genevois, ses torts sont relatifs à la nature de son caractere, dont l'orgueil & l'amour-propre font la base. M. Hume, qui l'a conduit en Angleterre, ayant cherché à lui être utile, avoit obtenu une pension qui lui assuroit un bien-être pour sa vie. M. Hume prétend n'avoir fait des démarches pour obtenir cette grace, que de l'aveu de M. Rousseau, qui, loin d'en convenir, s'est répandu en invectives sur ce qu'on cherchoit à le déshonorer, en lui prêtant une avidité qu'il n'avoit pas; qu'il n'avoit besoin des bienfaits de personne; qu'il n'avoit jamais été à charge à qui que ce soit; qu'il ne prétendoit pas qu'on mendiât sous son nom des graces qu'il dédaignoit. M. Hume, justement piqué de ces reproches, a rendu publiques des lettres qui démontrent la fausseté de Rousseau; ce cynique personnage lui témoignant sa reconnoissance des soins qu'il vouloit bien se donner pour lui ménager une pension du roi d'Angleterre. Voilà le fond assez bien éclairci de la querelle, qui divise ces auteurs, d'après les lettres venues de la Grande-Bretagne.

26 *Juillet* 1766. Il paroît un livre intitulé : *de l'autorité du clergé & du pouvoir du magistrat politique sur l'exercice des fonctions du ministere ecclésiastique*, par M...... *avocat au parlement. Deux parties*. Cet ouvrage sage, très-savant, très-redoutable au clergé, n'est qu'une extension d'une brochure que le même auteur fit paroître en 1766, contre la réclamation de l'assemblée de 1765.

Un arrêt du conseil du..... vient de proscrire ce livre, contre lequel les évêques ont fulminé.

28 *Juillet* 1766. *Le journal de Trévoux* passe en de nouvelles mains : ce n'est plus M. Mercier, le bibliothécaire de Ste. Genevieve, qui en aura la direction; c'est M. l'abbé Aubert, connu par des ouvrages d'agrément, mais dont les talents dans le genre de la critique ne sont pas encore développés : son ouvrage commence de ce mois-ci.

29 *Juillet* 1766. On vient d'imprimer en Allemand *la vie du fameux Anglois Jean Wilkes*. Cet homme singulier, suivant l'anonyme, est fils d'un faiseur de brandevin d'Aylesbury : son génie le seconda dans l'étude des sciences, il y fit des progrès considérables; il voyagea en France & en Hollande : à son retour il fut élu membre du parlement pour Aylesbury. Il épousa une fille très-riche, & hérita des biens considérables que lui laissa son pere. Mais sa grande dépense diminua en peu de temps ses richesses : il avoit pour maxime d'être toujours du parti contraire au parti de la cour, & de donner constamment pour motif de son opposition le bien public. Il fut aimé de la nation, &c. On connoît assez le reste de cette vie orageuse. On trouve à la suite de cette vie, ou plutôt de ces mémoires, toutes les pieces traduites, relatives au procès qu'on a fait à M. Wilkes, concernant sa feuille, N°. 45, du *Nord Breton*.

30 *Juillet* 1766. On parle beaucoup d'une *lettre du docteur Matti*, médecin très-renommé de Londres, à M. de la Condamine, en date du 18 juin, pour la communiquer à l'académie des sciences. Il y assure que l'équipage entier d'un

des vaisseaux de guerre Anglois qui viennent de faire le tour du monde, a vu & examiné cinq ou six cents Patagons de neuf à dix pieds de haut. Il en conclut l'existence des Géants en corps de peuple, & que ce ne sont point des variétés rares, individuelles & accidentelles dans l'espece humaine, comme l'ont soutenu nos plus célebres naturalistes.

31 *Juillet* 1766. *La religion chrétienne prouvée par un seul fait*, ou *dissertation où l'on démontre que des catholiques à qui Huneric, roi des Vandales, fit couper la langue ; parlerent miraculeusement le reste de leur vie ; & où l'on déduit les conséquences de ce miracle contre les Ariens, les Sociniens & les Déistes, & en particulier contre l'auteur d'Emile, en répondant à leurs principales difficultés* ; avec cette épigraphe : *Ecce, ego admirationem faciam populo huic, miraculo grandi & stupendo*. Nous n'avons rien à ajouter à ce titre original : il indique suffisamment la nature de l'ouvrage, & quel il peut être.

1 *Août* 1766. C'est très-clandestinement qu'il paroît dans le public la brochure in-12. de quatre-vingts pages d'impression, petit caractere, portant pour titre : *Mémoires de M. de la Chalotais, procureur-général au parlement de Bretagne*. Le premier contient trente-neuf pages, & ne paroît avoir été fait que sur des imputations vagues ; le prisonnier ignoroit alors sur quels chefs précis d'accusation on vouloit asseoir la procédure. Le second continue jusqu'à soixante-huit. Tous deux sont datés du château de St. Malo ; savoir, le premier du 13 janvier 1766, & le second du 17 février suivant. Celui-ci est plus direct & paroît

embrasser tous les griefs dont on charge cet illustre criminel. A la suite est une *addition* de même format, jusqu'à la page 80. C'est une petite défense particuliere dirigée contre un magistrat (M. de Calonne), que l'accusé semble regarder comme son ennemi personnel. Il y est peint sous des couleurs très-flétrissantes. On lit entr'autres choses dans ces mémoires, qu'ils ont été écrits avec une plume faite d'un cure-dent, de l'encre composée d'eau, de suie de cheminée, de vinaigre & de sucre, sur des papiers d'enveloppe de sucre & de chocolat. L'auteur débute ainsi : « Je suis dans les fers : je trouve le moyen
» de former un mémoire. Je l'abandonne à la
» providence. S'il peut tomber entre les mains
» de quelque honnête citoyen, je le prie de le
» faire passer au roi, s'il est possible, & même de
» le rendre public pour ma justification & celle
» de mon fils. »

M. de la Chalotais prétend exposer, dans ces écrits, la source & l'origine de sa disgrace. Il s'y plaint amèrement de la rigueur de sa détention, invoque la justice du roi, réclame l'exécution des loix, & proteste de son innocence sur tous les points qu'on veuille l'inculper. Ces mémoires intéressent la littérature par son auteur : on y reconnoît la même plume qui a foudroyé si éloquemment le fanatisme dans les *constitutions des jésuites*. Il y a de la chaleur, beaucoup d'esprit, de la modération & de l'énergie dans cet ouvrage précieux comme discours oratoire. Ce n'est point à nous à toucher au fond de la question.

2 *Août* 1766. Un des membres de l'académie royale des sciences a remis à cette compagnie

une somme de douze cents livres, destinée à celui qui, au jugement de l'académie, aura le mieux rempli l'objet qu'il propose.

Cet objet est de trouver la matiere la plus propre à former la composition des objectifs, d'où il résulteroit des lunettes plus parfaites, instruments si nécessaires aux progrés de l'astronomie & de la navigation.

Il faut lire dans le prospectus toutes les qualités requises : ce qui demande un grand détail.

Tous les savants & tous les artistes sont invités à travailler sur ce sujet, même les associés étrangers de l'académie.

L'académie, à son assemblée publique d'après pâque 1768, proclamera la piece qui aura mérité le prix.

3 *Août* 1766. On a parlé dans divers ouvrages périodiques d'un sommeil périodique de quatre-vingt-seize heures. On prétend que le malade sujet à cette incommodité, est encore à l'Hôtel-Dieu de Paris. Les Anglois, qui veulent nous surpasser en tout, annoncent dans leurs papiers publics, qu'il y a à Oxford un ecclésiastique qui végete & dort dans son fauteuil six jours de la semaine. Ce dormeur extraordinaire s'éveille le dimanche matin, va remplir les devoirs de son état à l'église, revient chez lui faire un bon repas, fume sa pipe & boit avec modération. Ces fonctions faites, *il soupire, étend les bras, ferme l'œil & s'endort vers le lundi jusqu'au dimanche suivant.* Ceci a bien l'air d'une parodie ou d'une critique.

4 *Août* 1766. *Fragments d'une lettre de M. de la Condamine, aux auteurs du journal encyclopédique, inséré dans celui du 1 août 1766.*

J'ai appris aujourd'hui que l'histoire de la découverte des *géants Patagons* est une fable, & que les Anglois ont fait courir ce bruit pour dissimuler le motif de l'armement de quatre vaisseaux qu'ils envoyerent en ce pays, pour y exploiter une mine qu'ils ont découverte. Je suis fâché que mon ami, le docteur Maty, ait donné dans le panneau. M. de Brequigny, de l'académie des belles-lettres, qui arrive de Londres, étoit au dîner *piquenique* hebdomadaire de la société royale, *à la Mitre*, où il débita cette nouvelle, qu'il a cru trop légérement. Notre ministre a rayé cet article, qu'on vouloit mettre dans la gazette de France.... On a ajouté plusieurs choses à l'extrait de la lettre de M. Maty, comme le nom du capitaine, &c.

5 Août 1766. L'impératrice de Russie appelle à sa cour M. *Falconet*, célebre sculpteur François, pour travailler à la statue équestre de Pierre le Grand.

6 Août 1766. Il court trois lettres manuscrites, datées du 6 juillet, sur l'affaire & l'exécution de M. de la Barre, gentilhomme brûlé à Abbeville pour sacrilege. On attribue ces trois épîtres à M. de Voltaire : elles en sont dignes par ce cri de l'humanité qu'il fait entendre par-tout, & par ce sarcasme fin dont il assaisonne tout ce qu'il dit. Il cite entr'autres choses dans ces lettres l'histoire d'un M. le Camus qui, étant jeune prêtre, communia un cochon avec une hostie, & ne fut qu'exilé. Ce même Camus, parent de M. de la Barre, fut depuis cardinal.

Le parlement est furieux contre ces lettres, & l'on assure que le premier président en a porté des plaintes au roi. On y semble rendre compte de tout ce qui s'est passé à Abbeville, ainsi que de la fermeté avec laquelle M. de la Barre a souffert son supplice.

7 *Août* 1766. *La Raméide, poëme.* On y lit pour épigraphe :

Allez, mes vers, craignez peu les méchants,
On ne les connoît pas chez les honnêtes gens.

Et plus bas : *Inter Ramos* (une vignette) *Lilia fulgent.* Cet ouvrage est de M. Rameau, neveu du fameux musicien. Pour en sentir tout l'original, le titre suffit : nous y allons ajouter ceux des divers chants : chant premier, *mes objections*; chant second, *la défense du Goût*; chant troisieme, *suite de mes objections*; chant quatrieme, *Honneur aux Grands, Hommage à l'Amitié*; chant cinquieme & dernier, *Réponse à tout.* Nous n'avons rien à ajouter pour donner une plus haute idée du ridicule & du galimathias d'une pareille œuvre.

8 *Août* 1766. M. de Boufflers, officier, amateur plein de goût & de talents, a dessiné tout nouvellement au château de Ferney le portrait de M. de Voltaire, & l'a gravé en profil dans un ovale de huit pouces de hauteur sur sept de largeur. Cette gravure paroît faite à l'eau-forte & terminée à la pointe, dans la maniere de *Rembrand*, avec beaucoup d'art & d'esprit. L'amateur habile a saisi en quelque sorte l'ame & le feu de son modele ; il l'a représenté d'un air pensif, mais animé, devant son bureau, ayant une main posée sur un papier, & tenant de l'autre une plume & prêt à écrire ce qu'il médite. La tête est coëffée d'un bonnet, sur une grande chevelure. Une ressemblance parfaite,

une attitude facile & intéressante, une exécution nette & brillante, un vrai qui se fait sentir, rendent cette estampe très-précieuse.

9 *Août* 1766. L'inoculation est un moyen propre à préserver des dangers que la petite vérole naturelle fait courir. Il s'agit de savoir : 1°. si, quand on a été bien inoculé, on ne court communément plus de risques d'être attaqué de la petite vérole ? 2°. Si la maladie donnée par l'inoculation est beaucoup moins périlleuse que la petite vérole naturelle ?

Voilà ce qui est discuté à fond & démontré avec la derniere évidence, par le premier rapport en faveur de l'inoculation, lu dans l'assemblée de la faculté de médecine, par M. Antoine Petit, médecin, membre des académies des sciences de Paris, de Stockolm, &c.

Dans son second rapport, M. Petit examine, combat, détruit d'une maniere victorieuse, les faits & les objections qui ont été opposés par MM. les commissaires de la faculté contre la méthode de l'inoculation. Cet ouvrage, attendu long-temps, répond à l'opinion qu'on en avoit. La cause ne pouvoit trouver un défenseur plus éclairé, plus éloquent. Ces deux rapports se font lire avec beaucoup d'intérêt. La matiere y est traitée profondément. Quel sera le jugement de la faculté ? *Adhunc suo Judice lis est*.

19 *Août* 1766. M. *Huber* vient de donner au public un choix de poésie Allemande, en quatre volumes : c'est une traduction des meilleurs poëtes Allemand. Ce recueil fait honneur à la littérature Allemande, & peut être très-utile à la nôtre. M. Huber nous a déja donné les tra-

ductions du poëme d'*Abel*, des *Idylles* & du *Daphnis* de Geſſner.

On remarque que dans cet ouvrage-ci les fleurons qui occupent agréablement le frontiſpice de chaque volume, ſont gravés par M. *Watelet*, de l'académie Françoiſe.

11 *Août* 1766. Le bruit ſe confirme de plus en plus des plaintes portées au roi par le parlement contre M. de Voltaire, & ſa licence à critiquer ſes arrêts, ainſi qu'à écrire ſur des matieres dangereuſes & propres à répandre l'athéiſme par-tout. On prétend que, pour en empêcher les ſuites fâcheuſes, ſes amis l'ont engagé à ſolliciter une retraite auprès du roi de Pruſſe.

Il eſt queſtion d'une nouvelle *Lettre ſur le jugement de M. de Lally*, qu'on attribue à M. de Voltaire, où il fronde encore le jugement du parlement; il voudroit le faire réhabiliter comme les *Calas*.

12 *Août* 1766. *Pieces Poſthumes de l'auteur des cinq Années Littéraires*. Cet auteur, comme l'on ſait, eſt M. Clément. Il y a peu d'ouvrages périodiques écrits avec autant de feu, avec autant d'eſprit, de véhémence, que cette *Année Littéraire*. Cet ouvrage, où l'auteur avoit dit peut-être avec trop de liberté ſa penſée, lui occaſiona quelques chagrins. Une longue maladie lui fit diſcontinuer ſes travaux littéraires. M. Clément donna une tragédie de *Mérope*, dans des circonſtances qui en empêcherent la repréſentation, mais dont la publication fut reçue avec plaiſir. Les pieces qu'on donne au public reſpirent encore le feu de ſes premieres années. Il y a pluſieurs lettres en vers: quelques-unes

sont écrites de Charenton, où l'auteur avoit été mis. Elles ne se ressentent point des excès de folie qui firent renfermer en pareil lieu ce nouveau *Tasse*.

13 *Août* 1766. Un arrêt du conseil du 18 juin dernier, & qui n'avoit été connu jusqu'ici que par la voie de la gazette d'Hollande, vient d'être rendu public aujourd'hui & vendu dans les rues de Paris. Cet arrêt supprime un mémoire attribué à M. de la Chalotais, sans désignation de format, ni citation de la premiere & derniere phrase. Il y est seulement dit qu'il est imprimé sans nom d'imprimeur ni permission ; qu'il est répréhensible, comme contenant des faits calomnieux & injurieux à des personnes chargées d'exécuter les ordres de S. M. De sorte qu'on ignore si cet arrêt regarde le mémoire imputé à M. de la Chalotais, dont on a parlé.

Ce mémoire fait un bruit du diable ; il est recherché de tous les curieux, & forme une piece de bibliotheque très-précieuse.

14 *Août* 1766. Les comédiens François se disposent à donner sérieusement l'*Artaxerxes* de M. le Mierre. Ce drame est tiré de Métastase, & a été traité déja par plusieurs auteurs François, qui ont échoué. On assure que l'auteur a suivi exactement l'auteur Italien : imitation d'autant plus dangereuse que ce dernier étant en opéra, admet plus de merveilleux & de coups de théatre frappants ; d'ailleurs il n'est qu'en trois actes.

L'auteur, d'une fécondité merveilleuse, outre le *Barnevelt*, dont on a parlé, a encore un *Guillaume Tell*, le restaurateur de la liberté Helvétique.

15 *Août* 1766. L'activité de l'esprit de M. de

Voltaire n'est pas ralentie sur ses vieux ans: on voit naître chaque jour des productions de sa part ; mais toujours constant dans ses derniers principes, il semble particuliérement occupé à nourrir dans l'esprit de ses lecteurs ce scepticisme trop répandu depuis quelques années : tout ce qui sort de sa plume aujourd'hui, tend à fortifier ses premieres assertions. Il vient de paroître un ouvrage, qui a pour titre *le Philosophe ignorant*. On y reconnoît à chaque page l'auteur de la *Philosophie de l'Histoire*, &c. Il a divisé son livre en *doutes*, qu'il seroit bien difficile de résoudre, à ne suivre que les lumieres ordinaires de la raison, & qui fondent le Pyrrhonisme si dangereux pour les vérités reçues.

16 *Août* 1766. Nous avons annoncé, il y a long-temps, un ouvrage attribué au roi de Prusse, intitulé: *Abrégé de l'Histoire Ecclésiastique de Fleury, en deux volumes*. Cet ouvrage perce lentement dans le public : il est précédé d'une préface fortement écrite, & plus énergiquement pensée. L'auteur y développe son projet ; il prétend, d'après le récit-même de la maniere dont l'église s'est formée, démontrer que c'est une institution toute humaine ; en sorte que cette histoire est la satire la plus forte & la plus dangereuse de la religion. On y trouve des anecdotes les plus précieuses.

17 *Août* 1766. Une rixe élevée entre deux hommes qui se piquent de bel esprit & qui tiennent un rang dans la littérature, & comme auteurs & comme Mécenes, fait beaucoup de bruit : elle intéresse MM. de Lauraguais & de Villette. Elle a donné lieu à des épîtres de part & d'autre, peu dignes d'être rapportées. Elle est née à l'occa-

sion d'un parti prétendu fait entre les deux adversaires, & que M. de Villette avoit perdu. Il étoit question d'une course à exécuter par les chevaux & coureurs de M. de Lauraguais. Le premier n'a pas voulu donner le tableau en jeu, de la part du marquis de Villette, soutenant qu'il n'avoit point parié. Ces deux champions étant sur le point d'entrer en lice, se sont trouvés arrêtés par les gardes des maréchaux de France, & l'affaire est au tribunal. Elle occupe beaucoup les gens de lettres, qui prennent parti pour ou contre.

18 *Août* 1766. Nous avons oublié de faire mention de la mort de M. Bonneval, auteur lyrique, mort il y a quelques mois. Un acte qu'on va donner de lui en rappelle la mémoire. Il avoit été intendant des Menus, il étoit trésorier de la reine, & est mort à soixante ans environ, de chagrins domestiques. Tous ses ouvrages n'ont eu aucun succès.

19 *Août* 1766. On sait actuellement que la piece de vers qui sera couronnée à la St. Louis prochaine, est une épître de M. de la Harpe, intitulée *le Poëte*. Quelques-unes ont balancé les suffrages de l'académie, entr'autres une *Epître aux Malheureux*, de M. Gaillard.

20 *Août* 1766. Les comédiens François ont donné aujourd'hui la premiere représentation d'*Artaxerxes*. Le second acte a reçu des applaudissemens généraux, & a paru de la plus grande beauté; le troisieme, bien loin de renchérir, ne s'est pas soutenu au même point; le quatrieme encore moins. Enfin la catastrophe est tout ce qu'il y a de plus ridicule & de plus absurde, par la complication d'événemens qui se rassemblent

en un seul instant, & qui tous formeroient autant de tragédies différentes. On voit que l'auteur, uniquement occupé d'étonner le spectateur par des coups de théatre inattendus, n'entend en rien la marche des passions, & ne sait pas fouiller dans les replis du cœur.

La piece, qui s'ouvre par un ministre, qui tient encore l'épée de son maître teinte de son propre sang, a donné lieu à une plaisanterie. Cette piece, a-t-on dit, n'est pas échafaudée sur la pointe d'une aiguille, mais sur celle d'une épée. En effet, cet instrument forme toute l'intrigue de la tragédie.

L'auteur, qui étoit au commencement de la représentation, s'étant imaginé que sa piece devoit être applaudie à tout rompre, dès le premier acte, n'a pu soutenir le sang-froid du spectateur; il est sorti, & est allé au Luxembourg, en laissant un ami fidele pour l'instruire de la suite. Celui-ci, après le succès du second acte, est couru à la promenade, le rassurer & l'engager à revenir. L'enthousiasme étoit déja beaucoup rallenti à son retour. Il est reparti de nouveau, & ne s'est point trouvé pour être traîné sur le théatre aux yeux des spectateurs qui le demandoient.

Mlle. Dubois est l'héroïne de cette piece; elle a joué quelques morceaux assez bien, mais on voit qu'elle singe Mlle. Clairon: elle n'en a ni le feu, ni les beaux gestes.

22 *Août* 1765. Par jugement du tribunal des maréchaux de France, MM. de Lauraguais & de Villette, ont été condamnés à une prison de six semaines. Le roi a bien voulu accorder la Bastille au premier: le second est à l'Abbaye. Cet

événement continue à occasioner beaucoup d'écrits en vers & en prose dans la littétature.

33 Août 1766. L'*Examen critique des Apologistes de la Religion Chrétienne* paroît en effet imprimé. Nous n'y avons point trouvé de changement ; & c'est une copie exacte du manuscrit : le nom de M. Freret & sa qualité y sont mis tout du long. Cet ouvrage peu agréable à lire n'est pas écrit avec plus de chaleur que les autres traités de ce philosophe, mais cette modération même & ce calme, pour ainsi dire, des passions, sont fort dangereux. L'auteur y déploie la plus grande érudition, & une connoissance profonde de tous les peres & de tous les livres canoniques & autres, depuis la naissance du christianisme jusqu'à nos jours.

25 Août 1766. L'académie Françoise a fait aujourd'hui sa distribution du prix. La piece de M. de la Harpe a été lue par M. d'Alembert, & applaudie par toute l'assemblée. Outre L'*Epître aux Malheureux*, le poëme *sur la rapidité de la vie* a eu aussi un *accessit*. On a lu encore les extraits de quelques pieces qui ont concouru.. Ces pieces sont, *Marie Stuart, Reine d'Ecosse, à Jacques VI son fils & son successeur.* —— *Epître aux Rois conquérants.* —— Un poëme, intitulé *le Génie*.—— Un discours *de l'idée du Sage.* —— Autre, *sur la Philosophie.* —— *Epître sur le danger d'être un grand homme.* —— *Discours sur cette question : doit-on pleurer des personnes qu'on aime ?* —— *Epître à un ami sur le bonheur.* —— Autre : *à une Dame qui allaite son enfant.* —— Autre : *sur les avantages de la Médiocrité.* —— *Poëme sur la nécessité de plaire.* —— Enfin une *Epître à un jeune homme qui veut embrasser la profession des Lettres.* M. Marmontel a lu tous ces extraits.

L'académie a proposé pour sujet du prix d'éloquence de l'année prochaine *l'Eloge de Charles V, surnommé le sage.*

27 *Août* 1766. M. de Belloy, cet auteur du *Siege de Calais*, dont la renommée s'étoit accrue si prodigieusement, & s'est éclipsée encore plus vîte, est depuis quelque temps dans l'état le plus déplorable. Il est attaqué de vapeurs & d'obstructions, qu'on prétend être la suite de ses débauches avec Mlle. Clairon. Quoi qu'il en soit, elle l'a mis entre les mains de Tronchin, sans succès ; il se plaint beaucoup de l'art des médecins, & paroît se résoudre à ne rien faire. Cet accident a bien éteint sa soif de gloire : il montre peu d'activité pour faire jouer la piece de *Gabrielle de Vergy.*

28 *Août* 1766. Extrait d'une lettre de M. de Voltaire à un de ses amis, au sujet du bruit qui a couru qu'il alloit se fixer dans une ville des états du roi de Prusse.

… Il est vrai que j'ai été saisi de l'indignation la plus vive, & en même temps la plus durable ; mais je n'ai point pris le parti qu'on suppose ; j'en serois très-capable si j'étois plus jeune & plus vigoureux : mais il est trop difficile de se transplanter à mon âge & dans l'état de langueur où je suis. J'attendrai sous les arbres que j'ai plantés le moment où je n'entendrai plus parler des horreurs qui font préférer les ours de nos montagnes à des singes & à des tigres déguisés en hommes.

Ce qui a fait courir le bruit dont vous avez la bonté de me parler, c'est que le roi de Prusse m'ayant mandé qu'il donneroit aux *Sirvens* (nom d'une famille protestante, persécutée comme les *Calas*) un asyle dans ses états, je lui ai fait un petit compliment, je lui ai dit que je voudrois les y conduire moi-même; & il a pris apparemment mon compliment pour un envie de voyager, &c.

On voit par cette lettre, où il regne beaucoup d'humeur, que les bruits qui ont couru, & dont nous avons parlé, ne sont pas tout-à-fait destitués de fondement.

29 *Août* 1766. On vient d'imprimer à Londres *the celebrate Spreck*, &c. c'est-à-dire, *très-célebre harangue d'un très-célebre commoner*. On est tout étonné quand on songe que c'est le célebre M. *Pitt* qui a prononcé ce discours, & que c'est ce discours qui a entraîné victorieusement la révolution de l'édit concernant le timbre. Ce succès donne la plus haute idée du talent de M. Pitt pour la déclamation ; car il n'est pas vraisemblable que s'il eût donné cet ouvrage à lire ou à réciter, il eût fait la plus légere sensation. Mais le discours est-il réellement celui que l'orateur a prononcé? Tout le monde l'assure à Londres. Nous en doutons pourtant. Il est rempli de faux principes & de conséquences encore plus fausses : il est mal écrit, mal pensé, sans chaleur, sans éloquence ; & ce ne sont que des éloges sur le ministere de l'orateur. Ce n'est pas ainsi que les Démosthenes & les Cicérons plaiderent les grands intérêts de leur patrie.

30 *Août* 1766. C'est une statue à cheval que doit faire M. Falconnet. L'impératrice le défraie de tout, ainsi que les personnes qui sont à sa suite. Elle lui assure en France & rendus à Paris, dix

mille écus par an, tout le temps qu'il restera en Russie.

1 *Septembre* 1766. M. de la Condamine, de l'académie des sciences & de l'académie Françoise, digne émule de feu M. de Maupertuis, vient de faire ériger aux manes de ce physicien célebre un monument qui honore l'un & l'autre : il est placé dans l'église de St. Roch. Le fond est une pyramide en marbre, de couleur lugubre. Sur cette pyramide est adossé le médaillon de M. de Maupertuis; au dessous de ce médaillon est une épitaphe très-détaillée. La table est surmontée du génie de l'astronomie, désigné par une flamme qui lui sort du front, & par une couronne d'étoiles qui tient à la main. A l'autre côté de la table est un autre génie, qui montre d'une main le globe de la terre, applati vers ses poles. Deux volumes placés à côté du globe, désignent deux des principaux ouvrages de M. de Maupertuis. La composition de ce monument est noble & simple, & l'exécution fait honneur aux talents de M. *d'Huez*. Le médaillon est fort ressemblant, quoique M. *d'Huez* n'ait jamais vu le personnage : il l'a copié d'après un buste de M. *Le Moine*.

3 *Septembre* 1766. Extrait d'une lettre de M. de Voltaire...... J'ai reçu & lu le mémoire de l'infortuné M. de la Chalotais. Malheur à toute ame sensible qui ne sent pas le frémissement de la fievre en le lisant ! Son cure-dent grave pour l'immortalité.... Les Parisiens sont lâches, gémissent, soupent & oublient tout....

Pour mieux entendre ceci, il faut se rappeller ce que nous avons dit & cité du mémoire.

4 *Septembre* 1766. Le pere *Fidele de Pau*, si célebre

célebre par son oraison funebre du dauphin, a mis au jour depuis quelque temps un livre non moins curieux par le fond & par la forme. Le titre seul annonce le ton original de l'auteur; c'est *Philosophe Dithyrambique*. Il attaque dans cet écrit les grands philosophes de nos jours. C'est par l'ironie que le capucin se propose de combattre leurs erreurs. « Les Dithyrambes, » dit-il, étoient des ouvrages faites en l'honneur » de Bacchus : productions d'ailleurs d'un style » emphatique, obscur, vrai galimathias. Aristo- » phane appelloit les auteurs dithyrambiques des » charlatans. »

L'ouvrage est divisé en deux parties : dans la premiere, l'auteur examine quelles sont les qualités nécessaires à un écrivain en matiere de religion, & prouve que les déistes n'ont aucune de ces qualités. Dans la seconde, il parcourt les maux que les livres philosophiques, qu'il appelle libelles, ont causés, &c. C'est par-tout une imagination déréglée, une érudition indigeste, une diction burlesque, un ton de bouffonnerie, qui amuse d'abord, mais qui ennuie à la fin.

5 *Septembre* 1766. M. le Fevre, prêtre de la doctrine chrétienne, a fait imprimer dans Freron [N°. 14] une longue lettre apologétique de M. de Thou, contre les assertions de M. de Bury. Ce savant homme ne manie pas le sarcasme comme M. de Voltaire, mais il attaque avec force & d'une façon victorieuse le nouvel historien de *Henri IV*, & démontre l'injustice des reproches qu'il fait à M. de Thou.

6 *Septembre* 1766. Vers adressés à M. de Voltaire par M. *François de Neuchateau* en Lor-

raine, âgé de 14 ans, aſſocié des académies de Dijon, Marſeille, Lyon & Nancy, en lui envoyant un exemplaire de ſes ouvrages.

Rival d'Anacréon, de Sophocle, & d'Homere,
O toi dont le génie a franchi tour-à-tour,
    De tous les arts l'épineuſe carriere,
Toi qui chante les Dieux, les Héros & l'Amour,
Pardonne à mon audace, ô ſublime Voltaire!
Et permets qu'aujourd'hui ma muſe téméraire,
    T'oſe offrir ſes ſimples accords;
Daigne accepter cette offrande légere,
Daigne ſourire à mes premiers tranſports.
    Je ſais que c'eſt un foible hommage:
Mais ſi ton indulgence approuve mes efforts,
Un ſuccès ſi flatteur excitant mon courage,
    M'inſpirera de plus dignes accents.
Il ſaura m'élever au-deſſus de mon âge...
Un coup d'œil de Voltaire enfante les talents.

A Neufchateau, le 15 juillet 1766.

8 *Septembre* 1766. Nous recueillons avec ſoin la réponſe de M. de Voltaire à M. François.

    Si vous brillez à votre aurore,
    Quand je me tiens à mon couchant,
    Si dans votre fertile champ
    Tant de fleurs s'empreſſent d'éclore,
    Lorſque mon terrein languiſſant
    Eſt dégarni des dons de Flore;
    Si votre voix jeune & ſonore,
    Prélude d'un ton ſi touchant,

Quand je fredonne à peine encore
Les restes d'un lugubre chant;
Si des graces qu'en vain j'implore,
Vous devenez l'heureux amant;
Et si ma vieillesse déplore
La perte de cet art charmant,
Dont le Dieu des vers vous honore;
Tout cela peut m'humilier;
Mais je n'y vois point de remede;
Il faut bien que l'on me succede
Et j'aime en vous mon héritier.

Au château de Ferney, le 6 août 1766.

9 *Septembre* 1766. Outre le mémoire de M. de la Chalotais dont nous avons parlé, on vient d'imprimer deux lettres de lui, plus éloquentes encore: la premiere adressée au roi, en deux pages in-12, petit caractere comme le mémoire, est du mois d'avril. Il y demande justice & proteste de son innocence. La seconde, du même format & caractere, a 22 pages; elle est datée du 7 juin. Elle contient les mêmes réclamations, qui sont déposées dans le mémoire: il s'éleve fortement contre ses ennemis, & donne pour principe de ses disgraces la haine du parti jésuitique, & l'inimitié du commandant de la province.

10 *Septembre* 1766. On vient d'imprimer le discours qui a remporté le prix de l'académie royale des belles-lettres de Caen, le 5 septembre 1765. Le sujet étoit des plus utiles, & des plus curieux: *Quelles sont les distinctions que l'on peut accorder aux riches laboureurs, tant propriétaires*

que fermiers, pour fixer & multiplier les familles dans cet état utile & respectable, sans en ôter la simplicité, qui en est la base essentielle ? C'est celui de M. *Dornay*, qui a été couronné ; il portoit pour épigraphe : *honores mutant mores*. Il est traité avec toute l'éloquence & toute la vérité possible. Rien de plus philosophique que ce morceau digne d'un excellent citoyen.

11 Septembre 1766. Vers à M. le chevalier de ✱✱✱ sur une indigestion de l'auteur (M. Dorat.)

Vous avez tout, graces, talents ;
Vous buvez des eaux d'hipocrène :
Du bon Horace & de Turenne
Vous suivez les drapeaux brillants.
Digérez-vous ? voilà l'affaire ;
L'homme n'a rien s'il ne digere,
Car sans cela plaisirs & jeux
S'envolent au pays des fables.
L'Esprit fait les mortels aimables :
Mais l'estomac fait les heureux.

12 Septembre 1766. M. *de Calonne* se trouvant fortement attaqué dans l'éloquent mémoire de M. de la Chalotais, vient d'en présenter un au roi, dans lequel il met sous les yeux de S. M. tout ce qui s'est passé entre lui & M. de la Chalotais. Cette réponse fort détaillée contient 3 pages d'impression in-4°, qu'il n'est pas possible d'analyser. On lit à la fin, que le roi a eu la bonté d'écrire de sa main ce qui suit :

1 Septembre.

« Je vous autorise à faire imprimer ce mé-
» moire ; vous n'avez pas besoin de justification
» auprès de moi ; je rends justice à vos talents &
» à la droiture de votre conduite : comptez sur
» toute ma protection. »

Sur cette apostille de S. M., ce mémoire a été imprimé à l'imprimerie royale. On a mis à la suite une lettre de M. de la Chalotais, relative à cette discussion.

L'ouvrage, comme littéraire, est d'une logique très-foible, sans énergie, sans finesse. Le style en est médiocre, & donne une fort petite idée de l'orateur & de son génie.

13 Septembre 1766. Si l'on en croit des lettres venues de bonne part, les prétendus torts de J. J. Rousseau ne sont pas si bien constatés, qu'on ne puisse les révoquer en doute. Un tiers paroît avoir cherché à aigrir les esprits, en rapportant à chacun d'eux séparément des confidences faites pour les indisposer réciproquement ; de-là un mal entendu de part & d'autre, qui a occasioné une brouillerie, au-delà des bornes de l'honnêteté. On assure que les parties se sont rapprochées, & que sur l'explication qu'elles ont eue entr'elles, elles se sont réconciliées.

13 Septembre 1766. Recherches sur l'origine des découvertes attribuées aux modernes, &c. par M. Dutens, 2 vol. Le but de cet ouvrage est de prouver que les différents systêmes qu'on annonce tous les jours comme des découvertes, ont été connus des anciens. Cet ouvrage est plein d'érudition, mais peu consolant.

15 Septembre 1766. On a vu avec quelle chaleur M. de Voltaire a soutenu la cause des *Calas*; les écrits sortis de sa plume à ce sujet, son *traité sur la tolérance* : il vient d'y ajouter un *Avis au public sur les parricides imputés aux Calas & aux Sirvens, qui peut servir de supplément*. Il y rappelle l'arrêt du parlement de Toulouse : la sentence rendue à Majamet dans le pays de Castres, contre les *Sirvens*, & rapporte à cette occasion différents exemples du fanatisme qui, dans tous les temps, a tyrannisé certains esprits, & a produit des excès qui font frémir l'humanité. L'auteur continue à se servir de l'ironie, & à traiter en plaisantant des matieres qui paroissent mériter un ton plus sérieux.

17 *Septembre* 1766. M. Smolet, docteur en médecine, & connu par une *Histoire d'Angleterre*, vient de faire imprimer *Travels through France and Italy*, &c. M. Smolet déclare qu'il n'a entrepris ce voyage que pour se guérir d'une consomption qui le minoit, d'une bile noire dont il étoit dévoré. Le lecteur s'en appercevra facilement : tout son ouvrage est imprégné de cette humeur âcre & mordicante : il n'a rien vu qu'à travers la vapeur lugubre qui absorboit toutes ses facultés intellectuelles, & il a très-mal vu conséquemment. Il faut lui pardonner toutes les injures qu'il dit à notre nation, en faveur de sa maladie. Cet ouvrage a deux volumes d'erreurs, d'injures, plus que d'observations vraies & historiques.

18 *Septembre* 1766. Nous avons parlé de la querelle suscitée à M. Saverien, pour n'avoir pas donné à M. Clairaut toutes les louanges dont M. du Séjour & M. Gondin vouloient le décorer....

Cet historien vient de faire paroître une réponse à ces critiques, où, après avoir relevé différentes erreurs de fait & de goût, il se justifie d'une façon satisfaisante. Il n'y a pas d'apparence qu'on lui replique. Cette lettre est dans divers ouvrages périodiques.

19 *Septembre* 1766. L'*Artaxerxes* de M. le Mierre, chu en quelque sorte dès la premiere représentation, s'est traîné pendant plusieurs représentations; il en a eu dix très-médiocres, & n'est fini que depuis quelques jours.

19 *Septembre* 1766. Par des nouvelles de Varsovie du 16 août 1766, on écrit que madame Geoffrin, qui est encore en Pologne, ne pouvant se refuser à l'invitation de l'impératrice de Russie, se dispose à partir pour Pétersbourg.

20 *Septembre* 1766. On parle beaucoup d'une réponse de monsieur de la Chalotais au mémoire de monsieur de Calonne : la rareté de cet ouvrage fait qu'on n'est pas encore en état d'en rendre compte.

20 *Septembre* 1766. On croit qu'on vient d'imprimer en France une nouvelle édition italienne du livre *dei Delitti & delle Pene* : elle est intitulée, cinquieme édition. Celle-ci est augmentée du jugement d'un célebre professeur sur ce livre, & d'une replique de l'auteur à des observations injurieuses, remplies de personnalités & d'une satire amere contre lui. On ne se contente pas pour l'attaquer de cacher les armes sous le manteau de la religion, on l'accuse d'avoir manqué au respect qu'il doit aux souverains, & d'avoir excité les peuples à la révolte. L'auteur se défend avec beaucoup de modé-

ration, répond aux objections & méprise la satire.

21 *Septembre* 1766. Le terme du jugement rendu par MM. les maréchaux de France contre M. de Villette, étant expiré, il est sorti avant-hier de la prison de l'abbaye de St. Germain-des-Prez, où il avoit été conduit. Quant à M. de Lauraguais, il est toujours à la Bastille, moins pour cette affaire que pour d'autres, dans lesquelles sa légéreté, pour ne rien dire de plus, l'a fait compromettre.

21 *Septembre* 1766. On écrit de Pologne que le nouveau roi se propose d'établir incessamment à Varsovie une académie, à l'imitation de l'académie Françoise, & dont l'objet est de perfectionner la langue Polonoise. On ne doute pas que madame Geoffrin n'ait beaucoup contribué à suggérer ce projet à S. M.

21 *Septembre* 1766. On a arrêté au commencement de ce mois plusieurs ballots d'un ouvrage fait en faveur des ci-devant soi-disant jésuites, par lequel on prétend prouver la nécessité de les rappeller en France, & de les maintenir dans l'exercice de l'instruction de la jeunesse. Pour justifier ces assertions, l'auteur d'un ton apostolique prétend réfuter tous les écrits qui ont préparé & occasioné leur proscription. L'édition entiere étoit destinée pour l'Espagne, & avoit été imprimée à Bayonne, aux frais, à ce qu'on assure, de M. l'archevêque de Paris. Tout a été saisi, & l'imprimeur amené ici.

23 *Septembre* 1766. On mande de Stockholm qu'on a joué la comédie pour la premiere fois sur le nouveau théatre que le roi a fait bâtir pour remplacer celui qui a été brûlé, il y a

quelques années. On ajoute que cette salle de spectacle est fort belle & fort bien distribuée.

23 *Septembre* 1766. M. le comte de Lauraguais, en sortant de la Bastille, a été conduit au château de Dijon.

24 *Septemb.* 1766. Les ouvrages saisis à Bayonne, dont on a parlé, sont les mandements & instructions de M. l'archevêque de Paris & des autres évêques qui ont écrit dans le même esprit en faveur des ci-devant soi-disant jésuites; dont on a fait un recueil: on les avoit traduits en espagnol, avec une préface, un discours raisonné, & le tout étoit destiné pour l'Espagne.

25 *Septembre* 1766. Le roi a établi par arrêt de son conseil du 4 juillet 1750, une école publique pour les élèves qui se destinent à la chirurgie; & par un autre arrêt du 29 mars 1760, S. M. a fait différents réglements sur l'admission des élèves, &c.

M. Houstel, ancien directeur de l'académie de chirurgie, chargé de l'inspection des écoles, vient de fonder à perpétuité quatre médailles d'or de la valeur de 100 livres chacune, pour être distribuées annuellement aux 4 élèves qui auront le plus profité, &c. La légende de ces médailles porte: *Studiorum & Peritiæ Præmium in Scholâ Chirurgicæ Practicâ in perpetuum assignabat M. Fr. Houstel,* 1765.

26 *Septembre* 1766. On mande d'Espagne que le pere Poyant, recteur des jésuites, ci-devant secretaire de l'ambassadeur de Russie, a été arrêté par ordre du ministre Espagnol; que l'on a trouvé chez lui une édition d'environ 3000 exemplaires d'une brochure très-séditieuse en faveur des jésuites

de France, où le roi même est très-peu respecté. On ajoute que cette brochure, quoique imprimée à Saragosse, portoit le titre de Paris ; que c'est sur la plainte du ministére de France, que le pere Poyant a été arrêté & mis dans les prisons.

27 *Septembre* 1766. Il ne paroît pas qu'on soit parvenu à réunir les esprits de M. Hume & de J. J. Rousseau, quoiqu'on ait fait pour les réconcilier : l'aigreur du dernier a forcé le caractere pacifique de l'autre ; & l'on assure qu'ils vont rendre le public juge de leur différend, en faisant imprimer ce qui l'a occasioné. La singularité de Rousseau n'a fait nulle sensation en Angleterre, & ses ouvrages n'y sont pas accueillis avec la même fureur qu'en France. L'énergie de son style, principal mérite de ses ouvrages, ôte beaucoup de leur prix aux gens qui n'entendent pas parfaitement notre langue.

28 *Septembre* 1766. Mlle. Duranci, meilleure actrice que chanteuse, ayant eu des différends avec les directeurs de l'opéra, & ne trouvant pas qu'ils mettent à ses talents tout le prix qui leur est dû, se dispose sérieusement à débuter à la comédie Françoise ; elle doit commencer par le rôle de *Pulcherie* dans *Heraclius*.

29 *Septembre* 1766. Nous avons annoncé un prix extraordinaire proposé au jugement de l'académie royale des sciences, lequel sera décerné à une personne qui trouvera une méthode sûre de faire l'espece de verre nécessaire pour la fabrication des lunettes achromatiques. La somme destinée à ce prix avoit été déposée par un citoyen aussi distingué par son zele pour le progrès des sciences, que par la place qu'il occupe.

Aussi-tôt que le roi eut connoissance de ces circonstances, S. M. ordonna que les fonds destinés à un si noble emploi seroient fournis par son trésor royal. Ces ordres ont été exécutés par M. le comte de St. Florentin. Dans une des dernieres assemblées de l'académie, ce ministre est venu lui notifier cet ordre du roi.

30 Septembre 1766. M Piron, toujours original, vient de publier un poëme singulier; il a pour titre : *Feu M. le dauphin à la nation en deuil depuis six mois.* Il débute ainsi :

France ! rosier du monde, agréable contrée,
Qui ne m'a, dans le temps, qu'à peine été montrée,
Amour des nations, sociables François,
Peuple chéri du ciel, & chérissant vos rois,
Egalement aimé de votre auguste maître,
Qui fit tout pour me rendre un jour digne de l'être,
Tandis que je tremblois, l'adorant comme vous,
D'hériter d'un pouvoir pour vous & moi si doux !
Chers amis, que ma voix touchante & fraternelle
Parvienne à vous du haut de la voûte éternelle ;
Et ne vous parlant plus que de félicité
Après un deuil si long vous rendre à la gaieté.

Qui croiroit ces vers sortis de la main qui a crayonné la *Métromanie* ?

1 *Octobre* 1766. Le jeune *Molé*, comédien très-agréable au théatre François, a une fluxion de poitrine, avec la fievre maligne. Le public témoigne beaucoup d'intérêt à sa santé, & demande de ses nouvelles tous les jours à l'acteur qui vient annoncer. C'est un sujet cher à ses

plaisirs, & dont la perte feroit un vuide à ce spectacle dans les circonstances actuelles.

2 Octobre 1766. On a donné aujourd'hui au théatre Italien une nouveauté inattendue : c'est une petite piece, intitulée : *la fête du Château.* Elle est dans le genre des anciens opéra-comiques, c'est-à-dire que tous les airs en sont parodiés. Mais rien de mieux choisi que ces airs ni de mieux adapté aux paroles. Le fond de ce divertissement paroît avoir été composé à l'occasion d'une fête particuliere. Il s'agit de célébrer la convalescence d'une jeune demoiselle qui a été inoculée. Il y a des couplets relatifs à l'inoculation très-agréables. Le fond, peu riche par lui-même, est embelli par des détails ingénieux, piquants & délicats : il nous rappelle à un genre qu'il étoit fâcheux d'avoir totalement abandonné : il a fort bien repris.

3 Octobre 1766. M. *Hardion*, de l'académie Françoise & de celle des inscriptions & belles-lettres, garde des livres & antiquités du cabinet du roi, instituteur de mesdames, est mort hier.

5 Octobre 1766. Le public continue de témoigner sa bienveillance à Molé & la part qu'il prend à sa maladie. L'espérance renaît sur son compte ; mais il est à craindre que sa convalescence ne soit très-longue. Le vin lui ayant été conseillé pour ranimer son existence, dans l'épuisement total où il est, il a reçu en un jour plus de 2000 bouteilles de vins de toute espece, des différentes dames de la cour.

Ce même acteur témoignant à Mlle. Clairon que sa maladie lui coûtoit beaucoup & le ruineroit, si l'on ne faisoit quelque chose pour lui, il fut queſtion de demander aux gentilshommes de la chambre une repréſentation ou deux *gratis* pour lui : Mlle. Clairon lui dit qu'elle ſe chargeoit volontiers de cette ſollicitation, & même de jouer, ſi cela pouvoit attirer du monde.

6 *Octobre* 1766. Sieur Freron, dans ſa feuille littéraire (N°. 16) rend compte d'un portrait de Mlle. Clairon d'après le modele en cire qui a ſervi pour graver la médaille, que des amis ont fait frapper en l'honneur de cette actrice célebre. Il rapporte des vers de M. de Voltaire qu'on lit au bas de cette eſtampe, tirés, dit-il, apparemment d'une épître de cet auteur à la comédienne en queſtion :

Une médaille eſt dans nos mœurs
Ce que jadis étoit un temple.

Il critique cette belle ſentence, & fait voir que cette médaille n'eſt autre choſe qu'une adulation des partiſans de Mlle. Clairon, dont ſon amour-propre auroit tort de s'énorgueillir.

M. l'abbé Gayot, aumônier de M. le duc d'Orléans, vient de nous donner une édition des œuvres du feu pere André, déja connu par ſon *Eſſai ſur le Beau*. Ces œuvres contiennent 19 diſcours, compoſant un *traité de l'homme ſelon les différentes merveilles qui le compoſent*. Tout cela eſt très-bien écrit & nous annonce l'auteur comme étant à la fois théologien, philoſophe, mathématicien, orateur & poëte. Il y a, ſans contredit, beaucoup de paradoxes ; car quel ouvrage de métaphyſique en eſt exempt !

L'éditeur a mis en tête un *Eloge hiſtorique* de l'auteur ; il en réſulte que ce jéſuite, né en Basse-Bretagne en 1675, fut reçu au noviciat en 1693 : qu'en 1726 il fut nommé à la chaire de professeur royal de mathématiques au college de Caen, remplit cette place avec la plus grande distinction jusqu'en 1759, qu'il fut obligé d'obéir aux ordres de ses supérieurs, & de se reposer, déja âgé de 48 ans.

Les philosophes qu'il goûtoit le plus, dit-on, étoient Platon, Descartès, Mallebranche. De tous les poëtes François, Corneille lui paroissoit le plus grand, & Boileau le plus sensé. Il regardoit Rousseau comme le dernier de nos poëtes, non dans le sens que pourroit l'entendre M. de Voltaire (ajoute Freron dans son extrait,) mais comme on disoit de Caton, que c'étoit le dernier des Romains.

Le pere André étoit en relation avec Mallebranche, son ami, & Fontenelle, qui ne le connoissoit que par lettres.

Après la dissolution du college de Caen, il choisit sa retraite à l'Hôtel-Dieu de cette ville, où le parlement de Rouen pourvut à sa subsistance au-delà de ses desirs, en ordonnant de lui accorder absolument, & sans aucune condition, ce qu'il demanderoit. Il est mort en 1764.

8 *Octobre* 1766. Freron, dans sa feuille N°. 17, en rendant compte d'une nouvelle compilation de l'abbé de La Porte, intitulée : *le Voyageur François*, s'exprime ainsi.

« Il n'y a rien de neuf dans cet ouvrage....
» l'éditeur aime les anecdotes singulieres, peu
» lui importe qu'elles soient vraisemblables. C'est
» un inconvénient attaché à tous les voyages,
» qu'on fait sans sortir de sa chambre..... M. l'abbé
» de la Porte plaisante encore volontiers sur toutes

» sortes de sujets, même sur ceux qui ne sont pas
» susceptibles de plaisanterie..... Son style
» est par-tout négligé. Il y a quelquefois des
» longueurs. Peut-être pour garder la vraisem-
» blance a-t-il exprès affecté d'écrire comme le
» feroit un voyageur au milieu des embarras &
» des fatigues d'une route pénible. Si tel a été
» son dessein, il faut convenir qu'il a parfaite-
» ment réussi..... Cette collection est dans la
» classe des ouvrages qui font beaucoup de plaisir
» au lecteur, assez de profit au libraire, peu
» d'honneur à l'écrivain. »

9 *Octobre* 1766. M. Poinsinet, poëte attaché depuis quelque temps au prince de Condé, vient de faire imprimer un divertissement fait à l'occasion de l'arrivée de ce prince pour la tenue des états de Bourgogne ; il est intitulé : *Le Choix des Dieux*, ou *les Fêtes de Bourgogne*. Il est en un acte, & a été exécuté à Dijon le 13 juillet dernier.

L'auteur n'a sans doute pas prétendu donner une piece réguliere : s'il a eu dessein de faire des scenes agréables, quoique peu liées entr'elles, des compliments spirituels, & flatteurs, il a parfaitement réussi.

10 *Octobre* 1766.

Soupirer près de ce qu'on aime
Est un plaisir doux & flatteur,
Ainsi d'un objet enchanteur
On sait presser l'aveu suprême,
Et s'avancer vers le bonheur :
Touchés d'une égale tendresse
Et consumés des mêmes feux,

Bientôt on soupire tous deux :
L'instant qui suit produit l'ivresse,
L'Amour triomphe.... on est heureux!

Cette chanson est de M. le marquis de Saint-Aignan.

13 *Octobre* 1766. Le début de Mlle. Duranci a été des plus brillants aujourd'hui, par l'affluence des spectateurs. Quoique le rôle de *Pulcherie* ne soit pas le plus avantageux qu'elle ait pu choisir, cette actrice nouvelle a fait la plus grande sensation, & ne dément point le jugement que ses partisans en portoient à l'opéra.

14 *Octobre* 1766. Les Egyptiens ont été les premiers qui ont eu des musées : c'étoit chez eux un lieu de la ville où l'on entretenoit, aux dépens du public, un certain nombre de gens de lettres distingués par leur mérite, & dans lequel on rassembloit tout ce qui avoit un rapport immédiat aux sciences & aux arts. A l'exemple de la ville d'Oxford, qui a un musée des plus considérables, il y a plusieurs années qu'on en a établi un à Londres, où non seulement on rassemble tous les trésors des sciences & des arts, mais encore qu'on enrichit des portraits & des bustes de tous ceux qui ont illustré l'Angleterre par leurs écrits ou par leurs découvertes. La garde de ce sanctuaire des muses est confiée à M. Maty, secrétaire perpétuel de l'académie royale de Londres. Ce savant a demandé permission à madame du Bocage de placer dans ce musée le buste de cette illustre Françoise. Voici des vers qu'il lui a adressés à cette occasion :

D'un Phidias ton buste anime le ciseau,
Ciseau fait pour les Dieux, les Muses & les Graces;
Du Bocage, le Dieu du Beau
Au temple d'Albion t'offre le choix des places.
Entre Locke & Platon, Chesterfield & Boileau,
Près de Milton que ton pinceau
Fit admirer, en le faisant connoître,
Eleve de Minerve, hâte-toi de paroître;
Et qu'en voyant cet ouvrage nouveau
Nos Anglois étonnés doutent qui tu peux être;
D'Athenaïs, de Laure ou de Sapho.

17 Octobre 1766. M. Bouchaud, censeur royal & docteur agrégé de la faculté de droit de Paris, vient de publier des *essais historiques* ; ils sont intitulés : *De l'impôt du vingtieme sur les successions, & de l'impôt sur les marchandises chez les Romains*. Ils ne sont que les fragments d'un traité beaucoup plus étendu de l'*impôt*. Cet ouvrage savant & bien discuté est dédié à MM. de l'académie des belles-lettres ; c'est un compliment prématuré, qui le désigne pour remplacer à cette académie M. Hardion.

18 Octobre 1766. Mlle. Duranci, qui avoit continué son début avec succès dans *Heraclius*, ne s'est pas soutenue aujourd'hui dans celui d'*Aménaïde* ; soit qu'elle ait été intimidée de la cabale formidable liguée contr'elle, soit que ce rôle ne soit pas dans son genre, elle a presque été sifflée. Cet événement cause un schisme très-grand parmi les amateurs du théatre, dont un certain nombre est porté pour elle.

19 Octobre 1766. L'académie Françoise, outre

les deux pieces qui ont eu l'*accessit* au mois d'août, a fait imprimer un extrait de douze pieces, avec un court avertissement, où elle déclare qu'elle a vu, par le choix des sujets, que les poëtes aspiroient au solide honneur d'être utiles.

La 1e. est l'Héroïde de *Marie Stuart, reine d'Ecosse, écrite du château de Foderingac, à Jacques VI, son fils & son successeur.*

La 2e. est adressée aux *Rois conquérants.*

La 3e. est intitulée le *Génie.*

La 4e. l'*Idée du Sage.*

Le *Discours sur la Philosophie*, 5e. Piece, est de M. Fontaine, auteur d'une autre piece qui a eu l'*accessit.*

La 6e. *sur le danger d'être un grand homme*, est de M. le Prieur.

La 7e. a pour titre : *Doit-on pleurer la mort des personnes qu'on aime ?*

La 8e. *Epître à un ami sur le bonheur.*

La 9e. est une *Epître* que M. L. B. D. adresse *à une mere qui allaite son enfant.*

La 10e. roule sur les *avantages de la médiocrité.*

La derniere piece est une épître adressée à un jeune homme qui veut embrasser la profession des lettres, qui, dévoré du besoin de la gloire, brûle d'illustrer sa mémoire & sa vie, & qui enfin, obscur par ses aïeux, cherche à s'ennoblir par lui-même.

26 *Octobre* 1766. On vient enfin de publier l'exposé de la contestation qui s'est élevée entre M. Hume & M. Rousseau, avec les pieces justificatives. Cette brochure de plus de cent pages ne laisse aucun doute sur le fond de la guerre. Il paroît

que la premiere cause est la lettre supposée du roi de Prusse à Rousseau, écrite & avouée par M. Horace Walpole, imprimée dans tous les journaux, & particuliérement dans les papiers anglois. M. Rousseau, d'un caractere inquiet & peu commun par sa bizarrerie, a cru voir l'auteur de cette plaisanterie dans la personne de M. Hume, & dès-lors l'a regardé comme un traître & le plus méchant des hommes. Il lui a écrit dans cette idée avec toute la chaleur qu'on connoît au Démosthene moderne. Vainement M. Hume lui a opposé le sang-froid que donne la défense d'une bonne cause, & cherché à le ramener par la douceur & les bons procédés ; M. Rousseau n'y a répondu que par une réponse encore plus outrageante ; il a forcé le caractere de M. Hume, & celui-ci s'est cru obligé de rendre publique la nature de ses liaisons avec Rousseau, les motifs qui l'ont porté à l'obliger, & l'injustice, pour ne rien dire de plus, de J. J. Rousseau.

21 *Octobre* 1766. Mlle. Duranci a repris hier plus fortement que jamais, & cette actrice presque sifflée a reçu le lundi les plus grands applaudissements & les plus flatteurs. Cette facilité à changer son jeu, à reprendre la vérité de son rôle, & à forcer les suffrages en quelque sorte, est l'éloge le plus complet qu'on en puisse faire.

22 *Octobre* 1766. M. de la Lande, qui avoit approuvé l'ouvrage de M. Saverien, où il parle de M. Clairaut avec moins de vénération, que n'en exigent les enthousiastes de ce savant, vient d'être obligé, pour se réconcilier avec ses puissants adversaires, d'insérer une lettre dans les journaux, en date du 26 septembre 1766, à

Bourg en Bresse, où il fait sa profession de foi sur le géometre déifié par ces messieurs, & convient humblement n'avoir pas assez réfléchi sur l'ouvrage approuvé.

23 Octobre 1766. L'exposé succinct publié par M. Hume contre Jean-Jacques Rousseau, n'a pas le suffrage général. On reproche à M. Hume de n'avoir pas conservé le noble dédain qu'il avoit témoigné d'abord, & qu'une ame plus philosophique eût montré jusqu'au bout. On y lit des reproches sur des objets de reconnoissance qu'il eût été plus honnête de taire. M. d'Alembert y figure par une lettre de sa façon, qui lui fait honneur. Rousseau l'inculpoit dans cette querelle comme un des coopérateurs de la lettre. Il se justifie, ou plutôt il s'explique avec tout le flegme du vrai philosophe. La lettre de monsieur Walpole est ce qu'il y a de plus remarquable pour la fierté, & peut-être l'insolence avec laquelle il traite Rousseau.

24 Octobre 1766. Madame la dauphine n'ayant pas été contente des différentes oraisons funebres de M. le dauphin, elle a chargé le pere Elysée, fameux prédicateur, d'en composer une sur les mémoires qu'elle lui a fait remettre. Elle sera prononcée dans un service qu'elle fera célébrer à Versailles.

26 Octobre 1766. M. Torré perfectionne de jour en jour son spectacle; il n'est plus pyrrique simplement, il est *pantomi-pyrrique*. La piece actuelle a pour titre: *Orphée & Euridice aux enfers.* Tout concourt au mérite de l'exécution d'un sujet aussi bien choisi. Le local est d'une vérité qui en impose aux regards: on voit sur le devant de la scene le fleuve de Phlegeton, avec la barque du vieux nautonnier des enfers: d'un côté est une caverne d'où paroît sortir le fleuve : de l'autre est l'antre des Gorgones. Cerbere paroît un peu plus loin, & plus loin encore on découvre le palais de Pluton. Les Champs-Elysées sont dans la perspective, sur la droite du palais. Sur la gauche est le Tartare. Tous ces objets sont parfaitement figurés. Orphée paroît muni de sa lyre. Elle lui sert d'abord à fléchir Caron, qui refusoit de l'admettre dans sa barque. Il passe le fleuve. A l'instant il est entouré par les furies armées de flambeaux, & par une troupe de démons qui le conduisent au trône de Pluton. Orphée lui expose sa demande & l'appuie des sons de sa lyre : ils fléchissent le dur Pluton. Il ordonne aux juges des enfers d'aller chercher Euridice dans les Champs-Elysées, pour la rendre à Orphée, son époux. Elle lui est amenée couverte d'un voile ; mais Pluton a mis une condition à cette grace, c'est qu'Orphée ne regardera Euridice qu'après avoir passé le fleuve. Il accepte cette condition, mais il ne peut la remplir ; il leve le voile, & à l'instant les furies & les démons s'emparent de nouveau d'Euridice. On précipite Orphée dans la barque : les tourments des damnés redoublent ; ce qui produit alors dans le Tartare différents effets d'artifice très-frappants & très-variés.

Dans ce nouveau sujet le sieur Torré a fait usage de presque toutes les ressources de son art. Il y prodigue la dépense : les personnages sont vraiment animés, & vêtus selon le costume. L'artifice offre différents tableaux, & ces tableaux offrent diverses nuances.

27 Octobre 1766. Les plus secrets mysteres des

Hauts grades de la maçonnerie dévoilés, ou le Rose-croix, traduit de l'Anglois ; suivi du Noachite, traduit de l'Allemand. Les hauts grades de la maçonnerie, suivant ce livre, sont au nombre de six, & le dernier est celui du *Chevalier de l'Epée de Rose-croix.* La formule de réception est toute militaire ; c'est, dit-on, en mémoire de la maniere dont les juifs rebâtirent leur temple & les murs de la ville sous la conduite de Zorobabel.

Le Noachite ou *Chevalier Prussien* est un grade particulier, ou plutôt un ordre à part, qui regarde le roi de Prusse comme son protecteur. Cet ordre-ci prétend rebâtir la Tour de Babel : il date de 4658 ans. On en trouve dans cet ouvrage toute la filiation ; il est même question de monuments qui l'arrestent.

28 Octobre 1766. *Pieces fugitives de M. François de Neufchateau en Lorraine, âgé de 14 ans.* Ce jeune auteur a débuté à 13 ans, & depuis a été reçu de quatre académies. Il regne une facilité étonnante, des graces & de l'harmonie dans presque toutes les pieces de M. François. Ses ouvrages sont quelquefois vuides de pensées, & son goût n'est pas encore sûr.

29 Octobre 1766. L'académie de Dijon, dans les annonces qu'elle avoit faites du prix de 1767 sur les antiseptiques, en avoit fixé la valeur à la somme de 300 livres ; mais M. le marquis du Terrail, maréchal des camps & armées du roi, académicien honoraire non résident, ayant fait, conjointement avec sa femme, une donation à l'académie de Dijon, de la somme de 10,000 liv., pour fonder à perpétuité un prix de la valeur de 400 livres, par acte du 9 avril 1760, l'académie

de Dijon annonce en conséquence au public que son prix de 1767 & tous ceux qu'elle donnera dans la suite, feront une médaille d'or de la valeur de 400 livres.

1 *Novembre* 1766. L'académie Françoise procédera jeudi prochain, 6 de ce mois, à l'élection du successeur de feu M. Hardion : il paroît que monsieur Thomas est le seul aspirant, à l'exception d'un président du parlement de Bourgogne.

2 *Novembre* 1766. On ne peut assez s'étonner de l'audace de certains barbouilleurs de papier, qui ont le front de donner au public de prétendues *lettres* sous le nom du *Chevalier Robert Talbot*. Elles roulent sur la France, sur les divers départements, avec nombre de particularités intéressantes, est-il dit, touchant ses hommes en place. Le tout prétendu traduit de l'anglois. Cet ouvrage en deux volumes est une rapsodie misérable d'anecdotes tronquées, de portraits mal dessinés : le tout écrit d'un style pitoyable. Si les lecteurs étrangers prétendoient connoître ce pays sur de tels garants, ils le connoîtroient bien mal.

4 *Novembre* 1766. Aujourd'hui, jour de saint Charles Borromée, fête de M. le président Haynault, madame la *** sa niece, lui ayant présenté un ananas, on a fait le quatrain suivant :

> Lorsqu'en l'Inde je pris naissance,
> Je ne me flattois pas qu'un jour,
> Je dus être offert par l'Amour,
> A l'Anacréon de la France.

6 *Novembre* 1766. M. Thomas a été élu aujourd'hui pour successeur de M. Hardion,

8 *Novembre* 1766. M. Colardeau, pour satisfaire ses critiques, vient de faire réimprimer sa lettre amoureuse d'Héloïse à Abaillard, avec la traduction de divers morceaux qu'on lui reprochoit d'avoir élagués. Nous croyons qu'il auroit pu être moins docile : le goût est la premiere qualité d'un traducteur, sur-tout Anglois. On a ajouté une vie d'Abaillard de la plume de monsieur Marin, censeur royal.

11 *Novembre* 1766. On parle beaucoup d'un ouvrage nouvellement imprimé & fort rare, il a pour titre *le Christianisme dévoilé*. On le fait paroître sous le nom de Boulanger, mort il y a quelques années ; mais le style est plus énergique, & l'on présume qu'il n'est pas de lui. Au reste, c'est, à ce qu'on prétend, un des livres les plus terribles contre la religion. Le gouvernement s'oppose autant qu'il peut à son introduction.

12 *Novembre* 1766. L'académie royale des sciences a tenu aujourd'hui son assemblée publique de rentrée. La séance a commencé par la lecture du programme pour le prix du *Verre acromatique*, dont nous avons déja parlé.

M. l'abbé Nollet a lu un mémoire sur le spectacle que l'on peut tirer de l'électricité ; il a donné les moyens de présenter aux yeux différents desseins & tableaux en feux électriques, & même de produire des feux électriques mouvants en forme d'aigrette, & d'autres feux tournants à peu près comme dans l'artifice.

M. Buache a exposé des cartes, & développé dans un mémoire le résultat d'un travail qui a pour but de représenter & de calculer la quantité d'eau courante dans ce qu'il nomme le bassin fin de chaque riviere, c'est-à-dire, l'espace compris entre toutes les hauteurs d'où coulent les sources, tant de la riviere principale que des moindres rivieres & des ruisseaux qui viennent s'y rendre. Il a principalement appliqué ses recherches au cours de la riviere de Seine.

M. de Parcieux a rendu compte dans un second mémoire sur l'eau de la riviere d'Yvette, qu'il propose d'amener à Paris, de l'examen ou plutôt de l'analyse faite de cette eau par des commissaires, qu'à sa requisition la Faculté de médecine avoit nommés, & de la comparaison très-exacte, très-détaillée de cette eau avec celles qui ont le plus de réputation, telles que celles de Seine, d'Arcueil, de Viludavray, de Sainte Reine, & de Bristol en Angleterre. Il résulte que l'eau d'Yvette est presque parfaitement égale pour la pureté & la salubrité à l'eau de la Seine, prise au dessus de Paris, & beaucoup supérieure à toutes les autres eaux qu'on vient de nommer.

M. Hérissant a fait connoître dans son mémoire, d'après des expériences, la structure & l'organisation des coquilles, des animaux tant terrestres qu'aquatiques.

La séance a été terminée par M. de Fougenaux, qui a détaillé les procédés par lesquels il a analysé chymiquement la couleur connue sous le nom de *Jeanne de Naples*, & est parvenu à en composer un tout-à-fait semblable pour la beauté, & aussi parfait pour l'usage qu'on en fait dans tous les genres de peinture.

13 *Novembre* 1766. Il paroît une brochure in-12, de 106 pages d'impression, petit caractere, avec des notes, ayant pour titre : *Des Commis-*

sions extraordinaires en matiere criminelle. L'anonyme differe avec beaucoup de favoir fur les abus des commiffions, fait l'analyfe des plus connues de l'hiftoire; d'où il infere qu'on ne doit pas mettre en queftion qu'une commiffion extraordinaire en matiere criminelle puiffe jamais être licitement établie. Il eft facile de voir le but de l'auteur, & quoiqu'il tende toujours à fon objet principal, il ne fe démafque point, & traite cette matiere avec difcrétion & fentiment. Cet ouvrage eft certainement de quelqu'un fort inftruit, & dans les circonftances il fait une grande fenfation.

14 *Novembre* 1766. L'académie des belles-lettres a fait aujourd'hui fa rentrée publique.

M. le Beau a ouvert la féance, en annonçant que le prix avoit été adjugé au Sr. Jérôme Zaneti, attaché à la bibliotheque de St. Marc à Venife; & que le fujet de celui qui doit être diftribué à pâque de l'année 1768, confifte à examiner *quel fut l'état des perfonnes en France fous la premiere & la feconde race de nos rois?*

Enfuite M. l'abbé Garnier lut l'éloge hiftorique de M. le Beau *Junior.*

L'abbé Ameilhon lut enfuite une differtation préliminaire fur la phyfique des anciens.

M. de Burigny, une differtation fur les efclaves des Romains.

L'abbé Mignot, un fixieme mémoire fur les Phéniciens.

Enfin l'abbé Belley fit part de fes obfervations fous le titre de *Salutaris,* donné à plufieurs perfonnes de l'empire Romain.

15 *Novembre* 1766. *Le docteur Panfophe,* ou

Lettre de M. de Voltaire. Ce docteur Pansophe est l'opposé du docteur Panglos. Celui-ci affirme que tout est bien, l'autre nous crie depuis douze ans que tout est mal; & ce docteur Pansophe, comme on le devine aisément, est J. J. Rousseau.

Ces lettres sont au nombre de deux. Dans la premiere, adressée à M. Hume, M. de Voltaire parle sur-tout du démêlé actuel de cet Anglois avec le philosophe Genevois : il prétend que ce dernier a d'autant plus de tort de l'accuser comme le plus cruel de ses persécuteurs, qu'il prouve avoir été le premier à lui offrir un asyle. La seconde lettre paroît être adressée à M. Rousseau lui-même : elle renferme de bonnes plaisanteries & de meilleures raisons, de la gaieté & nulle aigreur.

16 *Novembre* 1766. Madame Geoffrin, cette femme rare, dont ont a eu occasion de parler, lors de son voyage en Pologne, est de retour depuis quelques jours à Paris. En passant par Vienne elle a reçu de la part de l'impératrice reine & de l'empereur toutes les marques de bonté, auxquelles des particuliers ne doivent point s'attendre. On y a fait treve d'étiquette, & elle a eu l'honneur de voir ces têtes couronnées avec les distinctions les plus flatteuses. Quant au roi de Pologne, le motif de l'objet de ce voyage, on ne peut rendre jusqu'où ce monarque a porté les attentions & les petits soins.

16 *Novembre.* Il paroît une justification de J. J. Rousseau, dans la contestation qui lui est survenu avec M. Hume. Il est aisé de voir qu'elle est l'ouvrage de l'amitié. Le défenseur ne produit aucun fait nouveau, ni aucune piece nouvelle.

17 *Novembre* 1766. On a traduit de l'Anglois une brochure qui a pour titre : *Mémoire de lord Williams Pitt, comte de Chatam, ou examen de la conduite d'un ci-devant député à la chambre des Communes.* Cet ouvrage, qui a dû fort intéresser à Londres, perd la plus grande partie de son effet en France, où les personnages maltraités sont inconnus au nombre des lecteurs. C'est d'ailleurs un libelle, qui répugne par la grossiéreté avec laquelle l'auteur se permet de dévoiler des mysteres qu'il prétend être venus à sa connoissance. M. Pitt y est extrêmement maltraité, & tout roule sur lui.

20 *Novembre* 1766. M. Richer vient de donner une vie de Mécenas, favori d'Auguste, enrichie de notes historiques & critiques.

Mécenas fut le ministre & le favori d'Auguste, mais son plus beau titre aujourd'hui est d'avoir été le protecteur & l'ami de Virgile & d'Horace : ils ont payé ses bienfaits par l'immortalité. Cette histoire est bien faite.

21 *Novembre* 1766. M. de la Harpe & sa femme sont partis, il y a déja quelque temps, pour se rendre auprès de M. de Voltaire & passer l'hiver chez lui, suivant l'invitation de ce protecteur littéraire.

21 *Novembre*. M. Maret, secretaire perpétuel de l'académie de Dijon, vient de faire imprimer *l'Eloge historique de M. Rameau*, qu'il avoit lu à la séance publique de cette académie, le 25 août 1765. On rencontre dans cet écrit quelques faits curieux qui ne se trouvent point dans les autres éloges. Rameau étoit associé à l'académie de Dijon.

22 *Novembre* 1766. *L'Orpheline*, piece nouvelle

en vers, en un acte. Cette comédie, imprimée récemment, n'a été jouée qu'en société. Elle étoit faite avant que *l'Orpheline léguée* parût au théatre françois. L'auteur convient qu'elle doit son origine à la sensibilité que lui inspirerent *le Pere de famille*, & *le Fils naturel*, de M. Diderot. Cette piece a du *pathos*.

23 *Novembre* 1766. M. le comte de Lauraguais, qui étoit par ordre du roi au château de Dijon, s'est sauvé avec son valet-de-chambre: on le soupçonne retiré en Suisse.

24 *Novembre* 1766. M. D. A. vient de faire imprimer *Arménide*, ou *le triomphe de la constance*, poëme dramati-tragi-comique, en cinq actes, en vers alexandrins. Le sujet de la piece est pris d'un ouvrage Espagnol, intitulé: *Historia d'Armenida*, ou *le Padre barbaro*: pour ne pas s'écarter de l'histoire, l'auteur qui vouloit s'assujettir aux regles du théatre, en a fait un drame mêlé de tragique & de comique. Il a été joué en société, & l'on assure qu'il a produit de très-grands effets. Il ressemble à beaucoup d'autres, & sur-tout pour le dénouement à celui du *duc de Foix*; mais l'auteur a prévenu la critique: ainsi on ne peut lui reprocher aucun plagiat. Au reste, le sujet est intéressant.

25 *Novembre* 1766. On a remis à l'académie Françoise une médaille d'or de la valeur de 200 liv. pour être adjugée à l'auteur du meilleur discours *sur l'utilité de l'établissement des écoles gratuites de dessin en faveur des arts & métiers*. L'académie a accepté d'en être juge, & a fait distribuer un programme en conséquence. Le prix doit être distribué dans l'assemblée du 27 avril prochain.

26 *Novembre* 1766. *Journal des événements qui ont suivi l'acte des démissions des officiers du parlement de Bretagne, souscrit le 22 mai 1765.* Tel est le titre d'une brochure de 156 pages in-12, petit caractere, suivie d'un supplément de 31 pages, qui paroît depuis quelques jours furtivement. L'éditeur y rend compte de tout ce qui s'est passé jusqu'au 30 *novembre* dernier, concernant M. de la Chalotais & les autres prisonniers, & de tout ce qui a trait à cette affaire : elle contient les anecdotes les plus étonnantes. On peut juger dans quel esprit ce journal est rédigé, par ces mots qu'on y lit en tête.

"La terreur générale que les actes du pouvoir ,, absolu ont répandu dans la province de Bre- ,, tagne & dans tout le royaume, a empêché ce ,, journal de paroître plutôt : ce n'est qu'après ,, avoir éprouvé des contradictions, dont le dé- ,, tail étonneroit, que l'on est parvenu à l'im- ,, primer."

,, Le lecteur verra, en frémissant, les moyens ,, que l'orgueil jaloux, la haine implacable, la ,, vengeance cruelle, ont réuni pour étouffer le ,, cri de l'innocence, & lui ravir les secours que ,, la justice, le sang, l'amitié, l'humanité s'ef- ,, forcent de lui offrir. ,,

27. *Novembre* 1766. C'est bien M. de la Condamine qui, résidant à Paris, a été chargé de diriger l'exécution du monument en faveur de M. de Maupertuis ; mais ce sont les proches, les alliés & les amis du défunt qui se sont disputé l'honneur de payer ce tribut à sa mémoire. Quelques-uns des parents & compatriotes de cet homme illustre desiroient que le monument fût

placé à St. Malo, pour l'avoir sous leurs yeux; mais l'artiste, M. d'Huez, de l'académie de peinture & de sculpture, a bien voulu se relâcher sur le prix de son travail, pourvu que le monument fût élevé dans une église de Paris. On a choisi celle de St. Roch, paroisse du défunt, & lieu de la sépulture de son pere.

27 Novembre 1766. On a célébré aujourd'hui à Notre-Dame un service pour la reine douairiere d'Espagne. M. Poncet de la Riviere, ancien évêque de Troye, devoit faire l'oraison funebre; mais s'étant trouvé indisposé au moment où il alloit monter en chaire, il n'a pu la prononcer.

28 Novembre 1766. Le pere Husson, religieux cordelier, définiteur général de l'ordre de saint François, reconnu par un *Traité fort utile sur la parfaite oraison, ou la maniere de méditer ou de prier avec fruit,* vient de faire imprimer un *Eloge historique de Callot, noble Lorrain, célebre graveur, &c.* On y voit toutes les difficultés qu'essuya de la part de sa famille ce grand homme, & combien il est difficile de résister à l'impulsion du génie. Louis XIII ayant proposé à cet artiste qu'il vouloit séduire par les promesses les plus flatteuses, de graver le siege par lequel ce prince venoit de soumettre Nancy : *Je suis Lorrain,* dit Callot; *j'aime mes souverains & ma patrie; je ne veux rien faire de contraire à leur bonheur; je me couperois plutôt le pouce.* Quelques courtisans sollicitoient le monarque d'employer la contrainte : *que le duc de Lorraine est heureux,* dit Louis le Juste, *d'avoir des sujets si affectionnés & si fideles!* Callot mourut en 1635, âgé de quarante trois ans.

L'auteur parle des ouvrages de cet artiste en homme instruit & intelligent; il y a ajouté des notes très-curieuses.

29 Novembre 1766. The life of John Buncle. Nos traducteurs affamés ne manqueront pas de nous donner en François ce nouveau roman Anglois, mélange informe de faits burlesques & sérieux, de réflexions grotesques & philosophiques, de dissertations très-savantes sur la théologie sur la géométrie, sur la médecine, la philosophie & l'histoire. C'est une encyclopédie vivante que ce M. Buncle, écuyer & personnage très-existant, mais dont l'ouvrage est aussi fou que lui : au reste, ce n'est pas un homme sans mérite, il s'est déja fait connoître par ses *Mémoires sur les dames savantes d'Angleterre.*

30 Novembre 1766. On trouve dans la *Gazette Littéraire* de Berlin, du *9 octobre,* l'article suivant.

Déclaration de M. le professeur Toussaint. Dans un ouvrage François, intitulé supplément aux diverses remarques faites sur les actes de l'assemblée du clergé de 1763; le supplémenteur fait d'abord de vifs reproches au rédacteur des actes, d'avoir interverti un passage de l'épître de Saint Paul aux Romains, où on lit dans la Vulgate: *non est enim potestas nisi à Deo, quæ autem sunt, à Deo ordinata sunt.* Ce qui signifie que *toute Puissance bien réglée vient de Dieu.* Après quoi il raconte qu'un grand magistrat a communiqué au parlement une découverte qu'il a faite dans l'Encyclopédie, à savoir, que c'est le trop fameux Toussaint qui a imaginé le premier cette interversion du texte de St. Paul, & l'a employé dans l'article *Autorité*, & là-dessus prenant le ton ironique & faisant le badin, il raille théologiquement le clergé de France d'être allé prendre ce trop fameux Toussaint pour son docteur & son guide. Mais ce même Toussaint, fameux ou non, sans entrer dans cette discussion grammatico-théologique, déclare & proteste à l'auteur des *Remarques*, à son grand magistrat & au public, avec toute la sincérité d'un honnête homme, qu'il n'est l'auteur ni de cette interprétation, ni de l'article *Autorité*. Il ajoute, qu'il n'a tenu qu'au supplémenteur & à son grand magistrat de le savoir, puisqu'au commencement du premier volume de l'Encyclopédie, lit qui veut l'explication des lettres, par où sont désignés, dans le courant de l'ouvrage, les auteurs des divers articles ; & pour que l'hommage qui est dû à la vérité soit d'autant plus notoire & plus répandu, il prie tous les auteurs des écrits périodiques, de vouloir bien transcrire & notifier à tous leurs lecteurs sa présente déclaration.

1 *Décembre* 1766. M. de Voltaire, dont le zele infatigable s'est manifesté si utilement en faveur des *Calas*, ne cesse d'agiter toute l'Europe pour une famille presqu'aussi infortunée, celle des *Sirvens*. Il se répand une lettre de ce grand homme à madame Geoffrin, où il la sollicite d'exciter la commisération du roi de Pologne pour ces protestants persécutés : elle est datée du 5 juillet 1766.

« Vous êtes, Madame, avec un roi, qui seul
» de tous les rois doit sa couronne à son mé-
» rite. Votre voyage vous fait honneur à tous

„ deux. Si j'avois de la santé, je me serois pré-
„ senté sur votre route, j'aurois voulu paroître à
„ votre suite. Je ne peux mieux faire ma cour
„ à S. M. & à vous, Madame, qu'en vous pro-
„ posant une bonne cause; daignez lire & faire
„ lire au roi le petit écrit ci-joint. (*Mémoire en
„ faveur des Sirvens*).

„ Ceux qui secourent les *Sirvens*, & qui
„ prennent en main leur cause, ont besoin d'être
„ appuyés par des noms respectés & chéris. Nous
„ ne demandons qu'à voir notre liste honorée par
„ ces noms qui encouragent le public. L'aide la
„ plus légere suffira. La gloire de protéger l'in-
„ nocence vaut le centuple de ce que l'on donne.
„ L'affaire dont il s'agit, intéresse le genre hu-
„ main, & c'est en son nom qu'on s'adresse à
„ vous, Madame. Nous vous devrons l'honneur
„ & le plaisir de voir un bon roi secourir la vertu
„ contre un juge de village, & contribuer à extir-
„ per la plus horrible superstition. „

2 *Décembre* 1766. On lit dans l'*Avant-Cou-
reur* du 1 *décembre*, qu'un de MM. de l'académie royale des sciences a reçu une lettre de
M. Ray, docteur en théologie à St. Dié, qui
a rapporté, comme témoin oculaire, un prodige
de science plus rare encore que ceux de messieurs
Pascal & Clairaut: c'est un enfant de six ans, du
pays des Vosges en Lorraine, fils d'un pauvre
paysan. Il a été livré à des occupations agrestes,
& n'a reçu du côté de l'esprit aucune espece de
culture; mais par les seules forces de son génie,
calculateur & inventeur, il est parvenu à acquérir
les connoissances d'arithmétique les plus profondes. Par les diverses épreuves qu'on lui a fait

subir ici, on a reconnu que les méthodes d'opérer qu'il s'est faites, sont les plus abrégées, les plus simples, & par conséquent les meilleures & les plus ingénieuses.

3 *Décembre* 1766. *The Coach drivers*, &c. c'est-à-dire *les Cochers*, opéra *Comico-Politique*. Si cette piece de théatre parvient jamais à la postérité, à la lecture de cet opéra comique, on croira que l'Angleterre, comme l'ancienne Athenes, est un état purement démocratique, & que la conduite du roi, de ses ministres & des grands, y est soumise à la censure du peuple. Pour connoître le génie de ce drame, il suffira d'en nommer les personnages allégoriques : ce sont *Hayes* & *Sawhey*, Cochers (ou milord P.... & milord B..... ministres) *Blosmbury*, *Jack*, *Gente*, *Sheperd*, amis ou partisans de *Sawhey*; quatre villageoises, ou le peuple anglois; trois jeunes dames de la ville, ou les seigneurs de la cour. La scene est sur le grand chemin de Londres. Il y a des scenes très-divertissantes, enrichies d'épigrammes vives & sanglantes. Le peuple Anglois s'y amuse beaucoup.

4 *Décembre* 1766. On attribue le livre des *Communions extraordinaires* à M. le Paige, avocat bailli du temple. Le ministre l'a envoyé chercher, pour lui faire des reproches d'avoir fait imprimer ce livre sans permission. L'auteur s'est très-bien défendu, en repliquant qu'il n'y avoit rien de nouveau dans ce livre, où il avoit seulement rapproché les textes les plus forts & les plus précis des ordonnances, ainsi que les faits historiques les plus propres à accréditer son systême & ses principes.

4 *Décembre*. Mlle. Arnoux n'a point brillé

dans l'opéra de *Sylvie*, sa voix a paru totalement éteinte, elle a été obligée de quitter son rôle à la troisième représentation.

5 *Décembre* 1766. Madame Geoffrin n'est point restée en arriere, elle a répondu à M. de Voltaire par une lettre que nous venons de recouvrer, en date du 28 juillet.

« Dans l'instant même que j'ai reçu votre lettre, je l'ai envoyée au roi, avec les cahiers qui l'accompagnoient. S. M. me fit l'honneur de m'écrire sur le champ le billet que voici en original. Comme c'est à vous, Monsieur, que je le dois, je vous en fais l'hommage & le sacrifice. S. M. me fit dire que nous lirions ensemble la brochure. S. M. me la lut, comme le roi lit, aussi parfaitement que vous écrivez, Monsieur. Le lecteur & l'auteur m'ont fait passer une journée délicieuse. S. M. a été bien touchée du sort des malheureux pour qui vous vous intéressez. Elle m'a donné de sa poche 100 ducats. Le roi a soupiré en lisant, Monsieur, l'endroit de votre lettre, où vous paroissez regretter de n'avoir pu m'accompagner. Vous avez vu des rois : eh bien ! l'ame, le cœur, l'esprit & les agrémens de celui-ci auroient été pour votre philosophie & votre humanité un spectacle intéressant, touchant, agréable, & peut-être nouveau. Je paierai bien cher le plaisir de voir un roi, qui étoit celui de mon cœur, avant d'être celui de Pologne. La présence réelle de ses vertus, de sa sensibilité, des charmes de sa société & de sa personne, remuent mon cœur bien plus vivement que ne faisoit le souvenir que j'en avois conservé, quoiqu'il me fût toujours présent & assez fort

» pour me faire entreprendre un grand voyage.
» Cette douce nourriture que je suis venu cher-
» cher pour mon sentiment, va se changer en
» amertume pour le reste de ma vie, quand il
» me faudra, en quittant ces lieux, prononcer
» le mot *jamais*. Je serai de retour chez moi
» à la fin d'octobre. Vous aurez la bonté, Mon-
» sieur, de me faire savoir à qui je dois remettre
» l'aumône du roi; j'y joindrai le denier de la
» veuve. Soyez persuadé que j'ai la même horreur
» que vous pour le fanatisme & ses effroyables
» effets. Votre humanité, votre zele, m'inspirent
» une aussi grande vénération, que la beauté de
» votre esprit, son étendue, l'immensité de vos
» connoissances me causent d'admiration. La
» réunion de ces sentiments me rend digne,
» Monsieur, de vous louer & de vous respecter.
» S. M. a voulu garder la lettre que vous m'avez
» fait l'honneur de m'écrire. Par ce sacrifice que
» je fais au roi, & par celui que je vous fais
» de son billet, vous devez connoître mon cœur :
» vous voyez qu'il préfere ses amis à lui-même. »

Copie du Billet de S. M. Polonoise.

« J'ai cru voir dans la lettre que Voltaire vous
» écrit, la raison qui s'adresse à l'amitié en fa-
» veur de la justice. Quand je ferai une statue de
» l'amitié, je lui donnerai vos traits. Cette divi-
» nité est mere de la bienfaisance : vous êtes la
» mienne depuis long-temps, & votre fils ne vous
» refuseroit pas quand même ce que Voltaire me
» demande ne l'honoreroit pas autant. »

7 *Décembre* 1766. Quoique la piece ci-jointe

soit ancienne, sa rareté & son genre qui ne lui permet pas un plus grand jour, nous autorise à la consigner ici : c'est une lettre de M. de Voltaire à M. le duc de Choiseul, sur ce que, dans le temps de sa querelle avec M. le Franc, un des freres de ce dernier qui est au service, annonçoit qu'il vouloit donner des coups de bâton à ce grand poëte.

« Je ne sais, M. le duc, ce que j'ai fait à
» MM. le Franc : l'un m'écorche tous les jours
» les oreilles, l'autre menace de me les couper.
» Je me charge du rimailleur, je vous aban-
» donne le spadassin ; car j'ai besoin de mes oreilles
» pour entendre ce que la renommée publie de
» vous. »

8 Décembre 1766. Mlle. Arnoux a été remplacée dans le rôle de *Sylvie* par une jeune débutante (Mlle. *Beaumesnil*), qui a étonné les spectateurs dès son premier coup d'essai : elle n'a jamais paru sur aucun théatre, & on la croiroit en possession de s'y exercer depuis long-temps. Elle a beaucoup de graces, une grande aisance dans le jeu, une taille svelte & théatrale, une figure des plus intéressantes, une voix de 17 ans, mais que l'âge doit perfectionner. Il faut convenir pourtant qu'à tant de qualités réunies, il manque une certaine noblesse ; ce qui la rend plus propre aux rôles de soubrette qu'à ceux de Mlle. Arnoux, qu'elle n'effacera jamais en ce genre-là.

9 Décembre 1766. Il a paru en Italie un livre *de Tormentis*, ou *de la Question*, par un anonyme. Il est bien digne de figurer à côté du livre *des délits & des peines*. Cet auteur plaide la cause de l'humanité avec la même force, la même logique & le même intérêt. Il s'autorise du suffrage de l'auteur de *l'Esprit des Loix*, qui a déja proscrit avec horreur cette barbare coutume.

10 *Décembre* 1766. Les lettres d'Angleterre continuent à nous apprendre le profond oubli dans lequel M. Rousseau de Geneve est plongé malgré lui, ajoute-t-on. « Cet homme, est-il „ dit, philosophe en France, a fait chez nous „ tout ce qui a dépendu de lui pour s'attirer les „ regards du public; mais ses efforts philoso- „ phiques, ni sa mauvaise humeur n'ont au- „ cun effet : il vit fort ténébreusement à *som-* „ *mersethshire*, dans une retraite ignorée & dans „ l'obscurité. Sa querelle avec M. Hume a un „ peu réveillé l'attention sur son compte, plus „ encore par rapport à M. Hume que par rap- „ port à lui. „

11 *Décembre* 1766. Extrait d'une lettre de monsieur Philips, Théol. de Dublin, en date du 8 novembre 1766, où il apprend la funeste catastrophe du docteur *Brown*. « Cet homme „ doux & tranquille, écrivain estimable, connu „ par d'excellents ouvrages, qui faisoit à tous „ égards l'ornement de la littérature Angloise, „ devoit partir pour Londres, pour se rendre à „ Pétersbourg, où il étoit attendu par S. M. „ l'impératrice Cathérine II, qui l'avoit invité „ à venir se charger de la direction des écoles „ de Russie. Ce savant, quoique légérement „ indisposé, s'étoit livré à la plus sombre mé- „ lancolie, sentiment pénible, & dont il avoit „ paru jusqu'alors tout-à-fait éloigné..... Enfin „ il a eu l'intrépide foiblesse de se couper la „ gorge. Il a été inhumé dans l'église de saint

» Jacques.... Parmi ses papiers, on a trouvé un
» manuscrit assez considérable, qui a pour titre :
» *Mémoire aux Puissances Européennes en faveur*
» *des Corses.* »

12 *Décembre* 1766. La protection que l'impératrice de Russie accorde aux lettres & aux gens qui les cultivent, n'est point une protection stérile ; elle s'étend jusques sur ceux mêmes qui ne sont pas nés ses sujets. On a vu avec quelle générosité elle saisit, il y a quelque temps, la circonstance où M. Diderot s'est trouvé forcé, par des raisons domestiques, à faire le sacrifice de sa bibliotheque : aujourd'hui ayant appris qu'on avoit négligé de lui payer la pension qu'elle y a attachée, elle a ordonné que pour prévenir désormais cet obstacle, il lui fût payé 50 années d'avance, ce qui fait un objet de 25,000 livres.

13 *Décembre* 1766. M. de Voltaire, dont la manie est d'écrire toujours, de toujours imprimer, & de désavouer ensuite ce qu'il a fait, vient d'insérer dans les ouvrages périodiques, un *Appel au Public* contre les prétendues lettres de M. de Voltaire, intitulées *Lettres de M. de Voltaire à ses amis du Parnasse, avec des notes historiques, critiques, &c.* Il joint à cette réclamation des certificats de M. d'Amilaville, de monsieur Déodat, de monsieur Tovazzi, de monsieur le duc de la Valliere, & du sieur Wagnier, secretaire de ce grand poëte, qui nous attestant des interpollations, des infidélités, assurent qu'ils ont en main les originaux. M. de Voltaire broche ensuite sur le tout, réitere ses plaintes tant de fois répétées contre les éditions clandestines de ses Œuvres. Il s'associe à Montes-

quieu; il insinue que le *Dictionnaire Philosophique* n'est pas tout entier de lui, & recommence par une nouvelle sortie contre ses éditeurs qu'il appelle calomniateurs, &c. Il voudroit intéresser les puissances à le venger. Rien de plus plaisant que tous ces désaveux, & de plus propres à en imposer à ceux qui ne connoissent pas le dessous des cartes.

14 *Décembre* 1766. *Vers de M. de la Condamine.*

J'ai lu que Daphné devint arbre,
Et que par un plus triste sort
Niobé fut changée en arbre;
Sans être l'un ni l'autre encor,
Déja mes fibres se roidissent,
Je sens que mes pieds & mes mains
Insensiblement s'engourdissent,
En dépit de l'art des Tronchins.
D'un corps jadis sain & robuste,
Qui bravoit saisons & climats,
Les vents brûlants & les frimats,
Il ne me reste que le buste.
Malgré mes nerfs demi-perclus,
(Destin auquel je me résigne)
De la santé que je n'ai plus,
Je conserve encore le signe.
Mais, las! je le conserve en vain,
On me défend d'en faire usage:
Ma moitié vertueuse & sage,
Au lieu de s'en plaindre mé plaint.
Ma sœur, la Platonicienne,
Dit qu'est-ce que cela vous fait?
N'avez-vous pas la tête saine?

A quoi donc avez-vous regret ?
Hélas ! à cette triste épreuve
Si-tôt je ne m'attendois pas,
Ni que ma femme entre mes bras
De mon vivant deviendroit veuve.

15 *Décembre* 1766. *Esope à Cythere.* On a déja introduit Esope à la cour, à la ville, au Parnasse ; on le mene à Cythere, & il doit sans doute être étonné de s'y trouver & du rôle qu'on lui fait jouer. Quoi qu'il en soit, tel est le titre d'une piece à tiroir, jouée aujourd'hui pour la premiere fois aux Italiens. Le théatre représente le Temple de l'Amour. Les dieux ont envoyé Esope pour enseigner la morale aux hommes, & l'amour s'associe à sa mission. Des amoureux mécontents se plaignent à Esope : le fabuliste leur donne des leçons à sa maniere. Un jaloux vient, & est condamné par une fable. Thalie paroît en veuve de Moliere, & l'opéra en vieillard décrépit se présente aussi à Esope, qui renvoie le vieillard à son machiniste, comme à son soutien. Une débutante de Terpsichore semble rajeunir l'opéra. Cette piece n'est que le cadre d'une critique sanglante des deux autres spectacles ; elle n'a d'autre mérite que des ordures assez grossieres, & des épigrammes vives qui font sourire la malignité. Il y a des ariettes vives, mises en musique par MM. Trial & Vachon. Le prête-nom est M. Dancourt. En général, la piece est de société, & l'abbé de Voisenon y a beaucoup de part.

16 *Décembre* 1766. La piece d'hier fait un bruit de tous les diables ; on étoit déja prévenu que c'étoit une satire, mais on ne s'attendoit

pas à quelque chose d'aussi vif. Les partisans de l'opéra jettent les hauts cris ; M. Marin, le censeur de la police, a pensé perdre sa place pour avoir, par une infidélité manifeste, communiqué le manuscrit à Rebel & Francœur, qui ont fait tout au monde pour empêcher la représentation de la piece.

17 *Décembre* 1766. M. l'abbé de Voisenon a remis son abbaye du Jard & un petit prieuré qu'il avoit dans le diocese de Chartres : on lui donne 8,000 livres de pension sur les économats, franches & quittes, & le roi se charge des réparations.

17 *Décembre.* C'est aujourd'hui la représentation de *Guillaume Tell*, piéce Suisse. L'auteur croit devoir faire sa fortune par ce sujet : outre la reconnoissance qu'il attend des cantons Helvétiques, on lui a conseillé de faire une spéculation de commerce, qui lui peut être fort avantageuse : c'est de faire imprimer un très-grand nombre d'exemplaires de sa piece, avec la date du jour de la premiere représentation à Paris, d'en faire des ballots pour la Suisse, & de s'arranger si bien qu'elle soit mise en vente là-bas le jour même où elle sera jouée ici.

18 *Décembre* 1766. La premiere représentation de *Guillaume Tell* n'a pas eu la fortune que s'en promettoit M. le M err. Cette tragédie est absolument calquée sur l'histoire ; il y a plus de récit que d'action, plus de traits philosophiques que d'expressions de mœurs, & plus de vrai que de vraisemblance. L'attention est soutenue par l'intérêt de curiosité, mais le cœur est rarement ému par l'intérêt du sentiment. La poésie en est foible & souvent dure. Le Sr. le

Kain s'est surpassé par la force, l'intelligence, le feu, qu'il a mis dans le rôle de *Tell*. Les autres acteurs ont très-mal joué.

La décoration de la scene a été admirée, par l'illusion qu'elle faisoit aux yeux. Elle figuroit un lac, dans l'enceinte duquel on voyoit des rochers entassés jusqu'aux nues. Les habillements étoient suivant le costume & pittoresques. Tous ces accessoires essentiels n'ont pas empêché de trouver cette tragédie pitoyable.

19 *Décembre* 1766. *Tableau de l'histoire moderne, depuis la chûte de l'empire d'Occident jusqu'à la paix de Westphalie.* Cet ouvrage posthume de M. le chevalier de Mehegan, donne lieu à la déclaration suivante, dans le premier volume du *Journal Encyclopédique* de *novembre*.

« Cet ouvrage, auquel le public paroît avoir
» fait quelqu'accueil, ne nous est point parvenu.
» Quelque mal que l'auteur ait tenté de nous
» faire, quelque légitime que dût être notre res-
» sentiment, nous rendrons compte de cette his-
» toire avec la plus grande impartialité : si l'au-
» teur vivoit encore, nous ne nous vengerions
» de lui que par le silence; mais comme ce qui
» s'est passé entre lui & nous, n'étoit point re-
» latif à ses talents, l'analyse que nous ferons de
» son livre ne doit avoir rien de commun avec
» avec sa cendre. »

Ceci a trait à une tentative qu'avoit faite monsieur le chevalier de Mehegan pour s'emparer de ce *Journal*, ainsi que nous l'avons rapporté autrefois.

Le Sr. Freron, dans sa feuille 25, s'exprime ainsi sur le même ouvrage.

« Cet ouvrage n'est guere qu'une imitation de la plupart des compilations de ce genre. Ce qui distingue M. Mehegan de la foule des copistes, c'est la hardiesse portée à l'excès dans ses jugements, dans son espece d'acharnement à nous montrer tous les abus de la religion, sans en faire voir les avantages, & sur-tout le mauvais goût de son style figuré, qui fatigue autant par sa monotonie continue que par un ton révoltant de déclamation, qui est bien éloigné d'être celui de l'histoire. »

On conçoit facilement que M. Mehegan n'étoit par l'ami du Sr. Freron.

20 *Décembre* 1766. *An account of the Geants, &c.* c'est-à-dire, *Lettre sur les Géants, récemment découverts, &c.* Cette satire a eu à Londres un succès prodigieux; & les périodistes anglois disent modestement qu'elle ne seroit pas indigne d'un Voltaire ni d'un Fielding. Quoi qu'il en soit de cette assertion, doublement trop forte, la piece est ingénieuse & plaisante. L'auteur commence par railler sa nation sur sa crédulité au récit du capitaine Byron sur l'existence des patagons. Ensuite il entre dans une déclamation ironique & très-amere sur l'esprit du gouvernement, relativement à ses nouvelles conquêtes.

21 *Décembre* 1766. M. la Grange, célebre géometre, que le roi de Prusse vient d'appeller de Turin, à la recommandation de M. d'Alembert, pour remplir la place de M. Euler pere, ayant été reçu de l'académie royale des sciences & belles-lettres de Prusse, y a prononcé le discours suivant.

Messieurs,

Je ne vous ferai point un discours en forme, pour vous témoigner ma reconnoissance de l'honneur que je reçois. La fatigue du voyage, & les occupations que j'ai eues depuis mon arrivée, ne m'ont encore permis aucune sorte d'application; & d'ailleurs il me semble qu'on n'est guere en droit d'exiger une piece d'éloquence d'un géometre. Je me contenterai donc, Messieurs, de vous exprimer, de la maniere la plus simple & en même temps la plus vraie, les sentiments dont je suis pénétré à la vue de vos bontés, & je tâcherai de mériter ces bontés par mon attachement pour vous & par mon zele pour la gloire des sciences & des lettres que vous cultivez avec tant de succès.

22 *Décembre* 1766. On écrit de Geneve qu'on vient d'y donner l'opéra-comique d'*Isabelle & Gertrude*, mis en nouvelle musique par le sieur Gretry, maître de chapelle de l'école romaine. On ne peut rien ajouter aux applaudissements qu'a reçus à juste titre le compositeur. Sa musique est remplie d'idées neuves, d'un genre noble & relevé, & les accompagnements sont brillants & variés. Cette piece a été bien exécutée par les acteurs de la troupe actuellement dans cette ville. Le Sr. Gretry a augmenté le poëme de quelques ariettes, pour faire briller le talent de la demoiselle Gorion, qui a joué avec succès le rôle de *Gertrude*. L'auteur encouragé par le plaisir qu'a fait son ouvrage à de très-habiles gens, travaille à un nouvel opéra, que l'on attend avec une vive impatience.

23 *Décembre* 1766. On vient d'imprimer des notes sur la lettre de M. de Voltaire à M. Hume.

Elles sont curieuses & piquantes : elles serviront de nouveaux mémoires pour faire connoître le caractere & l'esprit des ouvrages du fameux citoyen de Geneve.

Ces notes sont accompagnées d'une petite lettre de M. de Voltaire, où il désavoue la lettre au docteur Pansophe : on la croit de l'abbé Coyer.

24 *Décembre* 1766. Il paroît une tragédie qui n'a point été jouée sur la scene françoise, quoiqu'elle passe pour être d'un grand maître ; elle est intitulée : *Octave & le jeune Pompée*, ou *le Triumvirat*. On y voit une peinture énergique des mœurs des Romains & du caractere des trois tyrans. L'ordonnance de cette tragédie est imposante ; le style en est fort & soutenu, la versification belle & majestueuse. On y trouve beaucoup de vers heureux & faciles ; en un mot, on la juge de M. de Voltaire.

Le *Triumvirat* est suivi de notes historiques & critiques sur les Romains ; elles sont très-intéressantes & très-instructives. On traite ensuite de ce gouvernement & de la divinité d'Auguste. Enfin il y a un grand morceau historique sur les conspirations contre les peuples, ou sur les *Proscriptions*. L'esprit philosophique, le génie de l'humanité, une connoissance profonde de l'histoire & du cœur des hommes, ont dicté ces observations.

27 *Décembre* 1766. Les Srs. Rebel & Francœur, directeurs actuels de l'académie royale de musique, abdiquent cette administration & quittent à pâque prochain. Plusieurs gens à talents sont sur les rangs pour leur succéder. La ville, qui a la superintendance de ce spectacle, exige avec le

mérite personnel une caution considérable. Cette affaire très-bonne en elle-même a besoin d'être régie par des personnes intelligentes & qui veillent à un détail immense. Rebel & Francœur avoient un bail de trente ans avec la ville; il se résilie par cet arrangement nouveau; ils auront une pension sur la chose même. Le public voit à regret la retraite de ces deux directeurs : ils seront remplacés difficilement, & l'on ne peut leur refuser la justice que ce spectacle n'a jamais été mieux régi que sous leur administration.

28 *Décembre* 1766. On annonce aux François une comédie larmoyante, intitulée : *Eugénie* ou *la vertu malheureuse*. Cette piece, toute romanesque, est prônée avec beaucoup d'emphase : elle est d'un homme fort répandu, sans avoir aucune considération; c'est un nommé *Caron de Beaumarchais*, peu connu dans la littérature. Ses premiers ans ont été employés à acquérir des talents méchaniques. Fils de Caron horloger, il avoit suivi l'état de son pere avec succès. Mais né avec une certaine portion d'esprit & des dispositions naturelles pour des arts aimables, son goût pour la musique l'a mis à même de franchir la distance qui le séparoit d'un certain monde : il est parvenu à s'approcher de la cour, il a été assez heureux pour y plaire par ses talents, & d'en profiter pour se ménager des graces qui l'ont mis en état de faire une fortune considérable. Les morts successives du mari d'une femme qu'il aimoit & qu'il a épousée ensuite, ainsi que que de cette même femme, après lui avoir fait une donation de tout son bien, jettent sur sa réputation un vernis peu favorable; il a été refusé

fufé dans diverfes charges dont il vouloit fe pourvoir.

29 *Décembre* 1766. Plufieurs compagnies fe font préfentées pour avoir la direction de l'opéra. Tous les acteurs & actrices fe font mis en corps pour faire un fonds, & demander que l'adminiftration leur foit confiée, & de fe régir comme les comédiens. Ils ont préfenté un mémoire fort détaillé à monfieur le comte de St. Florentin, & dépofé 600,000 livres pour caution; mais on fent trop les inconvéniens de la régie de la comédie, pour que cette demande puiffe être acceptée: ils ont même reçu défenfes de faire imprimer leur mémoire.

30 *Décembre* 1766. Nous apprenons la mort de M. Reboucher, confeiller en la cour fouveraine de Lorraine. Ce galant fucceffeur de Chaulieu faifoit des poéfies anacréontiques très-agréables. Il eft l'auteur d'un joli madrigal à une dame, en lui préfentant une violette:

Modefte en ma couleur, modefte en mon féjour,
Franche d'ambition, je me cache fous l'herbe;
Mais fi fur votre front je puis me voir un jour,
La plus humble des fleurs fera la plus fuperbe.

31 *Décembre* 1766. Le mémoire des acteurs de l'opéra a été imprimé à Rouen malgré les défenfes du miniftere. On y trouve après un préambule très-pathétique le *profpectus* fuivant:

Profpectus de l'établiffement de l'opéra, tel qu'il doit être pour la fatisfaction publique, la gloire de ce fpectacle, & le bien des acteurs qui le compofent.

MM. *le Breton* & *Trial* en chef, pour conduire généralement la mufique, faire les changemens

Tome III. F

nécessaires aux anciens opéra, ayant sous eux des gens pour faire chanter les nouveaux sujets, les former dans le goût du chant, diriger enfin tout ce qui concerne cette partie, tant vocale qu'instrumentale.

MM. *Laffy* & *Laval*, maîtres des ballets, ayant le département de la danse, avec la même étendue.

Ces quatre chefs rendront compte de leurs opérations à leurs camarades suivants.

MM. *Gelin*, *Larrivée*, *Pilot*, *Durand*, *le Gros*, & une place vacante.

Mlles. *Larrivée*, *Dubois*, *Arnoux*, *Beaumesnil*, *Dupian*, & une place vacante.

Danseurs reçus.

MM. *Vestris*, *Lyonnois*, *Gardel*, *Dauberval*.
Mlles. *Allard*, *Lyonnois*, *Guimard*, *Peslin*.

Les 24 sujets seront reçus à part, trois quarts de part, demi-part, selon leur mérite, ainsi qu'il plairoit à M. le comte de St. Florentin.

Ces mêmes sujets feront les fonds de 400,000 l. comme l'exige la ville, pour assurer les pensions des acteurs retirés, les appointements de l'orchestre, des chœurs, des figurants & autres sujets, lesquels seront pensionnés comme ils sont aujourd'hui, au bout de leurs 15 années de service.

Les autres sujets de l'opéra doublants seront reçus aux appointements, jusqu'à ce que par leurs travaux ils puissent être admis à la réception de demi-part ou de part.

Pour maintenir l'ordre, M. le comte de Saint-Florentin nommera une personne qui lui rendra compte de toutes les opérations de la société, laquelle personne travaillera de concert avec cette même société, jouissant, ainsi que les premiers sujets, d'une part entière ou de deux mille écus d'appointements. On imagine que ce choix ne pourroit regarder que M. Joliveau.

Suit un détail des recettes & des dépenses de l'opéra, où l'on prouve qu'il est plus que suffisant à ses charges.

Loges à l'année . . . . . . 120,000 livres.
Comédie Italienne 30,000
Bals, frais prélevés 40,000
Concert spirituel 8,000
Cafés, boutiques louées . . . 4,000
La recette va toujours à 300,000 livres, & peut monter facilement dans la nouvelle salle, à 350 ou 400,000 livres; on se borne ici à 350,000
　　　　　　　　　　　　　552,000 livres.

Dépense. Pour les pensions des
sujets retirés, ci . . . . . . 70,000 livres.
Pour la retraite de MM. Rebel
　& Francœur 17,000
Pour la recette de la ville . . 20,000
Pour le quart des pauvres, suivant
　l'abonnement 80,000
Pour cinq opéra par an, à
　20,000 livres l'un portant l'autre 100,000
Les frais journaliers de garde &
　d'illuminations, ci 40,000
Appointements de tous les sujets, montant par mois à
　12,000 livres, ci 144,000
　　　　　　　　　　　　　471,000 livres.

F 2

Il résulte de cette balance un bénéfice de 81,000 livres, qui, joint aux 44,000 livres en note (*), forme une somme de 125,000 livres; laquelle somme se partagera en 24 parts égales, à distribuer dans les proportions établies aux autres spectacles; & si les parts ne sont pas remplies, les vacantes retourneront dans un sequestre, qui, à la fin de chaque année, sera distribué en gratifications, &c.

---

(1) Ceux qui composeront la société des 24 sujets, emporteront avec eux 60,000 livres : reste donc 64,000 livres à payer.

Mais cependant on laisse subsister une somme plus considérable pour les appointements de MM. les anciens de l'orchestre, des conducteurs des décorations à machines, chœurs, ballets, gagistes, ouvriers de ce théatre. On porte le tout à 100,000 livres; ainsi sur cet article 44,000 livres de bénéfice.

ANNÉE M. DCC. LXVII.

1 *Janvier*. M. le duc de Choiseul ayant été élu premier marguillier d'honneur de St Eustache, M. le chevalier de Boufflers lui a adressé ces vers pour étrennes, au nom du curé de cette paroisse:

Toi, que je n'ose encor inviter à confesse,
 Et que pourtant dans quatre mois
 Je dois attendre à ma grand'messe;
Choiseul, de ton curé daigne écouter la voix,
 Et reçois les vœux qu'il t'adresse.
 Quoique tu sois grand ouvrier,
Puissé-je ne te voir que rarement à l'œuvre!
 De Laverdy le sage devancier,
 Dont l'écu porte une couleuvre,
Et qui fut, comme toi, grand homme & marguillier,
Et Colbert, qu'aujourd'hui le peuple canonise,
 Et qu'autrefois il osa déchirer,
 Fit peu d'ordure en mon église,
 Avant de s'y faire enterrer.
 Je sais fort bien que tes confreres
 De St. Eustache & de la cour,
Aimeroient mieux qu'ici tu fisses ton séjour;
Je sais que maint dévot offre au ciel ses prieres
 Pour ton salut qui ne t'occupe gueres.
 Ton vieux curé consent à ne te voir jamais;
 Et s'il forme quelques souhaits,
 C'est que tu restes à Versailles,

Où par toi le dieu des batailles
Serve long-temps le dieu de paix,
Amen ! Ainsi soit-il. Si pourtant chaque année,
Choiseul, tu pouvois une fois
Quitter le plus chéri des rois
Qui t'a fait son ame damnée,
Viens te montrer en ces saints lieux,
Viens un peu changer d'eau-bénîte,
Mais sur-tout retourne bien vîte
Exorciser tes envieux !

2 Janvier 1767. L'éloquence & la poésie ont célébré les vertus de *Louis*, dauphin de France. La gravure vient de lui rendre les mêmes hommages dans une estampe allégorique, de la composition du célebre M. Cochin. Cette estampe est gravée en maniere de crayon par Demarteau, graveur du roi, deux vers d'Ausone rapportés au bas lui servent d'épigraphe :

Nempe quod injecit secreta modestia velum,
Scinditur & vitæ gloria morte patet.

La mort est représentée déchirant le voile dont la modestie de monseigneur le dauphin cherchoit à couvrir ses vertus. La sagesse, la vigilance, la justice & les autres vertus de ce prince, occupent le devant de cette composition ingénieuse. L'histoire s'applique à les décrire, & temps que l'on apperçoit sans sa faux, & ayant les mains enchaînées, indique que ces vertus seront toujours présentes à notre mémoire. Sur un plan plus élevé l'artiste a exprimé dans les figures allégoriques de la France & de la tendresse, les vifs regrets de la famille royale & de la nation à la mort de ce prince. M. le dauphin paroît dans cette sorte d'Apothéose; son visage est d'une teinte claire, mais foible; c'est son ame en quelque sorte, son ombre bienheureuse. Il embrasse le dauphin son fils, & semble l'inspirer. Toute l'ordonnance est éclairée par des rayons de lumiere, qui partent d'une gloire, dont les armes du dauphin occupent le centre. Cette gravure est estimée des connoisseurs.

3 *Janvier* 1767. Il paroît constant que le Breton & Trial auront la direction de l'opéra. L'un est connu pour battre la mesure, & par quelques morceaux de musique assez estimés; le second, musicien assez médiocre, est vivement porté par M. le prince de Conti, de la musique duquel il est. Tous deux sont soutenus par un certain *Corbie*, autrefois décroteur, puis laquais, puis valet-de-chambre, puis colporteur de livres, & insensiblement le favori de M. le duc de Choiseul, à qui ce ministre voudroit faire obtenir cette bonne affaire. Rebel & Francœur ont 15,000 livres de pension; savoir, le premier 9,000 livres, & 6,000 livres pour le second: une partie est reversible sur leurs enfants.

6 *Janvier* 1767. Tout Paris s'intéresse à la nouvelle révolution qui va se faire dans l'administration de l'opéra; il y a grand schisme dans le ministère à cette occasion: voici l'anecdote.

Rebel & Francœur ayant donné leurs démissions à M. le prévôt des marchands, celui-ci en rendit compte à la ville, qui a la superintendance de l'opéra, & leur proposa sur le champ M. Dauvergne, qui étoit convenu avec icelui prévôt des marchands de se subroger au lieu & place des démettants, & en conséquence avoit fait un dépôt de 300,000 livres, selon le vœu de ce chef. Le bureau de la ville assemblé a accepté le sieur Dauvergne, & arrêté la délibération *ad hoc*. Le lendemain M. le prévôt des marchands en a rendu compte à M. de Saint-Florentin, qui a agréé ladite délibération. Les choses *in statu quo*, M. le prince de Conti, M. le duc de Choiseul sont venus à la traverse proposer MM. Breton & Trial: ils en parlent au ministre qui dit que tout est bien : voilà ces deux ménétriers courant, volant & déposant aux autres 100,000 écus.

Cette nouvelle fait bruit à la cour & à la ville : sur ce, M. le prévôt des marchands va voir M le duc de Choiseul, & on assure qu'il ne lui a pas caché que dans tous les cas le sieur *Corbie* dont il étoit question pour la premiere place, n'est point agréable à la ville; qu'au reste le bureau a accepté, par une délibération, les offres & conditions du sieur Dauvergne, que l'on ne peut le changer, & que S. M. en décidera.

Par une négligence ordinaire à la ville, leur délibération n'a pas été signée, quoique portée sur les registres, & c'est là-dessus que M. le prince de Conti & M. le duc de Choiseul argumentent.

7 Janvier 1767. Le sieur Molé commence à se flatter de pouvoir reparoître dans peu sur la scene. Mlle. Clairon, toujours zélée pour l'honneur du théâtre & des histrions, a imaginé de proposer des souscriptions en faveur de cet acteur convalescent ; elle a la manie de vouloir reparoître; elle s'offre de jouer une ou deux fois sur un théatre particulier, quand on aura rassemblé une quantité d'amateurs suffisante. Les billets seront d'un louis. Ce projet fait la plus grande sensation à la cour & à la ville, & c'est un empressement à qui souscrira.

8 *Janvier* 1767. Un nouvel auteur se mêle de la querelle de MM. Hume & Rousseau : il répand des *réflexions posthumes sur le procès de Jean-Jacques & de David*. Tel est le titre de sa brochure, qui n'est rien moins que d'un juge impartial, & qui distile l'amertume la plus forte contre les philosophes.

« Qu'importoit (dit l'auteur de cette brochure), à l'historien de la maison de Tudor, que l'on crût à Paris pendant quelques jours qu'il s'étoit moqué d'un Suisse en Angleterre ? Un homme si sage, si bon & si considérable, devoit-il s'acharner après un malheureux, pauvre, infirme & proscrit, qui n'a que son orgueil & sa renommée ? »

9 *Janvier* 1767. Les comédiens François ont reçu de M. de Voltaire une nouvelle tragédie, qu'ils se disposent à donner après *Eugénie*; elle a pour titre *les Scythes*.

16 *Janvier* 1767. On sait que c'est M. de la Harpe qui doit être couronné dans l'assemblée publique de l'académie Françoise le 22 de ce mois : c'est lui qui, au jugement de cette compagnie, a fait le meilleur discours sur le sujet proposé par le particulier d'Amsterdam, ayant pour objet, comme nous l'avons dit, d'exposer les avantages de la paix, d'inspirer de l'horreur pour les ravages de la guerre, & d'inviter toutes les nations à se réunir pour assurer la tranquillité générale.

M. Gaillard a balancé long-temps les suffrages, & l'académie le voit avec regret rester sans récompense.

11 *Janvier* 1767. M. de Voltaire, toujours universel & toujours jaloux de briller dans tous les genres, a engagé M. de la Borde à mettre son opéra de *Pandore* en musique.

13 *Janvier* 1767. Les souscriptions proposées par Mlle. Clairon prennent la plus grande faveur: on ne se contente pas de donner un louis, il est ignoble de ne prendre qu'un billet. Quatre prélats se sont mis au rang de ces amateurs, M. le prince Louis, archevêque de Lyon, &c.

Il est question d'imprimer & de rendre publique la liste des souscripteurs.

16 *Janvier* 1767. *Almanach philosophique en quatre parties, suivant la division naturelle de l'espece humaine en quatre classes, à l'usage de la nation des philosophes, du peuple, des sots, du petit nombre des savants, & du vulgaire des curieux, par un auteur très-philosophe. A Goa,* 1767.

On l'attribue à M. de Voltaire. Il est de monsieur de Castillon. C'est un philosophe enjoué qui s'est égayé à prodiguer dans ce petit ouvrage, sous le titre d'almanach, beaucoup d'érudition, de critique, de philosophie, de morale & de bonne plaisanterie. Il se fait auteur d'almanach pour tourner en ridicule le goût du public pour ces petits livrets, & pour attaquer la sotte crédulité de ceux qui en consultent les prédictions. Il plaisante avec esprit les paradoxes de langages & de conduite des prétendus philosophes, qui ne veulent parler, penser ni agir suivant les lumieres ordinaires de la saine raison. On trouve dans cet ouvrage beaucoup de saillies, des anecdotes, des dissertations singulieres, un mêlange agréable de sérieux & de comique.

18 *Janvier* 1767. On chansonne tout : on a établi depuis peu une caisse d'escompte, sur laquelle s'égaie la malignité du public. Nous consignons ici la chanson suivante, moins comme une piece littéraire, que comme une piece historique & faisant anecdote :

Sur l'air : *L'avez-vous vu, mon bel ami ?*

Arrêt pour l'établissement
D'une chambre d'escompte,
Qui produira par chacun an
Cinq millions de bon compte ;
C'est pour remplacer un banquier (1)
Qui voudroit ses fonds retirer,
  Qu'on établit
  Et qu'on bâtit
  Une si belle affaire :
Par ses biens jugez du profit
 Que le public va faire.
  Le contrôleur
  Toujours docteur
Et sur-tout grand calculateur,
  A dit au roi :
  Sire, je croi

---

(1) M. de la Borde.

Qu'en formant nombre d'actionnaires
Vous ferez de bonnes affaires.

Dans ma place j'ai su gagner
Du public la confiance,
A la caisse on ira verser
L'argent en abondance ;
Directeurs je saurai nommer
Pour sagement administrer
L'argent qu'on fera fabriquer
A Pau comme à Bayonne.
Chaque mois je veux tout coter,
Parapher en personne ;
Je veux aussi pour constater
Des profits la totalité,
Des balances en forme arrêter :
Au moyen desdites balances
On n'aura pas de défiance.

Quinze richards il faut charger
De cette grande affaire,
Tous les ans il faut leur donner
Vingt mille livres d'honoraires ;
Sur-tout qu'ils ne soient pas garants
De banqueroutes & d'accidents,
Car j'y ai mis
Tous mes amis
Et aussi mon beau-pere ;
Ainsi s'ils étoient poursuivis
J'en payerois l'enchere.
Réservez-vous vingt mille actions
Dont la ferme fera les fonds,
Qu'elle payera quand elle pourra.
Ce trait de fine politique
A tous fera la nique.

Il faut lire l'arrêt du conseil qui établit cette caisse d'escompte, pour entendre ce vaudeville.

19 *Janvier* 1767. M. de Belloy vient d'être célébré de nouveau par la gravure. M. l'Empereur a gravé d'après les dessins de M. N. R. Jollain, le médaillon de M. de Belloy, qu'un Génie présente à la ville de Calais, en lui montrant en même temps la tragédie naguere si célebre du *Siege de Calais*. La ville personnifiée par une femme reçoit le médaillon, qu'elle couronne de lauriers. Un chien, symbole de la fidélité & de l'attachement, est à ses pieds : un enfant soutient d'une main les armes de la ville de Calais, & tient de l'autre les clefs. Dans le fond est une pyramide, sur laquelle sont écrits les noms des généreux citoyens de Calais, & l'on y voit un bas-relief où l'action principale de ces patriotes est représentée.

20 *Janvier* 1766. Le bruit s'étant répandu du regret de l'académie Françoise de n'avoir qu'une médaille à donner, un généreux citoyen lui a fait remettre le prix d'une seconde médaille : ainsi M. Gaillard ne restera pas sans couronne.

22 *Janvier* 1766. M. Thomas a prononcé aujourd'hui dans une assemblée publique de l'académie Françoise son discours de réception, qui a été fort applaudi. Il y a ménagé une épisode où il fait entrer le portrait de l'homme de lettres, & il paroît le regarder comme plus utile aux états que l'homme d'état, le législateur même. Cette assertion paradoxale ne pouvoit manquer de recevoir un accueil distingué dans une pareille cérémonie.

Monseigneur le comte de Clermont, prince du sang, étoit directeur, mais n'ayant pu se rendre, à cause de sa santé, à l'académie, il a été remplacé par le prince de Rohan Guiménée, qui a répondu au récipiendaire avec moins d'emphase & de prétentions, mais avec plus de noblesse & d'un style plus académique.

M. Thomas a lu ensuite le chant d'un poëme épique, auquel il travaille depuis long-temps, la *Petreiade*. C'est l'éloge de *Pierre le Grand*. Ce chant renferme son voyage en France, avec les licences que tolere la poésie. Le public a paru fort satisfait de cette lecture rapide. L'assemblée étoit très-nombreuse : la célébrité du récipiendaire avoit attiré beaucoup de monde.

C'est dans cette même assemblée que MM. de la Harpe & Gaillard ont été couronnés.

24 Janvier 1767. M. de Silhouette vient de mourir à sa terre. Nous laissons de côté l'ex-contrôleur-général, pour regretter le philosophe, homme de lettres & d'esprit.

25 Janvier 1766. M. Tercier, ci-devant l'un des premiers commis des affaires étangeres, de l'académie des belles-lettres, vient de mourir. On peut se rappeller qu'il fut la victime de sa coupable indulgence d'avoir approuvé le trop fameux livre *de l'Esprit* de M. Helvetius, & pour lequel l'auteur a eu tant de chagrin.

25 Janvier 1767. Il y a plusieurs semaines que M. le comte de Lauraguais est revenu en France se constituer prisonnier lui-même : on ne doute pas que ce retour & cette soumission aux ordres du roi ne lui fassent bientôt son élargissement. Il est à la citadelle de Strasbourg.

27 Janvier 1767. Il paroît depuis quelques jours très-clandestinement un nouveau mémoire de la Chalotais, imprimé avec le même secret &

tendant au même but que les précédents. Il paroît avoir été fait avant sa translation à la Bastille. Même force, même énergie, même cri de l'innocence. Il attaque ici formellement M. le comte de St. Florentin, & met dans le plus grand jour la conduite inique & barbare de ce ministre.

27 Janvier 1767. Clairval, acteur de la comédie Italienne, vivoit depuis long-temps avec madame de Stainville : son mari, indigné du goût dépravé de sa femme, a obtenu un ordre du roi, & vient de l'enlever & de la conduire lui-même à Nancy. On a fait une descente chez l'histrion pour enlever lettres & portraits, si aucuns y étoient. On assure que la veille de son départ M. de Stainville avoit trouvé Mlle. de Beaumesnil, de l'opéra, sa maîtresse, entre les bras d'un jeune danseur, d'autres disent d'un officier aux Gardes.

A propos de cette anecdote, on cite un bon mot de Caillaud, camarade de Clairval. Ce dernier assez inquiet de sa position consultoit l'autre sur ce qu'il devoit faire : « M. de Stainville, » [lui disoit-il], me menace de cent coups » de bâton, si je vais chez sa femme. Madame » m'en offre deux cent, si je ne me rends pas » à ses ordres. Que faire ? Obéir à la femme « [répond Caillaud] il y a cent pour cent à » gagner. »

28 Janvier 1767. Il est parlé dans les journaux, & sur-tout dans le Journal Encyclopédique du 1er. septembre, d'un éloge de Louis de Bourbon, prince de Condé, surnommé le Grand, mis en paralelle avec Scipion l'Africain. Ce discours a été prononcé le jour de St. Louis à la pension

militaire de M. l'abbé Chocquart, par M. le comte de Mirabeau, fils de l'auteur de *l'Ami des hommes*.

On voit que ce jeune aiglon vole déja sur les traces de son illustre pere, & l'anecdote devient précieuse par cette circonstance. Le fils a plus de netteté, plus d'élégance dans son style, & son discours est fort bien écrit.

29 Janvier 1767. *Eugénie*, ce drame tant prôné, a été donné aujourd'hui & n'a pas eu le succès dont l'auteur se flattoit. Les trois premiers actes ont été reçus avec assez de bienveillance, mais les deux derniers ont révolté, & l'on peut regarder cela comme une chûte.

30 Janvier 1767. Un certain *Ramponeau* qui tenoit un bouchon à la Courtille, fut gravé il y a quelques années, chanté, colporté comme un personnage illustre. Un homme d'un genre plus utile, mais peu fait pour la célébrité, propose aussi son portrait au public : c'est le sieur Rabiqueau. Ce portrait, de format in-8º. peint par M. Naudin & gravé par M. Poletnick, est destiné à être mis à la tête d'un ouvrage de M. Rabiqueau, qui porte pour titre *Spectacle Méchanique du feu & de l'air, seuls agents & ressorts du Méchanisme de l'Univers.* Voici les vers qu'on a mis au bas:

Pour se mettre à la mode on veut un Rabiqueau (1).
Cet auteur sait le mieux propager la lumiere,
En génie inventif par son traité nouveau
Il éclaire aussi bien l'esprit que la matiere.

―――――――――――――――――

(1) Lampes optiques, supérieures à toutes les autres, qui ont pris le nom de l'auteur.

1 *Février* 1767. Le sieur Pierre Houteastremé, de Navarrins en Béarn, a eu l'honneur de présenter au roi le 16 janvier une nouvelle démonstration des principes de l'écriture & des dessins à la plume de sa composition. Cet ouvrage étoit accompagné de vers suivants :

  Un citoyen des Pyrénées,
   Qui sans intrigue & sans appui,
Dans le plus doux repos voit couler ses années,
 Ose, grand Roi, vous offrir aujourd'hui
De son amour pour vous ce foible & simple gage;
  L'art n'a point orné cet hommage,
De la seule nature, hélas ! il est le fruit :
  C'est toujours elle qui conduit
  Sa main, son cœur & son ouvrage.

2 *Février* 1767. Couplets attribués à M. le duc d'Ayen, dont un du roi, à ce qu'on prétend.

 Que l'on goûte ici (1) de plaisirs !
 Où pourrions-nous mieux être ?
 Tout y satisfait nos desirs,
 Tout aussi les fait naître.

  N'est-ce pas ici le jardin
  Où notre premier pere,
  Trouvoit sans cesse sous sa main
  De quoi se satisfaire ?

  Ne sommes-nous pas encor mieux
  Qu'Adam dans son boccage ?

---

(1) A Choisy.

Il n'y voyoit que deux beaux yeux,
J'en vois bien davantage.

Dans ce séjour délicieux,
Je vois aussi des pommes,
Faites pour charmer tous les yeux
Et damner tous les hommes.

Amis ! en voyant tant d'appas
Quels plaisirs sont les nôtres,
Sans le péché d'Adam, hélas !
Nous en verrions bien d'autres.

Il n'eut qu'une femme avec lui,
Encor c'étoit la sienne :
Ici je vois celle d'autrui,
Et ne vois pas la mienne (1).

Il buvoit de l'eau tristement
Auprès de sa compagne ;
Nous autres nous chantons gaîment
En sablant le Champagne.

Si l'on eût fait dans un repas
Cette chere au bon homme,
Le gourmand ne nous auroit pas
Damné pour une pomme.

3 *Février* 1767. On doit faire incessamment sur le théatre des Menus une répétition de l'opéra de *Pandore*, par M. de la Borde.

---

(1) Ce couplet est attribué au roi.

6 Février 1767. Chanson sur *Molé* & Mlle. *Clairon*,
sur l'air *du Maréchal*.

Le grand bruit de Paris, dit-on,
Est que mainte femme de nom
Quête pour une tragédie,
Où doit jouer la Frétillon
Pour enrichir un histrion.
Tous les jours nouvelle folie.
  Le faquin,
  La catin,
  Intéresse
Baronne, marquise & duchesse.

Pour un fat, pour un polisson,
Toutes nos dames du bon ton
Vont cherchant dans le voisinage.
Vainement les refuse-t-on.
Pour revoir encore Clairon
Dans Paris elles font tapage.
  La santé
  De Molé
  Les engage,
Elles ont grand cœur à l'ouvrage.

Par un excès de vanité
La Clairon nous avoit quitté,
Et depuis ce temps elle enrage
Et sent son inutilité ;
Comptant sur la frivolité,
Elle recherche le suffrage

Du plumet,
Du valet,
Pour un auſſi grand perſonnage !

Le goût dominant aujourd'hui
Eſt de ſe déclarer l'appui
De toute la plus vile eſpece
Dont notre théatre eſt rempli.
Par de faux talents ébloui
A les ſervir chacun s'empreſſe.
Le faquin,
La catin
Intéreſſe
Baronne, marquiſe & ducheſſe.

Molé plus brillant que jamais
Donne des ſoupers à grands frais ;
Prend des carroſſes de remiſe,
Entretient filles & valets.
Les femmes vuident les gouſſets
Même des princes de l'égliſe (1),
Pour ſervir
Son plaiſir.
La ſottiſe !
Elles ſe mettroient en chemiſe.

Aſſignons par cette chanſon
De chacun la punition ;
Pour ſes airs & ſon indécence,

---

(1) Le prince Louis, l'archevêque de Lyon, l'évêque de Blois & l'évêque de St. Brieux ont ſouſcrit.

D'abord à Molé le bâton,
Ensuite pour bonne raison,
Comme une digne récompense,
A Clairon
La maison
Ou la cage
Que l'on doit au libertinage.

7 *Février* 1767. M. Durofoy se dispose à faire représenter à Clichy, chez M. le duc de Grammont, son *Siege de Calais*, & il doit jouer dans cette tragédie.

7 *Février* 1767. M. Gautier de Sibert, auteur des *Variations de la Monarchie Françoise*, doit être élu de l'académie des belles-lettres à la place de M. Tercier. M. de Rochefort a les secondes voix.

8 *Février* 1767. M. Fleury, poëte connu par une imagination vaste & noire, vient de publier un poëme, intitulé *les Ruines*. Le génie de la destruction personnifiée est l'ame de cette piece, où l'on trouve de très-beaux vers.

10 *Février* 1767. Le sieur Molé a fait aujourd'hui sa rentrée au théatre François dans la *Gouvernante*. L'affluence a été des plus nombreuses. Cet acteur est entré en scene, incertain s'il feroit un compliment ou non. Le public l'ayant accueilli par les applaudissements les plus nombreux & les plus réitérés, il a cru pouvoir partir de-là, il s'est avancé sur le bord du théatre & a harangué le public on deux ou trois phrases, dites à voix basse, & du ton le plus entrecoupé & le plus modeste : les battements de mains ont recommencé, & il a joué très-bien.

On critique beaucoup cette impudence à la face de madame la princesse de Lamballe, qui étoit venue au spectacle *in fiochii*, & avoit été annoncée.

11 *Février* 1767. La littérature vient de perdre l'abbé Goujet, fameux par ses *Compilations*, son supplément au *Dictionnaire de Moreri* & sa *Bibliotheque Françoise*, sans compter une immensité d'ouvrages de piété, dont le détail seroit fort long. Il étoit plus érudit que bon écrivain.

12 *Février* 1767. La fameuse représentation tant annoncée en faveur de Molé doit s'exécuter sur le théatre de M. le baron d'Esclapon, fauxbourg St. Germain. Les deux pieces qu'on jouera, sont *Zelmire* & *l'Epoux par supercherie*. On compte sur 600 billets. Cette souscription a reçu beaucoup de contradictions. Il est incroyable avec quelle fureur quelques femmes de la cour font une affaire capitale de cette misere, & forcent tous leurs amis à boursiller.

13 *Février* 1767. M. Marmontel a jugé à propos de faire imprimer l'ouvrage dont il lut quelque chose à l'assemblée extraordinaire de l'académie Françoise, tenue l'année derniere en faveur du prince héréditaire de Brunswick. Il s'appelle *Bélisaire* & est intitulé *conte*. Quoique ce ne soit qu'une dissertation très-froide, très-longue, très-rebattue sur des objets de morale & de politique; quelques assertions hardies, lâchées dans le 15e. chapitre, ont échauffé le public, & l'ouvrage a eu une célébrité éphémere qui se passera bientôt. Il ne peut être que très-médiocre, quand on le compare à *Télema-*

que, où les mêmes principes sont traités d'une façon plus animée, plus onctueuse & plus intéressante, & d'ailleurs avec les graces faciles & touchantes d'un style auquel ne peut atteindre la roideur du nouvel académicien.

14 *Février* 1747. Le fameux Dufresne, tant regretté au théatre François, & dont on avoit peine à oublier la perte, est mort ces jours-ci.

15 *Février* 1767. On a fait aux Menus la répétition de l'opéra de *Pandore* de M. de Voltaire, remis en musique par M. de la Borde, l'un des premiers valets-de-chambre du roi. On n'a point trouvé que le musicien eut répondu à la magnificence & à la beauté du poëme, vraiment lyrique.

16 *Février* 1767. M. Antoine Petit, médecin toujours prêt à rompre des lances en faveur de l'inoculation, vient d'écrire une lettre adressée à M. le doyen de la faculté, à l'occasion de la petite vérole survenue à deux jeunes demoiselles inoculées par M. Gatti. En convenant des faits, il attribue le retour de la petite vérole à l'insuffisance de la méthode de l'inoculateur, qui, cherchant à donner à ses malades la plus petite maladie possible, quelquefois ne leur donne rien. Cette lettre est pleine d'une logique adroite & insinuante.

17 *Février* 1767. M. Gazon Douxigné vient de faire imprimer *l'Ami de la vérité*, ou *lettres impartiales*, *semées d'anecdotes curieuses sur toutes les pieces de théatre de M. de Voltaire*. On y trouve quelques anecdotes curieuses en effet.

19 *Février* 1767. Jamais assemblée n'a été plus brillante que celle d'hier, à la représentation

de *Zelmire* & de *l'Epoux par supercherie*, au profit de Molé. Cet acteur n'a pas eu les suffrages auquel il s'attendoit, & Mlle. Clairon n'a pas été enivrée d'encens autant qu'elle devoit l'espérer. On compte que l'histrion aura eu 24,000 livres de bénéfice.

20 *Février* 1767. On parle depuis quelque temps d'un nouvel ouvrage très-rare, intitulé *la Sabbatine*. C'est une satire contre madame Sabbatin, maîtresse de M. de St. Florentin, aujourd'hui marquise de Langeac: bien des gens révoquent en doute l'existence de ce livre.

21 *Février* 1767. Le roman moral & politique de M. Marmontel, intitulé *Bélisaire*, a excité du tumulte. La Sorbonne a cru devoir s'élever contre le chapitre XV, qui parle de la tolérance. Sur ses vives représentations le livre vient d'être arrêté. Le privilege dont il étoit revêtu, doit être cassé. L'archevêque de Paris se dispose à tonner contre les maximes de l'auteur par un mandement, & la faculté de théologie va les proscrire par une censure publique. Moins d'éclat eût peut-être produit un meilleur effet, & le plus méchant livre proscrit en devient plus recherché.

22 *Février* 1767. On parle beaucoup du luxe généreux du Sr. Molé. Il a employé les 24,000 liv. de bénéfice que lui a rendu la représentation tant annoncée, à acheter des diamants à sa maîtresse.

22 *Février* 1767. *Précis pour M. J. J. Rousseau, en réponse à l'exposé succinct de M. Hume, suivi d'une Lettre de madame D.* [*d'Epinay*] *à l'auteur de la Justification*. On attaque fortement dans ce précis les éditeurs de *l'Exposé succinct*

succinct & les ennemis de M. Rousseau. Il y a de l'esprit & une poésie fine dans la lettre de madame D. & encore plus de générosité, si c'est madame d'Epinay qui parle en faveur d'un homme dont elle a lieu de se plaindre amérement. Malheureusement dans toutes ces querelles le public aime à rire & se moque des deux adversaires, sans examiner qui a tort ou raison.

23 *Février* 1767. Le Singe de Nicolet est toujours à la mode : on vient de lui faire parodier fort ingénieusement la maladie de Molé, & tous les ridicules qui s'en sont suivis. Il paroît sur le théatre en bonnet de nuit & en pantoufles, joue le moribond, & cherche à exciter la commisération publique.

23 *Février* 1767. On répete les *Scythes* de M. de Voltaire, & les comédiens se disposent à les jouer incessamment. La piece est déja toute imprimée, & prête à voir la lumiere.

26 *Février* 1767. La tempête contre M. Marmontel commence à se calmer de la part de M. l'archevêque, auquel ce disciple très-docile a promis telle rétractation qu'il voudroit, de faire la profession de foi la plus caractérisée, de signer la constitution, le formulaire, &c.

M. *Bret*, le censeur de cet ouvrage, n'en a pas moins perdu sa place & sa pension.

27 *Février* 1767. M. le duc de Choiseul a voulu qu'on reprît la *Reine de Golconde* à l'opéra; ce qui s'est exécuté hier jeudi. La tendre affection qu'a ce grand seigneur pour ce drame, confirme le bruit qu'il en est le pere. Les paroles sont assez mauvaises pour être de lui.

28 *Février* 1767. Un grand schisme s'éleve à

l'opéra, & l'importance des personnages exige qu'on fasse registre de cette anecdote.

Madame Larrivée, toujours amoureuse de son mari, s'est trouvée surprise d'une galanterie qu'elle n'avoit pas lieu d'espérer de sa part. Furieuse, elle l'accable des plus sanglants reproches, veut remonter à la source de cette perfidie. Larrivée se trouve d'autant plus confondu, qu'il est obligé d'avouer une infidélité : il convient qu'il a eu les faveurs de Mlle. Fontenet, autre dame de l'opéra très-respectable, & appartenant à M. le duc de Grammont, d'ailleurs amie très-intime de madame Larrivée. La colere de celle-ci redouble, elle se voit également dupe de l'amour & de l'amitié; elle va à l'opéra. Mlle. Fontenet vient à elle pour la caresser; elle la repousse avec horreur, l'apostrophe des épithetes les plus infames. Mademoiselle Fontenet témoigne son étonnement, demande une explication : on redouble les injures, on lui dit de s'examiner, & on la laisse en proie à sa douleur & à ses remords. Après le spectacle, Mlle. Fontenet, pénétrée, n'a rien de plus pressé que d'écrire à son amie, de lui demander raison d'un procédé si nouveau, & de déclarer l'innocence la plus complete. Le mari étoit présent à la réception de cette lettre. L'offensée la lui donne à lire : « qu'avez-vous à répondre, dit-elle ? Je vais le faire de la bonne encre, replique-t-il. » En effet il riposte de la façon la plus outrageante à Mlle. Fontenet. Celle-ci a recours à M. le duc de Grammont. Ils vont trouver les directeurs du concert. Mademoiselle Fontenet expose ses griefs : elle prétend avoir à se plaindre non-seulement de la calomnie de M. Larrivée, relativement à sa prétention d'avoir couché avec elle, mais de pousser l'infamie jusqu'à l'accuser d'une maladie honteuse, qu'elle n'a jamais connue. Son amant appuie fortement ses plaintes: il y ajoute les siennes. Les directeurs trouvent le cas des plus importants, ils sont d'avis d'en référer au ministre. L'affaire portée devant lui, M. le comte de St. Florentin ordonne que, conformément à la demande de Mlle. de Fontenet, le sieur Pibrac & son confrere se transporteront chez cette demoiselle pour en faire la visite; ce qui a dû être exécuté aujourd'hui. La demoiselle attend une vengeance éclatante, & ne demande rien moins qu'une réparation authentique de la part du calomniateur. Sur ces entrefaites madame Larrivée, dans l'aveuglement de sa fureur, a écrit une lettre fort singuliere à madame la duchesse de Grammont, dans laquelle elle lui marque qu'elle n'ignore pas qu'il y a peu de commerce entre madame la duchesse & M. le duc; que cependant il se trouve quelquefois dans les ménages les moins amoureux de ces moments où l'on se rapproche sans s'y attendre; qu'elle est bien aise de la prévenir de ne point se livrer à sa tendresse pour son mari, si les circonstances la lui rappelloient; qu'il doit être dans l'état le plus déplorable, &c.

28 *Février* 1767. Il paroît un *Essai sur l'origine & l'antiquité des langues*, où l'auteur discute sérieusement si Adam & Eve, dans le jardin d'Eden, avant leur chûte, se parloient par signes, ou bien s'ils employoient leur langage particulier.... Il prétend qu'il est évident qu'ils se sont entretenus par signes.

1 *Mars* 1767. Il est des auteurs qui mettent tout à profit. M. Roger, ex-jésuite, ayant eu une dispute avec le receveur de la capitation, a jugé à propos de donner au public cette contestation. Il en a fait une brochure, sous le titre de *Dialogue entre un auteur & un receveur de la capitation, par madame D. L. R.*

2 *Mars* 1767. M. le chevalier de Boufflers s'est égayé sur le compte de Molé, par les couplets suivants.

    Quel est ce gentil animal,
    Qui dans ces jours de carnaval
    Tourne à Paris toutes les têtes,
    Et pour qui l'on donne des fêtes?
    Ce ne peut être que Molet,
    Ou le *Singe* de Nicolet.

    Vous eûtes, éternels badauds,
    Vos pantins & vos ramponaux:
    François, vous serez toujours dupe,
    Quel autre joujou vous occupe?
    Ce ne peut être que Molet,
    Ou le *Singe* de Nicolet.

    De sa nature cependant
    Cet animal est impudent.
    Mais dans ce siecle de licence
    La fortune suit l'insolence
    Et court du logis de Molet
    Chez le *Singe* de Nicolet.

    Il faut le voir sur les genoux
    De quelques belles aux yeux doux;

Les charmer par sa gentillesse,
Leur faire cent tours de souplesse;
Ce ne peut être que Molet,
Ou le Singe de Nicolet.

L'Animal un peu libertin
Tombe malade un beau matin,
Voilà tout Paris dans la peine,
On crut voir la mort de Turenne;
Ce n'étoit pourtant que Molet,
Ou le Singe de Nicolet.

La digne & sublime Clairon
De la fille d'Agamemnon
A changé l'urne en tirelire,
Et dans la pitié qu'elle inspire
Va par-tout quêtant pour Molet,
A la cour, & chez Nicolet.

Généraux, catins, magistrats,
Grands écrivains, pieux prélats,
Femmes de cour bien affligées,
Vont tous lui porter des dragées.
Ce ne peut être que Molet,
Ou le Singe de Nicolet.

Si la mort étendoit son deuil
Ou sur Voltaire, ou sur Choiseuil,
Paris seroit moins en alarmes
Et répandroit bien moins de larmes
Que n'en feroit verser Molet,
Ou le Singe de Nicolet.

Peuple, ami des quolifichets,
Qui porte toujours des hochets,
Rends graces à la providence
Qui, pour amuser ton enfance,
Te conserve aujourd'hui Molet
Et le Singe de Nicolet.

3 Mars 1767. Dans l'assemblée de la faculté de théologie tenue avant-hier, le syndic de la faculté a rendu compte du roman politique & moral de *Bélisaire* de M. Marmontel. Après avoir parlé avec éloge des talents & du style, ainsi que de la réputation de l'auteur, il a relevé les écarts qu'il s'est permis contre la foi catholique dans le 15e. chapitre de cet ouvrage. Le syndic a fait ensuite lecture de la lettre écrite par M. Marmontel à M. l'Archevêque, pour lui déclarer qu'il signera la profession de foi qui lui sera proposée, & qu'il donnera toutes les explications qu'on voudra exiger.

La faculté qui a éprouvé par le passé que les explications données en pareil cas par M. de Montesquieu au sujet du livre de *l'Esprit des Loix*, & par M. de Buffon sur *l'Histoire Naturelle*, &c. avoient été insuffisantes pour réparer le scandale donné, insiste sur la censure de *Bélisaire*: en conséquence elle a nommé des commissaires pour faire agréer à M. l'archevêque le desir de la faculté, & lui faire connoître la nécessité de la censure, pour, sur la réponse de M. l'archevêque, prendre une détermination.

4 Mars 1767. M. de Voltaire, dans une lettre

au chevalier de Pezay, du 5 janvier 1767, rend compte des menées de M. J. J. Rousseau contre lui.

« Vous savez que ma mauvaise santé m'avoit conduit à Geneve auprès de M. Tronchin le médecin, qui alors étoit ami de M. Rousseau. Je trouvai les environs de cette ville si agréables, que j'achetai d'un magistrat, 78,000 livres, une maison de campagne, à condition qu'on m'en rendroit 38,000 livres lorsque je la quitterois. M. Rousseau dès-lors conçut le dessein de soulever le peuple de Geneve contre les magistrats.

» Il écrivit d'abord à M. Tronchin, qu'il ne remettroit jamais les pieds dans Geneve, tant que j'y serois...

» Vous connoissez le goût de madame Denis, ma niece, pour les spectacles : elle en donnoit dans le château de Tournay & dans celui de Ferney, qui sont sur la frontiere de France, & les Genevois y accouroient en foule. M. Rousseau se servit de ce prétexte pour exciter contre moi le parti qui est celui des représentants, & quelques prédicants qu'on nomme ministres.... Il ne s'en tint pas là : il suscita plusieurs citoyens ennemis de la magistrature, il les engagea à rendre le conseil de Geneve odieux, & à lui faire des reproches de ce qu'il souffroit, malgré la loi ; un catholique domicilié sur leur territoire...

» M. Tronchin entendit lui-même un citoyen dire, qu'il falloit absolument exécuter ce que M. Rousseau vouloit, & me faire sortir de ma maison des *Délices*, qui est aux portes de Geneve....

» Je prévis alors les troubles qui s'exciteroient bientôt dans la petite république de Geneve. Je réſiliai mon bail à vie des *Délices*; je reçus 38,000 liv. & j'en perdis 40,000 livres, outre environ 30,000 livres que j'avois employées à bâtir dans cet enclos.

. . . .

„ Je ne vous parlerai point des calomnies dont il m'a chargé auprès de Mgr. le prince de Conti & de madame la ducheſſe de Luxembourg.... Vous pouvez d'ailleurs vous informer de quelle ingratitude il a pyé les ſervices de M. Grim, de M. Helvétius, de M. Diderot...

„ Le miniſtere eſt auſſi inſtruit de ſes projets criminels, que les véritables gens de lettres le ſont de tous ſes procédés; je vous ſupplie de remarquer que la ſuite continuelle des perſécutions qu'il m'a ſuſcitées pendant quatre années, ont été le prix de l'offre que je lui avois faite de lui donner en pur don une maiſon de campagne, nommée l'*Hermitage*, que vous avez vu entre Tournay & Ferney....

„ Que M. Dorat juge à préſent s'il a eu raiſon de me confondre avec un homme tel que M. Rouſſeau, & de regarder comme une querelle de bouffons les offenſes perſonnelles que M. Hume, M. d'Alembert & moi avons été obligés de repouſſer, &c.

5 *Mars* 1767. Les comédiens Italiens ont donné aujourd'hui la premiere repréſentation de *l'Aveugle de Palmire*, avec des morceaux de muſique par M. Rodolphe. La piece eſt en vers & en deux actes. M. Desfontaines en eſt l'auteur. Ce ſujet eſt pris dans quelque roman de féerie. Il eſt fort maltraité, ſans goût, ſans délicateſſe; beaucoup de groſſiéretés & de très-mau-

vaises plaisanteries ont revolté le parterre, &c.
La musique a eu quelques succès.

6 Mars 1767. Vers sur Bélisaire.

Bélisaire proscrit, aveugle, infortuné,
Ferme dans le malheur, simple, sublime & sage
Instruisant l'empereur qui l'avoit condamné,
De la terre attendrie eût mérité l'hommage;
    Oui, sans doute, chez les païens,
    Mais parmi nous, chez des chrétiens,
Peindre Dieu bienfaisant, exalter sa clémence,
Pour nous unir à lui par les plus doux liens....
Jusqu'où pourroit conduire une telle morale!
Que ce blasphémateur soit puni par le feu;
N'a-t-il pas dû savoir qu'il causoit du scandale,
Quand, malgré la Sorbonne, il faisoit aimer Dieu

7 Mars 1767. *Nouveau Dictionnaire historique portatif*, ou *Histoire abrégée de tous les hommes qui se sont fait un nom par des talents, des vertus, des forfaits, des erreurs, &c. depuis le commencement du monde jusqu'à nos jours; ouvrage dans lequel on expose sans flatterie & sans amertume, ce que les écrivains les plus impartiaux ont pensé sur le génie, le caractere, & les mœurs des hommes célebres dans tous les genres, &c. par une société de gens de lettres.*

On ne pourroit qu'applaudir à ce projet, s'il étoit bien exécuté, mais il est fait avec la plus grande négligence. On attribue à un auteur les ouvrages d'un autre, on transpose les anecdotes, on les altere, on les controuve, en un mot, on donne pour morts des gens pleins de vie, & qui fourniſſent tous les jours des preuves de leur exiſtence.

8 *Mars* 1767. M. de Voltaire s'occupe actuellement de la famille des Sirvens. Ces infortunés, dans un cas à peu près ſemblable à celui des Calas, ſont depuis quelques années ſous ſa protection. En attendant qu'il ait armé les loix en leur faveur, il écrit à toutes les puiſſances, pour en obtenir des ſecours. Le roi de Danemarck lui ayant envoyé pour eux 400 ducats, notre poëte y a répondu par ces beaux vers :

Pourquoi, généreux prince, ame tendre & ſublime,
Pourquoi vas-tu chercher dans nos lointains climats
Des cœurs infortunés que l'injuſtice opprime ?
C'eſt qu'on n'en peut trouver au ſein de tes états.
Tes vertus ont franchi par ce bienfait auguſte
Les bornes des pays gouvernés par tes mains,
Et par-tout où le ciel a placé des humains,
Tu veux qu'on ſoit heureux, & tu veux qu'on ſoit juſte.
Hélas ! aſſez de rois que l'hiſtoire a fait grands,
Chez leurs triſtes voiſins ont porté les alarmes :
Tes bienfaits vont plus loin que n'ont été leurs armes,
Ceux qui font des heureux ſont les vrais conquérants !

9 *Mars* 1767. Les prieres de quarante heures ayant commencé aujourd'hui pour madame la dauphine, les ſpectacles ont été interrompus.

9 *Mars*. M. le comte de Lauraguais eſt depuis plusieurs jours de retour à Paris ; il a paru à la cour, a vu le roi & la famille royale, ainſi que les miniſtres.

11 *Mars* 1767. M. Araignon, avocat, vient de faire imprimer une comédie en cinq actes & en prose : c'est un drame romanesque, qui offre le tableau toujours attendrissant de l'innocence persécutée & triomphante. Il a pour titre *le vrai Philosophe*. Cette comédie est dédiée à MM. les maire, échevins, &c. de St. Malo, comme un témoignage de la reconnoissance de l'auteur, gratifié par ces magistrats d'un brevet de citoyen malouin, ainsi que d'une médaille d'or, au sujet de sa tragédie du *Siege de Beauvais*.

12 *Mars* 1767. On débite une lettre de M. de Voltaire à l'abbé d'Olivet, sur la nouvelle édition de sa prosodie. Cette lettre, datée du château de Ferney le 5 janvier 1767, releve différentes élocutions vicieuses devenues à la mode. En général, M. de Voltaire y paroît peu content du style de nos auteurs modernes, & sur-tout du nouveau genre d'éloquence qu'on a introduit : il critique plusieurs mots usités dans ce ce qu'on appelle *la bonne compagnie*. Dites-moi si Racine a *persiflé* Boileau, &c.? Si l'un & l'autre ont *mistifié* la Fontaine, &c.? On lit cette phrase remarquable, en parlant de M. de la Harpe : *Un jeune homme d'un rare mérite, déja célebre par les prix qu'il a remportés à notre académie, & par une tragédie qui a mérité son grand succes.....* Il nous apprend enfin qu'il reçoit quelquefois des lettres du *Philosophe de sans souci* (le roi de Prusse,) qu'il a l'honneur d'être encore dans ses bonnes graces, & que c'est une des consolations de sa vieillesse.

13 *Mars*. 1767. Les spectacles ont repris hier.

13 *Mars*. On débite une comédie en un acte & en prose, intitulée *le Galant Escroc*, de

M. Collé, précédée des *Adieux de la Parade*, Prologue en vers libres. Cette comédie fait partie du *Théatre de Société*, & ne peut être jouée qu'en société. C'est la peinture malheureusement trop vraie de mœurs qui ne pourroient être représentées sur un théatre public. La fable en est plaisante, & l'effet en doit être très-heureux.

14 *Mars* 1767. L'interruption des spectacles recommence aujourd'hui, à cause de la mort de madame la dauphine.

15 *Mars* 1767. Suivant la délibération de la faculté de théologie, le doyen, le syndic & les huit commissaires se sont rendus chez M. l'archevêque, il y a quelques jours. Ce prélat leur a déclaré, que dans l'affaire de M. Marmontel il ne cherchoit que le plus grand bien de la religion, & qu'il s'en rapportoit entiérement au jugement de la faculté.

En conséquence, la faculté a mis en délibération s'il convenoit, pour parvenir au plus grand bien, de faire une censure en forme, ou de se contenter d'explications? Il a été décidé que ce dernier étoit le parti le plus expédient, & qu'on pourroit joindre au vingt-cinquieme chapitre une explication très-théologique, qui corrigeroit ce qui se trouveroit de contraire à la religion dans le chapitre.

Les commissaires doivent s'assembler pour concerter & faire le projet de cette explication théologique, qui, après qu'elle aura été acceptée par M. Marmontel, sera présentée à l'assemblée de la faculté du *primâ mensis*.

Nous allons donner un échantillon du style de M. Tronchin, ce médecin si célebre : c'est une lettre qu'il a écrite de Versailles le 8 février de cette année, à M. le pasteur Pictet, à l'occasion *des troubles de la république de Geneve.* Il étoit alors auprès de madame la dauphine.

M.... J'ai besoin de cette presse de travail, pour n'être pas sans cesse occupé des malheurs de ma patrie. A portée, comme je le suis, de connoître les intentions du roi, instruit d'ailleurs du délire opiniâtre de mes insensés concitoyens, je vois avec la plus grande douleur les malheurs qu'ils se préparent. En faisant semblant de courir après la liberté, ces malheureux vont perdre leur patrie. Les extrêmes se touchent. Ils étoient trop heureux. La démarche qu'ils ont faite vis-à-vis M. le résident, a paru ici un persiflage. J'ai reçu de M. Vernet une lettre qui lui ressemble fort. Aussi ne lui ai-je pas répondu : c'est se moquer, que de parler de dévouement & de respect, quand on manque si solemnellement au respect & au dévouement qu'on doit à un monarque qui joue le rôle de pere, & qui n'a cessé de faire ressentir les effets de sa bienveillance & de sa protection. L'orgueil ira toujours devant l'écrasement, de quelque maniere qu'il se masque ; vous le voyez, mon cher Monsieur, sous bien des formes. Ils feront périr ma pauvre patrie ; car quand l'orgueilleux délire du jour finiroit, à moins qu'il ne finisse incessamment, les plaies qu'il a déja portées à la prospérité & au commerce, laisseront après elles des cicatrices profondes. Que sera-ce, si par un abandon du ciel ces plaies subsistoient encore plusieurs mois ! Le commerce & la prospérité, semblables aux rifieres qui changent de lit, n'y rentrent point: la fin du délire & la misere entraînent ordinairement le désespoir après elles. Les auteurs de tant de maux en seront les victimes. Le roi n'en demordra pas, je le tiens de sa bouche. Tout ce que je prévois, brise jour & nuit mon ame. Je ne goûte pas un moment de repos; car j'aime avec passion ma patrie. Dites ceci à qui voudra l'entendre: au moins n'aurai-je rien à me reprocher. Souvenez-vous souvent, mon cher Monsieur, que je vous l'ai dit ; je vous appellerai en témoignage. En attendant je ferai des vœux, & je gémirai en silence.

17 *Mars* 1767. Mlle. Clairon se propose de se rendre aux invitations de S. M. Polonoise : elle doit partir incessamment ; elle sera défrayée de tout par ce monarque.

19 *Mars* 1767. Un plaisant a répondu à M. Tronchin au nom de M. Pictet. On attribue même cette facétie à un grand poëte, si bien accoutumé à tourner tout en ridicule.

" Monsieur, nous étions occupés, mon fils & moi, à relire les discours que je fis à St. Pierre aux dernieres élections, & nous méditions sur le peu d'effet qu'ils ont produit, lorsque votre lettre nous est parvenue. Comme le travail ne nous enivre guere, mon fils ni moi, mon cher Monsieur, nous avons tout le loisir possible pour songer aux maux de l'état. Les bruits qui courent sur la suspension des rentes nous les font sentir vivement, & le ton pitoyable de votre lettre ajoute encore à notre affliction.

Nous avons sur tout été touchés de ces phrases où vous dites que vous avez l'ame brisée jour & nuit, que l'orgueil va devant l'écrasement, que vous gémissez en silence; & mon fils proteste n'avoir jamais rien lu de si beau dans les sermons de son grand-pere.

Nous avons aussi admiré la noble hardiesse avec laquelle vous traitez vos concitoyens d'*insensés*, de *malheureux*, & leur démarche de *persiflage*. Mon fils approuve beaucoup la méthode d'insulter les gens, mais il avoue que depuis qu'il s'en est mal trouvé deux ou trois fois, il est résolu de ne la plus mettre en pratique, à moins qu'il n'ait, comme vous, le bonheur d'être à cent lieues des représentants. Incontinent après avoir fait nos commentaires, nous avons convoqué, mon fils & moi, les négatifs au cercle des trois rois, & nous leur avons fait lecture de votre lettre. Ils en ont été enchantés. Mais pour les représentants, le même délire, dont la fin doit être la misere & puis le désespoir, comme vous le dites si bien, & le délire orgueilleux qui fera périr ma pauvre patrie; ce délire opiniâtre enfin, qui leur fait déserter mes sermons, leur a fait désapprouver votre épitre. Ce qui me désole, c'est qu'ils s'en moquent. L'un dit qu'elle n'est pas en françois, qu'on ne dit pas *porter des plaies*, mais faire des plaies: l'autre dit que vous avez été bloufé, lorsque vous avez dit que *le roi jouoit le rôle de Pere*; que votre intention étoit sûrement d'exalter sa bonté; & que cette expression *le roi n'en démordra pas*, est tout aussi défectueuse. Un autre dit que les grandes phrases, dont est remplie votre lettre, indiquent une extrême disette d'idées; un autre, qu'elles ressemblent à des lambeaux de faux galons appliqués sur de la futaine; un autre, qu'elles sont pillées. Pour cela je ne puis plus y tenir, & je tape des pieds, en leur disant : « Hem ! n'y voyez-vous pas bien que l'auteur de cette lettre est un homme que le travail rendoit ivre ; & puis croyez-vous que M. Tronchin fût capable de piller les ouvrages d'autrui? Cela est bon pour une fois. » Au reste, mon cher monsieur & mon bon ami, M. Perdriau de la Rochelle, la publiera à St. Gervais, après avoir publié les annonces & disposé nos auditeurs par un remede préparatoire, soporifique & anodin, & un sermon de méditation. Mon fils & moi nous souffrons, nous vous aimons, & nous vous honorons.

20 *Mars* 1767. *Bélisaire* continue à faire le sujet des conversations. Plusieurs poëtes ont fait des vers pour & contre, suivant leurs affections envers l'auteur. Mais ce qu'on cite & qui ne doit point être oublié, c'est une conversation des enfants de France à l'occasion de ce livre : comme ils en parloient ensemble, le comte d'Artois dit qu'il trouvoit fort plaisant qu'un cuistre, un pédant de college, comme M. Marmontel, s'avisât de s'ériger en précepteur des rois, & de leur donner des leçons; que si cela dépendoit de lui, il feroit fustiger l'auteur aux quatre coins de Paris; & moi, reprit le dauphin, si j'étois roi, je le ferois pendre.

22 *Mars* 1767. Par des lettres de Berlin on apprend que l'académie royale des sciences & belles-lettres de Berlin a tenu le 29 janvier son assemblée publique avec toute la solemnité possible; elle a été honorée de la présence de S. A. R. monseigneur le prince de Prusse, & de

S. A. S. monsieur le prince Fréderic de Brunswick. Les ministres étrangers & plusieurs personnes de distinction de la cour y ont assisté. On y a vu avec plaisir une dame Polonoise, d'un rang & d'un mérite distingué, madame la comtesse *Skorzewska*. M. le professeur Formey, secretaire perpétuel, a fait l'ouverture de la séance par des *considérations sur ce qu'on peut regarder aujourd'hui comme le but principal des académies, & comme leur effet le plus avantageux.* Ensuite M. de Catt a lu un discours *de la vraie nature du beau en général*. Enfin M. Bitaubé a traité de *l'influence des belles-lettres sur la philosophie*. A la fin de la séance le secretaire perpétuel déclara que le prix proposé par le directoire général au sujet de l'épargne du bois, ne pouvant encore être adjugé, parce qu'on n'a reçu aucun mémoire satisfaisant sur cette question, on continuoit d'inviter les savants & les experts à en faire l'objet de leurs recherches.

23 mars 1767. Les spectacles recommencent demain 24. Les comédiens François doivent donner jeudi la premiere représentation des *Scythes*. Cette tragédie portée par M. le duc de Choiseul, à qui elle est dédiée, reçoit beaucoup de contradictions. Elle est déja affichée & sous le nom de M. de Voltaire. Ce qui lui ôte toute ressource de la nier, & sembleroit devoir lui en garantir le succès. M. Freron, dans sa feuille N°. 38, s'exprime ainsi sur cette tragédie :

« Je viens d'apprendre que M. de Voltaire
» avoit envoyé aux comédiens une tragédie nou-
» velle de sa façon, intitulée : *les Scythes*, en

» leur marquant qu'il n'avoit mis que douze
» jours à la faire. On m'a dit en même temps
» que les comédiens la lui avoient renvoyée, en
» le priant très-humblement de mettre 12 mois
» à la corriger. »

24 *Mars* 1767. La *Partie de Chasse de Henri IV*, que la délicatesse de nos ministres n'a pas voulu admettre sur notre théatre, se joue non-seulement dans les provinces, mais même chez les étrangers : on vient de jouer cette piece à Bruxelles, où elle a eu beaucoup d'applaudissements.

25 *Mars* 1767. M. Rousseau continue à garder un silence profond. De temps en temps quelqu'un éleve la voix en sa faveur. On voit dans le N°. 35 du Sr. Freron un article intitulé : *Sentiments d'un Anglois impartial sur la querelle de MM. Hume & Rousseau*, extraits des papiers Anglois du mois de novembre 1766, (signé) *un Anglois du vieux temps hospitalier & orthodoxe*. Que ce jugement soit vrai ou controuvé par le journaliste, il est bien fait & écrit avec une candeur qui plaira. Il est en faveur de M. Rousseau, sans déguiser les torts qu'il peut avoir. M. Walpole, l'auteur de la plaisanterie du roi de Prusse, y est sur-tout très-maltraité.

M. Rousseau doit, au reste, goûter quelque consolation par le plaisir de voir son *Devin de Village* traduit en Anglois. En outre, un auteur, nommé M. Burney, vient d'adapter des paroles en sa langue à la musique françoise. On a donné l'hiver cette piece au théatre de *Drurylane*, avec un succès partagé : elle est soutenue par le parti Anglois contre le parti Ecossois, qui avoit entrepris de la faire tomber, & qui a interrompu les premieres repréſentations par le bruit le plus affreux.

26 *Mars* 1767. Les comédiens ont donné aujourd'hui la premiere repréſentation des *Scythes*. Cette piece ne répond pas au pinceau ſublime qui nous offrit jadis, avec tant de ſuccès, les tableaux contraſtés des Mahométans & des Chrétiens, des Américains & des Eſpagnols, des Chinois & des Tartares. M. de Voltaire a voulu mettre ici en oppoſition l'âpreté des mœurs ſéveres des Scythes avec le faſte orgueilleux des anciens Perſans. Le ſujet eſt abſolument manqué, & l'on ne peut que s'écrier :

J'ai vu l'Ageſilas.... hélas !

Il y a cependant en divers endroits des morceaux de la plus grande force, & l'on rencontre par-tout dans ce drame *diſjecta membra poëtæ*.

17 *Mars* 1767. *Abrégé de l'Hiſtoire de Port-Royal, par* M. *Racine, de l'académie Françoiſe*. Cette hiſtoire, écrite, à ce qu'on croit, vers 1693, a été long-temps ignorée. Il en parut en 1700 une partie, dont il fallut ſe contenter, parce qu'on ne put alors en découvrir la ſuite. Mais l'abbé Racine en avoit une copie, d'après laquelle on a fait l'édition dont il eſt queſtion. L'hiſtoire de Port-Royal eſt conduite ici juſqu'à l'affaire du formulaire. L'auteur ne vit pas la deſtruction de Port-Royal des Champs..... Boileau regardoit cet ouvrage comme le plus parfait morceau d'hiſtoire que nous euſſions dans notre langue. Ce n'eſt malheureuſement pas le plus intéreſſant.

27 *Mars* 1767. *Pieces de poéſie couronnées à*

l'académie de l'immaculée conception; chez les RR. PP. Carmes de la ville de Rouen, en 1766. Ce petit recueil est précédé d'une préface historique, contenant l'origine & les progrès de cette académie. Ce morceau curieux doit être recherché des littérateurs. On y voit que cette académie n'étoit originairement qu'une confrairie érigée vers la fin du onzieme siecle, en l'honneur de l'immaculée conception de la vierge, dans l'église de St. Jean de Rouen. La fête de la conception fut long-temps appellée, *la Fête aux Normands*, parce qu'ils furent les premiers qui la solemniserent. C'est vers l'an 1489 qu'un lieutenant-général de Rouen (*Pierre Davé*, sieur *de Château-Roux*) fit ériger la confrairie de l'immaculée conception en académie, & proposa des prix pour ceux qui composeroient les meilleures poésies en l'honneur de la Ste. Vierge. Il y en a de latines & de françoises, & l'on se doute ce que peut être un pareil recueil.

28 *Mars* 1767. Le sieur Freron, toujours acharné sur M. de Voltaire, & qui doit une partie de la célébrité de ses feuilles à la guerre qu'il a livrée à ce grand homme, pour réveiller l'attention de son lecteur vient de lâcher, suivant son usage, une nouvelle satire très-propre à piquer la malignité du cœur humain, & à réjouir les ennemis du sien. Il se fait écrire une lettre par un prétendu abbé M.... qui lui envoie la traduction d'une *Epître Persane à Sadi*. Cette épître, très-bien faite, reproche à M. de Voltaire, sous le nom de *Sadi*, tous ses défauts & sur-tout son amour-propre, son envie, son inquiétude : il y est peint des couleurs les plus offensantes

& malheureusement les plus vraies. Cette épître finit par une espece d'Epilogue en quatre vers :

Un miroir à nos yeux distraits
Vient-il offrir notre grimace ?
Il ne faut pas briser la glace,
Mais, s'il se peut, changer nos traits.

29 *Mars* 1767. M. de Voltaire, à force de s'intriguer & de se remuer en faveur des Sirvens, commence à faire prendre couleur à cette affaire. On vient de publier, sous son nom, un mémoire à consulter, & une consultation, faits l'un & l'autre par main de maître. Le même sentiment qui a dicté les lettres pathétiques que l'on a lues & les divers écrits publiés au sujet des Calas à l'auteur du *Traité de la Tolérance*, lui a fait prendre la plume dans cette occasion, & on ne doute pas que le mémoire à consulter ne soit de lui. La consultation paroît être de M. Elie de Beaumont, connu au barreau & célebre sur-tout par des mémoires en faveur des Calas. Elle est signée de cet avocat, & souscrite de onze jurisconsultes fameux.

30 *Mars* 1767. *Nicole de Beauvais, ou l'Amour vaincu par la reconnoissance.* Ce roman est d'une madame Robert, qui a déja donné : *Voyage de milord Ceton dans les sept planetes, ou le nouveau Mentor*, traduction vraie ou fausse. Nous ne faisons mention de ces ouvrages qu'en faveur de l'auteur femelle. Madame Robert écrit quelquefois avec chaleur, mais d'un style en général foible & sans correction : elle a de l'imagination, mais peu de goût.

30 *Mars* 1767. Les passions ont tellement altéré tout ce qui s'est passé dans la querelle de M. Rousseau avec M. Hume, que les faits, même dénués de certitude, laissent le lecteur dans le scepticisme. Dans des notes sur la lettre de M. de Voltaire, on reproduit quelques fragments de lettres de M. Rousseau à M. du Theil, & l'on met à la tête de ces fragments : *Extrait des lettres du sieur J. J. Rousseau employé dans la maison de M. le comte de Montaigu, écrites en 1744 à M. du Theil, premier commis des affaires étrangeres. Ces lettres ont été conservées par hasard chez M. du Theil.*

M. du Theil, officier aux gardes, a fait inférer en conséquence dans la feuille du N°. 38 du sieur Freton, une protestation contre cette assertion : il y a déclaré qu'il a toujours ignoré l'existence de cette lettre, & paroît même la révoquer en doute.

D'autre part, on appelle M. Rousseau employé dans la maison du comte de Montaigu, & l'on n'ignore pas qu'il étoit secretaire de cet ambassadeur de France à Venise.

31 *Mars* 1767. Tandis que la faculté de théologie est occupée à dresser la rétractation que doit signer M. Marmontel, & que celui-ci attend avec une foi humble tout ce qu'on proposera à sa docilité, M. de Voltaire s'égaie & vient de répandre *Anecdotes sur Bélisaire*, espece de pamphlet où il verse le ridicule à grands flots sur qui il appartient. Il y prodigue une foule de citations des peres de l'église, des docteurs, des casuistes, qui appuient les assertions avancées

dans le chapitre XV du *Bélisaire* tant critiqué, & qui a jeté un si grand scandale dans l'église.

1 *Avril* 1767. Un anonyme ayant écrit à Mlle. Arnoux d'assez mauvais vers sur la querelle entre messieurs de Villette & de Lauraguais, où l'on reprochoit entr'autres au premier le péché antiphysique, il y a répondu par l'épître suivante :

Monsieur l'anonyme badin,
On ne peut avec plus d'hardiesse,
De gaîté, de délicatesse,
Dire du mal de son prochain.
Votre muse aimable & légere
M'égratigne si doucement,
Qu'il faudroit être fou vraiment
Pour aller se mettre en colere.
Recevez-en mon compliment.
Mais pourquoi votre esprit caustique,
Sur moi s'égayant sans façon,
M'accuse-t-il d'être hérétique
Au vrai culte de Cupidon ?
Avez-vous consulté Sophie,
Vous qui m'imputez ce péché ;
Vous sauriez que de l'hérésie,
Je suis un peu moins entiché.
Charmé de cet air de tendresse
Qui des amours flatte l'espoir,
J'ai souhaité voir la princesse
Passer du théâtre au boudoir.
Sur les tretaux reine imposante
Elle est ce qu'elle représente :

Mais on revient au naturel :
Chez elle libre, impertinente,
La princesse est femme galante,
Gentil ornement de bordel,
Oui, oui, la reine Marguerite
L'eût aimée autant que ses yeux,
Elle en eût fait sa favorite :
On doit ses contes amoureux
A son penchant pour la saillie ;
Elle aimoit les propos joyeux :
Les plus gros lui plaisoient le mieux,
Elle pensoit comme Sophie.
Mais avec l'ardeur de Vénus,
Elle a l'embonpoint de l'envie.
Je cherche un sein, des globes nus,
Une cuisse bien arrondie,
Quelques attraits... Soins superflus !
Avec une telle momie
Si j'ai pourtant sacrifié
Au Dieu qui de Paphos est maître,
Me voilà bien justifié
Ou je ne pourrai jamais l'être.

2 *Avril* 1767. Il se répand depuis quelque temps un poëme manuscrit, attribué à M. Bernard, qui a pour titre : *Pauline & Théodore*. Il est en quatre chants & en vers de dix syllabes : c'est l'histoire de *Léandre & Héro*, retournée. Quoiqu'on ne puisse ajouter aucune foi à un manuscrit furtivement enlevé, on y retrouve en beaucoup d'endroits le pinceau délicat & gracieux de l'auteur. Il regne dans la fable l'amour incestieux

œstueux d'un frere & une jalousie atroce, qui la défigurent & répandent de l'horreur sur ce tableau de la volupté. Ce crayon noir ne peut s'allier avec les graces d'une miniature.

3 *Avril* 1767. M. de Laverdy, contrôleur-général & membre de l'académie des belles-lettres, a écrit à M. le Beau, secretaire de cette académie, que l'intention de S. M. étoit aussi qu'on levât le dixieme sur les prix académiques. Cet impôt doit avoir lieu l'année prochaine : sans doute qu'il en aura fait autant à l'égard des autres académies.

4 *Avril* 1767. Nous avons parlé d'une médaille de la valeur de 2,000 livres, envoyée à l'académie Françoise au mois de décembre dernier, pour celui qui, au jugement de l'académie, auroit composé le meilleur discours sur *l'utilité de l'établissement des écoles gratuites de dessin en faveur des métiers*. L'académie a adjugé ce prix au Sr. Descamps, peintre du roi, &c.

5 *Avril* 1767. La tragédie des *Scythes* de M. de Voltaire, imprimée depuis long-temps, commence à se distribuer. On y remarque une épitre dédicatoire aux Satrapes *Glochivis* & *Natrisp* (Choiseul & Praslin), du ton le plus bas, & plein de l'adulation la plus outrée.

Cette adulation sent l'homme qui a envie de revenir à Paris, & qui fléchit le genou devant le Tout-puissant pour cette grace.

Le postscriptum est amusant, par une sortie que fait l'auteur contre Duchesne, sur l'impression de plusieurs de ses tragédies, qu'il prétend horriblement défigurées : c'est une parade à l'ordinaire, mais plaisante.

6 *Avril* 1767. *Du Bonheur, par M. Desserres dé*

la Tour, avec cette épigraphe: *vox clamantis in deserto*. Cet ouvrage n'a rien de neuf, quoiqu'il fasse un certain bruit; rien de hardi: on y trouve à la suite un petit ouvrage sur *l'éducation des anciens*, où l'on remarque aussi des vues intéressantes sur la méthode des modernes.

6 *Avril* 1767. On annonce un poëme manuscrit de M. de Voltaire, intitulé *la Guerre de Geneve*: il est en quatre chants & en vers de dix syllabes. On prétend qu'on y retrouve la même plume qui a fait la *Pucelle*. C'est plus à désirer qu'à espérer.

8 *Avril* 1767. Le roi de Pologne a écrit à madame Geoffrin d'avertir Mlle. Clairon qu'il ne pouvoit la recevoir actuellement, que les circonstances le mettoient dans le cas d'user de la plus grande économie, & de ne s'occuper que de l'administration du royaume. Tous les spectacles vont vaquer dans ce pays-là.

9 *Avril* 1767. M. l'abbé Perau, continuateur des *vies des hommes illustres de la France*, commencées par feu M. Dauvigny, est mort le 3 mars âgé de 67 ans. Il étoit devenu aveugle, & c'est M. Turpin qu'il avoit choisi pour mettre la derniere main à cet ouvrage. Celui-ci vient de faire paroître les tomes 24 & 25.

10 *Avril* 1767. L'auteur des *Ephémérides du citoyen*, dont nous avons déja parlé, ne trouvant pas ce titre assez piquant pour le lecteur, a cru le rendre sans doute plus intéressant en appellant son journal *Bibliotheque raisonnée des sciences morales & politiques*: il s'ouvre une carriere immense, que nous doutons qu'il puisse remplir; nous lui souhaitons plus de succès sous cette nouvelle métamorphose.

10 *Avril* 1767. On cite la réponse de M. Bret, le censeur du livre de *Bélisaire*, lorsque le lieutenant de police lui annonça qu'il étoit rayé du tableau. Ce magistrat lui donnoit cette nouvelle avec toute la mansuétude dont il est capable, les larmes aux yeux; il paroissoit la lui apprendre à regret. *Eh bien ! Monsieur*, lui dit Bret, *ne me plaignez pas tant; c'est un malheur, mais ce n'est pas un déshonneur;* & Bret s'en alla faisant une pirouette.

11 *Avril* 1767. M. Barthe a fait paroître, il y a quelque temps, une *héroïde de l'abbé de Rancé à un de ses amis*. Elle est supposée écrite pendant le séjour de cet abbé à la Trappe, & roule sur sa conversion & sur son repentir. Il y invite son ami à venir jouir des mêmes douceurs que lui. Dans cet ouvrage on trouve par-tout le poëte : c'est un amas de descriptions, & rien de cet onctueux qui doit aller au cœur. Tout y est de mauvais goût, jusqu'aux gravures : dans une entr'autres, on y voit l'amour entre une tête de mort & un crucifix.

M. de la Harpe a écrit à Geneve, sous les yeux de M. de Voltaire, la *réponse d'un solitaire à M. l'abbé de Rancé*. Cette épître est dans le goût des *Soupirs du cloître* de M. Guymond, mais infiniment mieux écrite, plus forte de choses hardies & philosophiques. C'est un religieux qui réclame contre ses vœux, qui en fait voir l'injustice, l'absurdité, l'impiété même. Tout cela est fait de main de maître, & bien des gens sont tentés de croire que M. de Voltaire y a mis sa touche.

12 *Avril* 1767. On exalte, on se transmet de bouche en bouche un mot sublime du sieur le

Kain: c'est sur la fin de l'année dramatique & dans les foyers qu'il a été dit. On félicitoit cet acteur sur le repos dont il alloit jouir, sur la gloire & l'argent qu'il avoit gagnés: « Quant à » la gloire, répondit modestement l'acteur, je » ne me flatte pas d'en avoir acquis beaucoup. » Cette sorte de récompense nous est contestée » par bien des gens, & vous-même me la con- » testeriez peut-être si je voulois l'usurper. » Quant à l'argent, je n'ai pas lieu d'être aussi » content qu'on le croiroit: nos parts n'appro- » chent pas de celles des *Italiens*; & en nous » faisant justice, nous aurions droit de nous » apprécier un peu plus. Une part aux *Italiens* » rend 20 à 25,000 livres, & la mienne se monte » au plus à dix ou douze mille. *Comment, mor-* » *bleu!* (s'écria un chevalier de St. Louis, qui » écoutoit le propos), *comment, morbleu! un* » *vil histrion n'est pas content de 12,000 livres* » *de rente; & moi qui suis au service du roi,* » *qui dors sur un canon, & qui prodigue mon sang* » *pour la patrie, je suis trop heureux d'obtenir* » *1,000 livres de pension.* —— *Eh! comptez-vous* » *pour rien, Monsieur, la liberté de me parler* » *ainsi?* » reprend le bouillant *Orosmane*.

13 *Avril* 1767. Il se répand assez généralement deux chants du poëme de M. de Voltaire sur la *guerre de Geneve*. Le premier répand le ridicule à grands flots sur Geneve & ses habitants; il est assez gai, mais d'une gaieté grivoise, qui sent l'homme sortant de la taverne: il n'y a point de ces morceaux délicats, tels qu'on trouve dans la *Pucelle*.

Le second est une satire horrible contre J. J. Rousseau: il y est peint sous les couleurs les plus odieuses & les plus infames; il est fait pour intéresser en faveur de ce malheureux ses propres ennemis, & l'humanité seule réclame contre cet abominable ouvrage.

14 *Avril* 1767. On vient d'imprimer à Avignon *la Passion de Notre-Seigneur Jesus-Christ*, mise en vers & en dialogues. Nous n'avons rien à ajouter à ce titre, digne de la barbarie des siecles les plus absurdes & du plus mauvais goût.

15 *Avril* 1767. *Discours sur l'administration de la justice criminelle, prononcé par* M...... *avocat-général du roi au parlement de Grenoble*. Cet excellent ouvrage, plein d'une philosophie douce & humaine, doit faire le pendant du *Traité des délits & des peines*. Il a d'autant plus de poids qu'il est dans la bouche d'un magistrat qui réclame en faveur d'une infinité d'abus qu'il voudroit voir réformer. Il est bien écrit en général, quelquefois d'un style très-métaphysique : il est plein d'onction, & tout cœur sensible ne pourra s'empêcher d'être serré à la lecture de ce traité précieux.

16 *Avril* 1767. Les nouveaux directeurs de l'opéra qui doivent ouvrir leur administration à la rentrée de pâque prochain, commencent par prévenir le public en cherchant à exciter l'émulation parmi les musiciens & les poëtes lyriques. Ils annoncent une augmentation de récompense en faveur des auteurs qui travailleront pour leur théatre.

17 *Avril* 1767. M. de Saint-Foix, historiographe des ordres du roi, vient de publier *l'histoire de l'ordre du Saint-Esprit*. On y trouve une anecdote bien extraordinaire, soutenue d'assertions

encore plus extraordinaires. Cet auteur y prétend, à l'article du duc d'Epernon, que ce seigneur donna le second coup de couteau à Henri IV, lorsque Ravaillac eut porté le premier; & il ajoute: « Ce fait est rapporté dans un manuscrit
» de M. le duc d'Aumale. Il est d'autant plus digne
» de créance, que M. le duc d'Aumale, vivant
» parmi les Espagnols, étoit à portée de savoir
» la vérité des choses; & que d'ailleurs, ayant
» eu une maladie de langueur très-longue, dans
» laquelle il avoit communié deux fois, il n'est
» pas vraisemblable qu'il eût laissé subsister une
» pareille calomnie s'il n'eût été sûr de ce qu'il
» avançoit. »

18 *Avril* 1767. On se communique l'extrait d'une lettre d'un gentilhomme Flamand qui voyage, précieuse par l'anecdote qu'elle contient, relative à ce qui a été dit sur la proposition faite par les Corses à J. J. Rousseau de leur donner des loix. Voici comme l'auteur s'exprime sur cette république, &c. ou plutôt sur leur chef.

« M. Paoli est âgé de 42 ans, d'une figure
» mâle & belle, ayant le port très-noble & l'air
» de ce qu'il est, du chef du peuple libre. Son
» érudition seroit surprenante, même dans un
» homme de lettres de profession : il est versé
» dans la littérature Angloise & Françoise; mais
» Tacite & Plutarque sont ses auteurs favoris. Il
» est d'une éloquence admirable; je n'ai vu per-
» sonne mettre autant de graces & de force dans
» ses discours. Il joint à tant de talents une phi-
» losophie éclairée & exempte de toute espece
» de préjugé. Il a fait un bien étonnant à son
» pays; il a établi une police exacte; il a af-
» fermi la constitution, qui ressemble beaucoup

» à celle d'Angleterre, & qui me paroît excel-
» lente; il a établi à Corte une imprimerie &
» une université, dans laquelle il a su attirer des
» gens de mérite. Les gazettes ont parlé des
» démarches qu'il a faites pour engager mon-
» sieur J. J. Rousseau à se retirer dans son isle.
» J'ai vu toute sa correspondance à ce sujet avec
» cet écrivain; elle fait également honneur à l'un
» & à l'autre. »

19 *Avril* 1767. On assure que M. de Voltaire a un commentaire tout prêt sur les tragédies de Racine; il attend pour le faire paroître que M. Luneau de Boisgermain ait mis au jour celui qu'il promet depuis long-temps.

19 *Avril*. M. le Blanc, auteur de *Manco Capac*, vient d'épouser, il y a quelque temps, une demoiselle Gouilli. Cette fille, célèbre par la mort d'un officier qui s'est brûlé la cervelle de désespoir de ne pouvoir se marier avec elle, étoit maîtresse de M. Clairaut, & avoit vécu avec lui jusqu'à sa mort.

20 *Avril* 1767. M. Dreux de Radier ayant fait imprimer un ouvrage intitulé: *Récréations historiques, critiques, morales & d'érudition*, avec *l'histoire des fous en titre d'office*, y a maltraité MM. le président Haynault & l'abbé d'Olivet. Freron est parti de là sous prétexte de venger ces deux illustres, est tombé sur le corps de l'auteur, & l'a traité avec un mépris, une dureté révoltante. Les amis de Voltaire & les ennemis du journaliste, en très-grand nombre, ont aussi pris l'occasion de l'injure faite à M. du Radier pour obtenir la suspension de ses feuilles. Mais ce pauvre diable n'a pas assez de consistance. Freron

vient de répondre, & dans sa fureur tombe d'estoc & de taille sur le sieur Thomas.

22 *Avril* 1767. Il paroît une lettre de M ✻✻✻. à M. de Calonne, maître des requêtes, au sujet de son mémoire présenté au roi, contre celui de M. de la Chalotais, procureur-général au parlement de Bretagne. L'auteur prétend relever des contrariétés qu'il croit appercevoir dans la justification de M. de Calonne, qu'il crayonne avec des couleurs peu flatteuses.

22 *Avril*. Tandis que la Sorbonne s'occupe de l'examen de *Bélisaire*, des auteurs anonymes essaient d'en prévenir la censure par des critiques ameres, & cherchent à discréditer l'ouvrage par des analyses qui ne sont pas dénuées de toute vérité. Une de ces critiques est attribuée à l'auteur qui a fait celle du discours de M. Thomas : elle est très-forte & très-judicieuse ; elle pulvérise le politique : l'ouvrage a pour titre : *Examen du Bélisaire de M. Marmontel*, avec cette épigraphe : *Scribendi rectè sapere est & principium & fons*.

23 *Avril* 1767. Vers de M. le comte de Maugiron, lieutenant-général, une heure avant sa mort.

   Tout meurt, je m'en apperçois bien !
   Tronchin tant fêté dans le monde
Ne sauroit prolonger mes jours d'une seconde,
   Ni Dumont (1) en retrancher rien.
   Voici donc mon heure derniere !
   Venez bergeres & bergers.

---

(1) Son médecin ordinaire.

Venez me fermer la paupiere ;
Qu'au murmure de vos baisers
Tout doucement mon ame soit éteinte.
Finir ainsi dans les bras de l'Amour,
C'est du trépas ne point sentir l'atteinte ;
C'est s'endormir sur la fin d'un beau jour !

M. de Maugiron logeoit chez M. l'évêque de Valence ; le clergé se pressoit de lui apporter les secours spirituels, lorsqu'il se retourna, & dit à son médecin : *Je les attraperai bien ; ils croient me tenir, & je m'en vais.* Il mourut à ce mot.

25 *Avril* 1767. Le bruit s'étoit répandu généralement que Mlle. Clairon devoit rentrer, parce que beaucoup de gens l'ont sollicitée, & qu'elle continue à s'exercer chez madame la duchesse de Villeroy, où elle a joué presque toute cette semaine. Mais cette actrice paroît décidée à garder le parti qu'elle a pris ; elle convient qu'elle a fait une sottise de quitter, mais qu'elle en feroit une plus grande de reprendre.

25 *Avril.* La traduction de Tacite par M. de la Bletterie, doit paroître dans peu. Elle s'imprime au Louvre aux dépens du roi, & S. M. a donné ordre qu'on en remît tous les exemplaires à l'auteur, pour être vendus à son profit.

26. *Avril* 1767. Les comédiens Italiens sont à la veille de perdre leur Arlequin, dangereusement malade.

27 *Avril* 1767. On écrit de Berlin, du 17 mars, qu'il s'y est formé une société particulière, qui propose une médaille de cent écus d'empire à quiconque composera la meilleure instruction

pour inspirer aux enfants les principes de la religion. Les conditions que la société exige dans l'ouvrage, sont particuliérement de n'y rien supposer comme déja connu, & de n'y établir aucun principe sans le prouver, de mettre les instructions à la portée d'une conception ordinaire, & d'écarter toutes les questions superflues ou étrangeres au sujet.

27 *Avril* 1767. On écrit de Rome du 4 mars, qu'on y a enlevé par ordre exprès du pape, dans le couvent des Cordeliers, tous les exemplaires de *l'histoire ecclésiastique de la Ligurie*, ouvrage de M. Paganette de Genes, qui venoit d'être imprimé dans cette capitale, avec l'approbation des maîtres mêmes du palais. On a trouvé dans cet ouvrage plusieurs passages hardis & injurieux à la cour de Rome, que l'on suppose y avoir été ajoutés par l'auteur après l'approbation obtenue.

28 *Avril* 1767. Aujourd'hui l'académie royale des inscriptions & belles-lettres a tenu son assemblée publique. Le prix réservé double sur la question : *par quelles causes & par quels degrés les loix de Licurgue se sont altérées chez les Lacédémoniens jusqu'à ce qu'elles aient été anéanties ?* a été donné à M. Mathon de la Cour. L'académie a déclaré qu'un particulier inconnu lui avoit fait remettre une médaille d'or pour le discours jugé le meilleur après celui couronné. Cette médaille a été donnée à M. l'abbé de Gourci.

M. le Beau a prononcé les deux éloges de M. *Hardion* & de M. *Tercier*. Il y avoit dans ce dernier un article difficile sur la disgrace prouvée par l'auteur à l'occasion de l'approbation donnée à l'ouvrage de *l'Esprit*. Le panégyriste s'en est adroitement tiré.

Le premier mémoire lu est celui de M. de Brequigny, envoyé à Londres pour y faire des recherches d'anciens titres appartenant à la France: il rouloit sur notre histoire.

On a lu un mémoire sur l'or coronnaire, espece d'impôt chez les Romains, par M. Bouchaud.

La séance a été terminée par la lecture d'un mémoire de M. Gaultier de Sibert, sur la question : *S'il y a eu un ordre de citoyens qu'on puisse appeller le tiers-état, sous les deux premieres races de nos rois.*

L'académie a ensuite annoncé le prix proposé pour la Saint-Martin 1768 : il s'agit d'examiner *quels furent les noms & les attributs divers de Jupiter chez les différents peuples de la Grece & de l'Italie ? Quelles peuvent être l'origine & les raisons de ces attributs ?*

L'académie a déclaré que l'objet de cette fondation de M. de Caylus, faite en 1754, est de procurer aux artistes des éclaircissemens sur le costume des anciens.

29 *Avril* 1767. L'académie des sciences a fait aujourd'hui sa rentrée publique.

M. de Fouchy, secretaire perpétuel, a annoncé que parmi les pieces envoyées pour concourir au prix proposé *sur la meilleure méthode de trouver l'heure en mer*, l'académie a distingué une dissertation à laquelle l'auteur avoit joint une horloge marine, qui paroît propre à remplir ses vues; mais comme il est à propos qu'elle soit essayée sur mer avant de prononcer, l'académie a remis ce prix, &c.

M. de Fouchy a lu enſuite la notice des arts publiés par l'académie, pendant le cours de l'année: ils ſont au nombre de ſix. L'art de friſer les étoffes, & l'art de faire les tapis de Turquie par M. Duhamel; ceux de la fabrication des cuirs de Hongrie & du maroquin, par M. de la Lande; l'art du chaufournier, par M. Fourcroi, ingénieur à Calais; & la premiere partie de celui de la facture d'orgues, pas Don *Bedos*, religieux bénédictin de la congrégation de St. Maur.

M. de Chabert a rendu compte de la ſuite des obſervations qu'il a faites ſur les côtes de la Méditerranée, en Italie & en Afrique, pour déterminer, par les méthodes aſtronomiques, la poſition des lieux les plus importants à connoître dans ces parages. Cette lecture a été ſuivie de celles du diſcours préliminaire que M. l'abbé Chappe ſe propoſe de mettre à la tête de la relation de ſon voyage en Sybérie, qui eſt actuellement ſous preſſe.

M. Cadet lut enſuite de nouvelles expériences chymiques ſur la bile de l'homme & des animaux.

30 *Avril* 1767. On écrit de Stokholm du 13 mars, qu'on y a publié un édit du roi *concernant la liberté de la preſſe*: il eſt daté du 2 décembre 1766; il porte qu'il ſera permis à tout particulier d'écrire & de raiſonner ſur toutes ſortes de matieres, ſur toutes les loix du royaume, & ſur leur utilité ou leur mauvaiſe influence; ſur toutes les alliances du royaume, anciennes ou nouvelles, avec les puiſſances étrangeres; ſur eurs bons ou mauvais effets; ſur les propoſitions

à faire pour en conclure de nouvelles, & sur la publicité de ces alliances, à l'exception de leurs articles secrets.

30 *Avril* 1767. Bien des gens réclament contre l'histoire du Port-Royal, qu'on attribue au fameux Racine : on assure qu'elle n'est point de lui.

30 *Avril* 1767. Deux nouvelles productions de M. de Voltaire continuent à entretenir le public sur son compte. L'une a pour titre *les Honnêtetés Littéraires*, & l'autre *Zapata* : la premiere roule sur les querelles des auteurs & sur la façon décente & polie dont ils traitent leurs différends. L'autre est un résultat de différentes questions théologiques que notre philosophe résout ; & Dieu sait quelle est la théologie de M. de Voltaire !

1 *Mai* 1767. M. Wilkes, cet Anglois renommé par les persécutions qu'il a essuyées à Londres, y étoit retourné cet hiver dans l'espoir de rentrer en grace ; mais les espérances dont on l'avoit leurré, s'étant trouvées destituées de fondement, il est revenu à Paris, où il distribue depuis quelque temps une *Lettre au duc de Grafton* : elle est en Anglois, noble, modérée & ferme ; elle contient un détail curieux de sa disgrace, dont il prétend que les gazettes n'ont rendu qu'un compte infidele.

2 *Mai* 1767. Carlin, l'arlequin de la comédie Italienne, se trouve encore très-malade & hors d'état de pouvoir jouer peut-être jamais ; on en a fait venir un d'Italie, qui doit le remplacer incessamment.

2 *Mai* 1767. Quoi qu'on ait ici le 2e. & le 4e. chant de la guerre de Geneve ; ceux qui en

font poffeffeurs, ne veulent pas en laiffer prendre des copies, dit-on, par égard pour l'auteur: quelqu'orduriers & quelques méchants que foient ceux que l'on connoît, on prétend que ceux-ci enchériffent encore.

3 *Mai* 1767. M. de Voltaire a écrit une lettre à M. Élie de Beaumont, avocat au parlement de Paris, en date du 20 mars 1767 : elle loue ce jurifconfulte d'avoir pris généreufement en main la caufe de la famille des *Sirvens*. Elle eft écrite avec cette onction, ce pathétique, qui coulent fi naturellement de la plume de ce grand écrivain lorfqu'il prêche l'humanité & défend les droits de l'innocence opprimée.

4 *Mai* 1767. *Guillaume Tell*: c'eft une lettre de M. le baron de *Zurlauben*, avantageufement connu dans la république des lettres par fon hiftoire militaire des Suiffes. Cette lettre a été écrite au fujet de la tragédie de M. le Mierre, fur le célèbre fondateur de la liberté des Suiffes. M. le baron de Zurlauben fait l'hiftoire de cet événement, & entre dans un détail où il n'étoit guère poffible que le poëte entrât, quoiqu'il ne fe foit point écarté dans fa tragédie de la vérité hiftorique. On trouve dans cette lettre des autorités qui conftatent l'événement de Tell, qu'un écrivain avoit voulu faire révoquer en doute; elle contient tout ce qui s'eft paffé avant & après la conjuration.

5 *Mai* 1767. Comme on difputoit à un fouper fur le nombre des chants du poëme de la guerre de Geneve, M. Cajot, auteur déja connu par quelques ouvrages, foutint qu'il en exiftoit fept;

on lui contesta beaucoup le fait; il soutint qu'il le prouveroit, & qu'il avoit le 7e. chant en sa possession. La dame du logis le défia; il accepta le cartel, & promit qu'il le lui enverroit le lendemain. De retour chez lui, il fabriqua ce chant durant toute la nuit, & tint parole. Le lendemain matin il l'envoie à la dame; quoi qu'on y voie une maniere différente, on y trouve des choses plaisantes.

6 *Mai* 1767. M. Chauveau vient de faire imprimer une comédie en cinq actes & en vers, intitulée *l'Homme de Cour*: il se plaint amérement dans la préface des difficultés à faire parvenir une piece aux comédiens & à obtenir leur jugement.

7 *Mai* 1767. M. de Voltaire persiste, ce semble, à vouloir ensevelir la religion avec lui, ou avant lui: il vient de faire paroître le *Recueil nécessaire*, espece d'arsenal infernal, où, non content de déposer toutes les armes qu'a fabriquées son impiété, il ramasse encore celles des plus cruels ennemis de tout dogme & de toute morale. Il contient:

1°. Une analyse de la religion chrétienne, par M. Dumarsais, logicien aussi redoutable par ses raisonnements éloquents & sa dialectique vigoureuse.

2°. La confession du Vicaire Savoyard, de M. Rousseau.

3°. Le dialogue d'un honnête homme & d'un Caloyer, dont on a déja parlé.

4°. Le Sermon des Cinquante, aussi connu.

5°. Examen important, attribué à milord Bolingbroke, mais en effet M. de Voltaire: c'est un développement du Sermon des Cinquante, où, avec autant d'éloquence & d'érudition, l'auteur a joint plus de raisonnement.

6°. Lettre de milord Bolingbroke, qui est peu de chose.

7°. Dialogue entre le raisonneur & l'adorateur, ouvrage trop frivole pour le sujet, trop grave pour le titre.

8°. Dialogue d'Epictete & de son fils.

8 1767. Les amateurs du théatre Italien trouvent que l'Arlequin débutant a trop conservé du jeu de sa patrie: il est balourd, niais & sot, & nous exigeons ici beaucoup de finesse dans le jeu, de souplesse dans le geste, de légéreté dans les attitudes, de gentillesse dans toute l'action, de saillies naïves dans le dialogue, de talents même accessoires pour amuser; il est pourtant des gens auxquels il a plu; d'ailleurs on espere qu'il se formera.

9 *Mai* 1767. On écrit de Rome qu'on vient d'y défendre, par un édit de la congrégation du saint office, la vente & la lecture d'un livre écrit en François, qui a pour titre: *de l'Autorité du Clergé & du Pouvoir du Magistrat Politique sur l'exercice des fonctions Ecclésiastiques.*

10 *Mai* 1766. *Les Homelies prononcées à Londres en* 1765. Cet ouvrage est encore sorti de la plume féconde de M. de Voltaire: il y a 4 homelies; la 1ere. roule sur le théisme, qu'il combat mal; la 2e. sur la superstition, qui n'est autre chose que les raisonnements & les détails pathétiques, vus déja dans son traité de la tolérance; les 3e. & 4e. roulent sur l'ancien & le nouveau testament, qu'il examine, qu'il discute, & où il se rappelle tout ce qu'on a déja lu dans son Sermon des Cinquante, dans son Dictionnaire Philosophique & ailleurs, &c.

11 *Mai* 1767. Il paroît deux volumes des mémoires de madame la marquise de Pompadour, écrits par elle-même : ils contiennent des portraits de la cour assez bien faits, des détails curieux de politique, peu de galanterie & de l'intérieur du commerce entre les deux amants : du reste le style est lâche & négligé, soit qu'il soit en effet de l'héroïne, soit qu'on ait voulu lui donner plus de vraisemblance par cette affectation. Ces mémoires ne vont que jusqu'au commencement de la derniere guerre.

12 *Mai* 1767. Extrait de la lettre du roi de Pologne à madame Geoffrin, en date du 20 mars 1767, au sujet de Mlle. Clairon.

« On me dit que les partisans même du spectacle me plaignent de dépenser tant d'argent pour ces plaisirs dans des temps malheureux; il est certain qu'avec le retranchement de ces frais je n'aurai pas plus de quoi soudoyer une armée, que le renvoi même de mes comédiens sera dispendieux : il est aussi sûr que je me prive d'un plaisir que j'aime & sur-tout de celui de voir Mlle. Clairon. Mais qu'importe ? Nous devons nous sacrifier à la voix publique, quand il est nécessaire de prouver que nous sentons & partageons les calamités de la patrie. Chaque individu doit s'immoler pour les autres, & je leur donne volontiers l'exemple, &c. »

16 *Mai* 1767. Le *Zapata* est un bachelier de Valladolid, que monsieur de Voltaire suppose proposer à la junte des docteurs de Salamanque un nombre de questions qui l'embarrassent dans l'ancien & le nouveau testament. Ce sont toutes

les contradictions, toutes les absurdités, toutes les horreurs, & même toutes les impiétés qu'il a déja relevées dans son *Dictionnaire Philosophique*, & dans les différents ouvrages qu'il a donnés depuis qu'il s'est livré à la théologie & à la métaphysique. En général, il ramene ce qu'il a dit vingt fois ; mais son sarcasme est toujours piquant, & réveille le goût des lecteurs pour des matieres remâchées trop souvent. M. de Voltaire prétend que l'original de ces doutes est dans la bibliotheque de Brunswick. Ils sont au nombre de soixante-sept, & l'on juge bien que les sages maîtres restent sans réponse.

17 *Mai* 1767. M. l'abbé Cerutti, ci-devant jésuite, & qui dès vingt-quatre ans s'étoit attiré une sorte de considération par l'apologie de son ordre, ouvrage plus rempli de feu que de logique, par une inconséquence méprisable, s'est offert à prêter le serment de renonciation à l'institut, quand il l'a vu proscrit irrévocablement. On n'a point voulu l'admettre, & les honnêtes gens se sont révoltés contre cette sorte d'apostasie. Il a été obligé de sortir du royaume, & trois femmes de la cour, engouées de lui, lui ont fait 1,000 écus de pension : madame la maréchale d'Estrées est à la tête.

C'est ce même jésuite qui, étant venu à Paris lors de la dissolution de l'ordre, excita quelques craintes de la part du gouvernement & du public en général ; on trouvoit mauvais qu'on tolérât en France un homme qui venoit de sonner le tocsin en faveur de son ordre : *Ne craignez rien*, disoit Duclos à tout le monde, *les premieres personnes qu'il a vu à Paris sont d'Alembert & moi.*

18 *Mai* 1767. On parle du mariage de M. Sedaine avec des circonstances très-romanesques. Il a épousé la fille d'un avocat au conseil mort ; & la mere n'ayant jamais voulu consentir à cet hymen, l'amante a fait des sommations respectueuses. Mais le plus héroïque, c'est la façon dont elle a résisté aux offres séduisantes d'une ancienne inclination du poëte maçon. Cette femme se nommoit madame le Comte, espece de bel-esprit femelle, avec qui vivoit M. Sedaine. Celui-ci lui ayant déclaré son projet, madame le Comte pleure, sanglote, jure qu'elle en mourra. L'amoureux ne tient compte de ces menaces. Elle se tourne du côté de la demoiselle, va la trouver, & lui demande en grace de différer d'un an ; elle lui offre 50,000 livres, si elle se rend à sa poposition. La jeune personne refuse, & le mariage s'est fait. Madame le Comte en est morte de chagrin peu de temps après.

20 *Mai* 1767. On annonce *Hirza* ou les *Illinois*, tragédie en cinq actes de M. de Sauvigny. L'auteur réclame d'avance un plagiat dont il accuse M. de Voltaire : il prétend que lui Sauvigny avoit donné sa piece à examiner au sieur le Kain, au carême 1766 ; que cet acteur la porta avec lui dans la vacance de pâque chez M. de Voltaire, qu'il fut voir. Qu'en ayant parlé à ce grand poëte, & lui ayant témoigné le regret qu'il n'eût pas traité un pareil sujet, il excita sa curiosité. Que M. de Voltaire demanda à voir le manuscrit ; qu'il dépeça bien vîte cette composition, & fabriqua en peu de temps les *Scythes*; qu'il a ensuite abusé de son crédit & de sa réputation, pour retarder la piece de M. de Sauvigny, & faire passer la sienne.

21 *Mai* 1767. A l'occasion de ce qui s'est passé en France relativement aux jésuites, on renouvelle les vers qui furent faits dans le temps de leur premiere proscription, & qui sont de l'abbé de la Bletterie. Nous les avons cités. Les plaisants qui s'amusent de tout, appliquent à la centurie suivante de *Nostradamus* l'événement d'Espagne. Voici la prophétie :

Honni du Coq & du Papegai,
A l'entonnoir d'Inde hypocrite,
Quatre chiffres faisant trois sept
Par Castillan comble détruite.

1767

2 *Mai* 1767. M. Marchand, connu par plusieurs plaisanteries ingénieuses, a voulu s'égayer sur le compte de M. de Marmontel : il a fait *Hilaire*, espece de parodie de *Bélisaire*. M. Marchand n'est plus jeune, & sa plume s'appesantit. Cette facétie ne fait point rire.

25 *Mai* 1767. *Histoire de la Prédication, ou la maniere dont la parole de Dieu a été prêchée dans tous les siecles : ouvrage utile aux prédicateurs, & curieux pour les gens de lettres; par Joseph Romain Joly*. On trouve à la tête de cet ouvrage une lettre, où l'auteur réfute la brochure de l'abbé Coyer, intitulée *la Prédication*. Cet ouvrage est écrit d'un style pur : la lecture en est intéressante, instructive, &c. On y trouve un tableau curieux de la maniere dont la parole de Dieu a été prêchée.

27 *Mai* 1767. Les comédiens François ont donné aujourd'hui *Hirza*, ou les *Illinois*. La piece a été fort applaudie pendant les trois pre-

miers actes ; dès le quatrieme , on a remarqué les reins du poëte foiblir tout-à-coup ; & deux coups de poignards qui ont absolument raté leur effet dans le cinquieme , ont changé en pompe funéraire ce triomphe prématuré.

30 *Mai* 1767. On écrit de Londres que J. J. Rousseau s'est brouillé avec son hôte , & que dans son humeur noire il lui a écrit une lettre semblable à celle à M. Hume, en lui disant un éternel adieu, ainsi qu'à l'Angleterre, qu'il se dispose à quitter incessamment.

30 *Mai* 1767. Il paroît un nouveau mémoire de M. de la Chalotais, plus volumineux que les autres : il contient plus de faits, & détaille avec toute la clarté possible l'affaire, origine des persécutions qu'il éprouve. Ce mémoire est plus circonspect , & n'a pas l'éloquence véhémente des autres.

1 *Juin* 1767. Dom Pernetti, savant bénédictin, un de ceux qui étoient , il y a quelque temps, pour la sécularisation de son ordre, va en Prusse comme bibliothécaire du roi : en conséquence, il se met en cavalier.

2 *Juin* 1767. Il paroît les tomes XXIV & XXV des *Vies des Hommes Illustres de la France* , par le nouveau continuateur M. *Turpin*. Cet historien est très-propre à remplacer ses prédécesseurs : son style joint à la clarté & à la pureté une noblesse peu commune , une élégance qui enchante ; rien de bas, de trivial ou de foible, il est élevé, mais aussi éloigné de l'enflure que de la superfluité. Tout ornement y est naturel & naît de la chose même. Ces deux volumes contiennent la vie de Louis de Bourbon, deuxieme du nom , prince de Condé.

4 Juin 1767. Il paroît depuis quelques jours dans le public une *Lettre d'un actionnaire de la compagnie des Indes à MM. les commissaires nommés à l'assemblée du 5 avril dernier.* Cet écrit est très-intéressant comme politique, discute avec vivacité l'état actuel de cette compagnie, & traite si mal les administrateurs, qu'ils ont obtenu du gouvernement une recherche sévere sur les différents exemplaires qui s'en répandent.

5 Juin 1767. M. Merian, de l'académie royale de Prusse, vient de traduire en prose *l'enlevement de Proserpine*, poëme de Claudien, précédé d'un excellent discours sur le poëte & sur l'Epopée en général, & sur les plus illustres des poëtes épiques. Malgré la chaleur, les graces & l'élégance du style de cette traduction, on ne peut que savoir mauvais gré à l'auteur d'avoir si mal employé ses talents.

6 Juin 1767. M. de la Condamine, cet homme singulier, est attaqué d'une maladie unique, & qui semble faite pour lui. Il a une paralysie sur les sens, c'est-à-dire, que ses organes conservent le même jeu, la même activité, mais sans énergie, sans que son ame ressente rien de ce qu'ils éprouvent. Il marche, il ne sait si c'est sur du pavé, ou sur de la laine. Il mange & ne peut distinguer quelle sorte d'aliments. Le parfum des fleurs & les odeurs les plus désagréables sont la même chose pour lui. Ses yeux paroissent lui être le seul sens fidele. Quant à l'ouie, on sait qu'il l'a perdue depuis long-temps. Enfin ce sixieme sens, *tactus, heu tactus, divum proh numina sancta!* est aussi ingrat que les autres : ses muscles vigoureux s'acquittent de leurs fonctions, mais ne rendent point à son ame le plaisir qu'ils ont donné. Il a consulté M. Tronchin, qui dit n'avoir aucune connoissance de cette étonnante situation.

7 *Juin* 1767. On écrit d'Angleterre en effet, que J. J. Rousseau, après s'être brouillé avec M. Daremport, son hôte, lui a écrit une lettre dans le goût de celle à M. Hume, où il lui dit un éternel adieu, ainsi qu'à la Grande-Bretagne. Il a dû s'embarquer le 22 mai pour revenir en France, ou du moins pour la traverser, & se rendre d'abord à Amiens, où ses amis l'attendent. On assure que sa tête est bien affoiblie, & sa conduite & son silence paroissent le confirmer.

8 *Juin* 1767. M. de Chamfort vient de faire imprimer une Ode sur *la grandeur de l'homme*, qui a remporté le prix par le jugement de l'académie des jeux floraux de Toulouse. Nous osons dire que cette ode seroit digne du célebre Rousseau.

8 *Juin* 1767. Les nouveaux directeurs de l'académie royale de musique se disposent à remettre demain au théatre l'opéra d'*Hypolite & Aricie* de Rameau, réduit en quatre actes. Ils esperent que l'action en sera plus vive, & que le public n'aura pas à s'en plaindre.

10 *Juin* 1767. La premiere représentation d'*Hypolite & Aricie* a eu un plein succès & fait honneur au goût & à l'intelligence des nouveaux directeurs. On a beaucoup applaudi au nouvel air du sieur Boyer, jeune musicien & excellent compositeur. Cet air, chanté par le sieur le Gros, & accompagné par le sieur Rodolphe, célebre cor-de-chasse, a produit le plaisir le plus vif. On a admiré la nouvelle chaconne

pleine de chant & d'harmonie, de la composition de M. Garinies, célebre violon. La Dlle. Gardel, jeune danseuse, d'une figure gracieuse & théatrale, sœur du danseur de ce nom & son éleve, a débuté avec succès par une entrée ; elle a fait entrevoir des talents supérieurs pour la danse noble, dans le genre de la fameuse Dlle. Salé.

11 *Juin* 1767. On écrit d'Amiens que Rousseau s'est rendu dans cette ville, que ses partisans l'y ont accueilli avec tout l'enthousiasme qu'il est capable d'inspirer ; que certains même avoient proposé de lui rendre des honneurs publics & de lui offrir les vins de ville : qu'un homme plus sage a représenté de quelle conséquence seroit un pareil éclat en faveur d'un accusé, dans les liens des décrets & dans le ressort du même parlement qui l'a décreté. On s'est contenté de le fêtoyer à huis clos, & il s'est rendu à Fleury, où il est chez M. de Mirabeau, l'auteur de *l'Ami des Hommes*. On continue d'assurer que le moral se ressent chez lui beaucoup du physique, qui est en très-mauvais état.

23 *Juin* 1767. Mlle. Gaussin, cette héroïne du théatre François, dont les talents & les graces ont été si chantés, est morte il y a quelques jours d'une maladie de langueur. Elle avoit quitté la comédie, il y a plusieurs années, & cette aimable actrice n'a pas encore été remplacée. Elle réunissoit aux charmes de la figure le son de voix le plus intéressant & le jeu le plus naturel, avec cette sensibilité d'ame qui va au cœur. Elle avoit épousé, il y a plusieurs années, un danseur nommé *Tavolaygo*, qui la rouoit de coups, & est mort heureusement avant elle.

15 *Juin*

15 *Juin* 1767. Mlle. Clairon avoit pris sous sa protection un jeune homme de seize ans, de la plus jolie figure du monde. Elle en vouloit faire un acteur, & lui donnoit elle-même des leçons de déclamation; elle se complaisoit à le former. Il paroissoit répondre à ses vues; ses talents se développoient, ainsi que sa beauté. Elle l'avoit surnommé *l'Amour*. Il n'étoit connu que sous ce nom. Par une de ces fatalités qui corrompent toutes les joies humaines, ce jeune sujet s'est hasardé à prendre des leçons d'un autre genre & d'une autre maîtresse. La jalousie s'est allumée dans le cœur de la moderne Calypso, & dans ses emportemens elle a renvoyé notre *Amour* nu, comme l'est ce Dieu. Une pareille expulsion a donné lieu à beaucoup de commentaires parmi l'ordre des actrices & les filles du haut style; elles se sont répandues en réflexions les plus malignes sur la conduite de Mlle. Clairon.

16 *Juin* 1767. *Lettre au docteur Maty, secretaire de la société royale de Londres, sur les géants Patagons, in-12.* On attribue cette brochure à M. l'abbé Coyer. Après une dissertation agréable, légere & savante sur l'existence des géants Patagons, certifiée par plusieurs voyageurs & contredite par d'autres; après en avoir soutenu la possibilité, l'auteur, en attendant les éclaircissements que les Anglois ont envoyé prendre sur les lieux, a imaginé d'écrire leur histoire avant d'en avoir les matériaux. Cette histoire est une critique fine de nos mœurs, de nos usages, de notre éducation, de notre façon de vivre, de quelques-unes de nos loix.

17 *Juin* 1767. On parle beaucoup d'un libelle,

intitulé : *Caufes de la décadence de l'empire François, fous le regne de Louis XV, & fous le miniftere de M. le duc de Choifeul.* On attribue ce livre à un ex-jéfuite, qui l'a compofé dans Avignon, & l'on affure que le gouvernement l'a fait arrêter dans cette ville avec le plus grand éclat : que fur le refus du legat de s'affurer de la perfonne de cet auteur & de le livrer, on avoit fait marcher le régiment de Beaufremont qui l'a enlevé de force. On l'a conduit ici, & on le dit à la Baftille.

19 *Juin* 1767. On vient d'imprimer deux brochures, qui fe débitent avec avidité, & font extrêmement recherchées par la police.

1°. *Témoignages des différents ordres de la province de Bretagne fur la néceffité de rétablir le parlement de Rennes dans fon univerfalité.*

2°. *Recueil des délibérations, arrêtés, remontrances & repréfentations du parlement fur les affaires de Bretagne.*

On trouve fur-tout dans le dernier de ces ouvrages intéreffants, comme hiftoriques & politiques, des traits de la plus grande éloquence & dignes de Démofthenes & de Cicéron.

21 *Juin* 1767. M. l'abbé de Condillac eft de retour de Parme. Cet auteur, connu par différents ouvrages, avoit été nommé inftituteur de l'infant aujourd'hui régnant. Il fe promettoit beaucoup de chofes de fa place. Il paroît que fon ambition n'a pas été fatisfaite : ni cordon, ni prélature, ni dignité, nul veftige de cet honorable préceptorat. Il rentre obfcurément dans la claffe d'hommes de lettres dont il avoit voulu fe tirer. On prétend que fon inconduite

& ses galanteries ont effarouché la cour austere dont il sort.

22 *Juin* 1767. On a repris aujourd'hui *Hirza ou les Illinois*: malgré tout le temps qu'a eu l'auteur de refondre sa piece, il n'en a pas profité : il s'est contenté de quelques changements au dernier acte.

M. de Sauvigny, ayant rencontré M. le Mierre, il lui demanda s'il avoit pleuré ? Celui-ci lui dit que non, mais bien qu'il avoit sué.

23 *Juin* 1767. Le particulier arrêté à Avignon, & dont on a parlé, est sorti de la Bastille, s'étant justifié de faits qu'on lui imputoit. Il paroît qu'il a été victime de gens qui ont cherché à le perdre, en l'accusant comme auteur d'un ouvrage qu'il n'a pas fait, & qui peut-être n'existe pas. On assure que le ministere, touché de ses malheurs, veut l'en dédommager en profitant de ses talents.

23 *Juin*. L'inquisition sur la librairie s'étend plus que jamais, & l'on sévit avec une vigueur sans égale. On prétend que Bicêtre regorge de plus de cinquante colporteurs.

24 *Juin* 1767. L'*Indiculus*, contenant les propositions extraites du chapitre XV de *Bélisaire*, n'a pas fait fortune. La faculté s'est couverte d'un nouveau ridicule, & l'on vient de démontrer l'absurdité du travail des commissaires, dans un écrit intitulé : *Les trente-sept vérités opposées aux trente-sept impiétés de Bélisaire, par un bachelier Ubiquiste*. On fait voir que dans ce grand nombre d'assertions il s'en trouve à peine quelques-unes susceptibles de censure. Le corps même de théologie réprouve cet extrait, où l'on semble avoir pris à tâche des hérésies par-

tout. Les sages maîtres sont décontenancés par ce début, qui ne met pas les rieurs de leur côté; & l'on croit qu'ils prendront le parti d'en rester là & de laisser tomber dans l'oubli cette misérable guerre de chicane, dont ils auroient pu se tirer victorieusement, en traitant la matiere en grand, sans s'appésantir sur les détails.

27 *Juin* 1767. Il se répand une espece de *mémoire de faits concernant le prince de Tunis*: canevas de roman d'autant plus intéressant, que le rédacteur [M. Belot, avocat] le prétend vrai. Il contient un précis de l'histoire de ce prince, victime de l'infame trahison d'un religieux Dominicain Portugais, qui abusa de la confiance du roi, pere de cet enfant, confié à ses soins, pour s'emparer de toutes ses richesses & de ses esclaves, après être parti avec lui sous prétexte de le conduire en Europe & de l'y former à nos arts & à nos sciences. Cet enfant royal, dénué de tout, sans secours, sans pouvoir se faire entendre, est obligé pour subsister de se prêter aux plus vils ministeres. On sent combien ces situations prêtent à l'imagination, d'autant mieux que l'avocat n'a point cru devoir faire aucun usage de la sienne, & a rendu les faits séchement & sans aucun pathos dont il auroit pu faire usage.

28 *Juin* 1767. Mlle. de la Chassaigne, jeune actrice de la comédie Françoise, & niece de Mlle. de la Mothe, ancienne coryphée de ce théâtre, est aujourd'hui l'objet de l'attention & de la jalousie de toutes ses camarades. Quoique peu jolie & d'un talent très-médiocre, elle a été honorée des faveurs d'un jeune prince [de Lamballe] nouvellement marié, & elle porte dans

ses flancs le fruit de cette union féconde. Le père du héros, très-religieux, a pris toutes les informations nécessaires pour constater la vérité & la légitimité du fait. En conséquence il a fait assurer l'actrice de sa protection, & l'on est à régler son sort, ainsi que celui de l'enfant à naître.

30 *Juin* 1767. L'académie royale de musique a remis sur son théâtre aujourd'hui *le Carnaval du Parnasse*, paroles de Fuzelier & musique de Mondonville. Le public a été très-satisfait de la maniere dont cet opéra est repris & exécuté. La gaieté du spectacle, la variété des airs saillants & gracieux, le pittoresque des danses ont réuni tous les suffrages.

1 *Juillet* 1767. J. J. Rousseau n'a passé que huit jours à Amiens, où, comme on l'a dit, il a été fort couru & fort célébré. M. le prince de Conti l'a envoyé chercher à mi-chemin d'Amiens à Paris, & l'on présume qu'il est à présent à l'Isle-Adam : il déclare avoir renoncé à écrire, & paroît ne s'occuper aujourd'hui que de botanique.

2 *Juillet* 1767. M. Baculard d'Arnaud, grand romancier, après avoir long-temps raconté les aventures de divers héros de galanterie, vient de terminer les siennes, ou plutôt de consommer son propre roman, par son mariage avec Mlle. Chouchou, marchande de modes.

3 *Juillet* 1767. M. Collé vient de recueillir ses différentes pieces de théatre, sous le titre de *Théatre de Société*. Le premier volume contient : *Partie de chasse de Henri IV. Le Rossignol. La Veuve, & le Galant Escroc*. Il annonce un autre volume pour l'année prochaine

Le *Galant Escroc* est un drame charmant en deux actes & en prose. C'est le conte de la Fontaine, accommodé au théatre avec tant de délicatesse, avec un naturel si vrai, si simple, que la Fontaine n'eût pu qu'applaudir à ce badinage. Nous avons parlé des autres comédies. Celle-ci est précédée des *Adieux de la Parade dans la Société* [c'est-à-dire, à Bagnolet], pour laquelle ces drames ont été composés. On avoit représenté quelques *parades* : on s'en dégoûta bien vîte ; ce qui donna lieu à ces *Adieux*.

4 Juillet 1767. Sellius, ce savant en *us*, connu par de très-grands ouvrages & par sa vaste érudition, mais sur-tout par le premier projet qu'il apporta en France en 1743 de l'*encyclopédie*, vient de mourir à Charenton misérable & fou.

5 Juillet 1767. Vers à madame de Richelieu, abbesse de l'abbaye aux Bois, présentés par mademoiselle de Montmorency, âgée de neuf ans.

J'entends dire de tous côtés
Qu'on n'a point de raison quand on est à mon âge.
Cependant je connois le prix de vos bontés,
J'admire vos vertus, on ne peut davantage.
Je vois de votre cœur les grandes qualités :
   Quant à votre esprit, je l'avoue,
   J'y crois comme je crois en Dieu,
   Parce que chacun vous en loue,
   Et que vous êtes Richelieu.

6 Juillet 1767. M. Linguet, avocat connu par divers ouvrages de littérature & par une plume énergique, vient de donner *la Théorie des Loix*

1 *vol. in-12*. On sent qu'il est dangereux de courir une pareille carriere après M. de Montesquieu. Aussi l'auteur, pour s'en écarter, a-t-il été obligé de se jeter dans des systêmes aussi singuliers qu'absurdes. Mais que ne soutient-on pas dans ce siecle audacieux ? M. Linguet ose avancer que le despotisme est le gouvernement le plus favorable & le plus naturel. La plume tombe des mains en écrivant cette assertion exécrable.

7 Juillet 1767. Un chirurgien de Spalding, dans le comté de *Lincoln*, ayant écrit en latin une lettre à M. Rousseau, dans laquelle il lui marque qu'il seroit charmé de converser avec lui à l'occasion d'une de ses dernieres productions, qui, quoique condamnée par beaucoup de gens, a plu infiniment à lui chirurgien; le Genevois lui a fait la réponse suivante.

A Spalding, le 13 Mai 1767.

Vous me parlez, Monsieur, dans une langue littéraire de sujets de littérature, comme à un homme de lettres ; vous m'accablez d'éloges si pompeux, qu'ils sont ironiques, & vous croyez m'enivrer d'un pareil encens. Vous vous trompez, Monsieur, sur tous ces points. Je ne suis point homme de lettres ; je le fus pour mon malheur. Depuis long-temps j'ai cessé de l'être. Rien de ce qui se rapporte à ce métier ne me convient plus. Les grands éloges ne m'ont jamais flatté. Aujourd'hui sur-tout que j'ai plus besoin de consolations que d'encens, je les trouve bien déplacés. C'est comme si, quand vous allez voir un pauvre malade, au lieu de le panser, vous lui faisiez des compliments. J'ai livré mes écrits à la censure publique, elle les traite aussi sévérement que ma personne. A la bonne heure ! je ne prétends point avoir eu raison. Je sais seulement que mes intentions étoient assez droites, assez pures, assez salutaires, pour devoir m'obtenir quelqu'indulgence. Mes erreurs peuvent être grandes : mes sentiments auroient dû les racheter. Je crois qu'il y a beaucoup de choses sur lesquelles on n'a pas voulu m'entendre. Telle est, par exemple, l'origine du droit naturel, sur laquelle vous me prêtez des sentiments qui n'ont jamais été les miens. C'est ainsi qu'on aggrave mes fautes réelles de toutes celles qu'on juge à propos de m'attribuer. Je me tais devant les hommes, & je remets ma cause entre les mains de Dieu, qui voit mon cœur. Je ne répondrai donc, Monsieur, ni aux reproches que vous me faites au nom d'autrui, ni aux louanges que vous me donnez de vous-même. Les uns ne sont pas plus mérités que les autres. Je ne vous rendrai rien de pareil, tant parce que je ne vous connois pas, que parce que j'aime à être simple & vrai en toutes choses. Vous vous dites chirurgien : si vous m'eussiez parlé de botanique, & des plantes que produit votre contrée, vous m'auriez fait plaisir, & j'en aurois pu causer avec vous ; mais pour de mes livres, & de toute autre espece de livres, vous m'en parleriez inutilement, parce que je ne prends plus d'intérêt à tout cela : je ne vous réponds point en latin, par la raison ci-devant énoncée. Il ne me reste de cette langue qu'autant qu'il en faut pour entendre les phrases de Linnæus. Recevez, Monsieur, mes très-humbles salutations.

8 Juillet 1767. Aujourd'hui M. l'abbé de la

Chapelle a fait un nouvel essai du scaphandre ou pourpoint de liege : c'est un habillement avec lequel il se tient dans l'eau, y prend toutes les positions possibles, boit, mange, fume une pipe, tire un coup de pistolet, &c. Tout cela s'est très-bien exécuté.

9 *Juillet* 1767. J. J. Rousseau n'a fait que passer l'Isle-Adam ; il est allé ensuite quelques jours à Fleury, chez M. de Mirabeau, l'auteur de l'*Ami des hommes*, où il est resté avec beaucoup de mystere : il est actuellement en Auvergne, dans le château d'un homme de qualité, qui a bien voulu l'y accueillir, & y ensevelir le délire & la misere de ce philosophe humilié.

11 *Juillet* 1767. On annonce *la Défense de mon Oncle*, nouvelle brochure de M. de Voltaire. Il y fait parler le neveu de l'abbé Bazin. On sait que *la Philosophie de l'Histoire* a été publiée sous le nom de ce dernier, personnage chimérique qui n'a jamais existé; & c'est ce livre qu'on veut défendre. On dit le mémoire très-plaisant. Mais malgré les prétentions de M. de Voltaire à rire & à faire rire, les gens sensés ne voient plus en lui qu'un malade attaqué d'une affection mélancolique, d'une manie triste, qui le rappelle toujours aux mêmes idées, suivant la définition qu'on donne en médecine de cet état vaporeux : *Delirium circà unum & idem objectum*.

12 *Juillet* 1767. Lettre écrite de St. Pétersbourg, par M. le comte d'O.... à M. J. J. Rousseau.

Vous ne serez point étonné que je vous écrive, car vous savez que les hommes sont enclins aux singularités. Vous avez les vôtres, j'ai les miennes ; cela est dans l'ordre. Le motif de cette lettre ne l'est pas moins. Je vous vois depuis long-temps passer d'un endroit à un autre : j'en sais les raisons par la voix publique, & peut-être les sais-je mal, parce qu'elles peuvent être fausses. Je vous écris en Angleterre chez M. le duc d'Enrichemont, & je suppose que vous y êtes bien. Cependant il m'a pris fantaisie de vous dire que j'ai une terre éloignée de soixante werstes de St. Pétersbourg, ce qui fait près de dix lieues d'Allemagne. L'air y est sain, l'eau admirable, les côteaux qui entourent différents lacs, forment des promenades agréables, très-propres à rêver. Les habitants n'entendent ni l'Anglois ni le François, encore moins le Grec & le Latin. Le curé ne sait ni disputer ni prêcher. Ses ouailles, en faisant le signe de la croix, croient bonnement que tout est dit. Eh bien, Monsieur, si jamais ce lieu là est de votre goût, vous pouvez y venir demeurer ; vous y aurez le nécessaire, si vous le voulez ; sinon vous vivrez de la chasse & de la pêche. Si vous voulez avoir à qui parler pour vous désennuyer, vous le pouvez ; mais en tout & sur-tout vous ne serez gêné en rien, ni n'aurez aucune obligation à personne. De plus, toute publicité sur ce séjour, si vous le souhaitez, pourroit être encore évitée ; & dans ce dernier cas, vous ferez bien, selon moi, si vous pouvez supporter la mer, de faire le trajet par eau ; aussi les curieux vous importuneront-ils moins sur ce chemin, que sur la route de terre. Voilà, Monsieur, ce que je me suis cru en droit de vous mander, d'après la reconnoissance que je vous ai des instructions que j'ai puisées dans vos livres, quoiqu'ils ne fussent pas écrits pour moi. Je suis, &c.

13 *Juillet* 1767. *Réponse de M. J. J. Rousseau à la lettre de Pétersbourg.*

Vous vous donnez, monsieur le Comte, pour avoir des singularités, & c'en est presque une d'être obligeant sans intérêt, & c'en est une bien plus grande de l'être de plus loin, pour quelqu'un que l'on ne connoît pas. Vos offres obligeantes, le ton dont vous me les faites, & la description de l'habitation que vous me destinez, seroient assurément très-capables de m'y attirer, si j'étois moins infirme, plus allant, plus jeune, & que vous fussiez plus près du soleil. Je craindrois d'ailleurs qu'en voyant celui que vous honorez d'une invitation, vous n'eussiez quelque regret. Vous attendriez un homme de lettres, un beau diseur, qui devroit payer d'esprit & de paroles votre généreuse hospitalité; & vous n'auriez qu'un bon homme, bien simple, que son goût & ses malheurs ont rendu fort solitaire, & qui, pour tout amusement, herborise toute la journée, trouve, à commercer avec les plantes, cette paix si douce à son cœur, que lui ont refusé les humains. Je n'irai donc pas, Monsieur, habiter votre maison; mais je me souviendrai toujours avec reconnoissance que vous me l'avez offerte, & regretterai quelquefois de n'y être pas, pour cultiver la bonté & l'amitié du maître. Agréez, monsieur le Comte, je vous supplie, mes remerciements très-sinceres & mes très-humbles salutations.

16 *Juillet* 1767. Quoique l'avidité de notre barreau ne prête plus aux grands mouvements de l'éloquence ancienne, il se trouve pourtant encore quelques occasions où nos avocats peu-

vent déployer les ressorts les plus brillants de l'art oratoire. M. Gerbier en a donné un exemple ce matin. Il faut savoir qu'un nommé *Des Vaux*, convaincu de friponnerie à l'égard de madame de la Bourdonnais, a été soustrait au supplice par égard pour sa famille. Ce malheureux a une femme honnête, qui n'avoit point trempé dans ses coquineries : séparée de biens de son criminel époux, elle a été dans le cas de soutenir un procès très-bien fondé contre le comte de Brancas. Son avocat adverse a eu la barbarie de rappeller à l'audience le crime de son mari, absolument étranger à la cause. Il croyoit par-là indisposer les juges contre elle; mais M. Gerbier qui avoit eu le courage de prendre sa défense, a tellement rétorqué cet argument, il a mis un tel pathétique dans sa replique, qu'il a fait fondre en larmes les auditeurs, les juges & même son adversaire : alors saisissant ce moment victorieux, il a redoublé de sentiment & d'énergie, il a tiré ses plus puissants moyens de ce spectacle attendrissant, & a gagné sa cause tout d'une voix.

17 *Juillet* 1767. On continue à spéculer sur les étranges opérations de M. J. J. Rousseau : on assure qu'il jouit d'un bien-être très-honnête. Il paroît constant qu'outre 1,800 livres de rentes qu'il a, il reçoit, malgré toutes ses réclamations, la pension du roi d'Angleterre, qui est de 2,000 livres.

19 *Juillet* 1767. *Les jeux de Simon de Montfort, ou les forfaits du parlement de Toulouse.* Tel est le titre d'un nouveau pamphlet de monsieur de Voltaire, où il attaque & combat le fanatisme & l'intolérance des magistrats en

queſtion. On ſent combien ce livre doit être défendu, & avec quelle précaution on empêche, autant qu'on peut, qu'il ne ſe multiplie. On ſait que Simon de Montfort fut le grand deſtructeur des *Albigeois*, ſorte d'hérétiques contre leſquels on fit alors une croiſade.

21 *Juillet* 1767. Le ſieur *Littres de Montigny* vient de publier le portrait de feue madame la dauphine, gravé par le même artiſte. Le tableau a le mérite de la reſſemblance, & l'allégorie en eſt ingénieuſe. La France tient le portrait de madame la dauphine, poſé ſur un autel antique, entouré de cyprès. Les Parques marquent leur douleur d'avoir tranché le fil de ſes jours. L'amitié unit les portraits du dauphin & de la dauphine. La Saxe déſolée, ſous la figure d'une femme, s'appuie ſur l'écuſſon des armes de la Saxe. Un génie éteint ſon flambeau, & pleure ſur l'urne funéraire. On lit au bas ces deux vers de M. Sabathier :

Sur elle en vain le ſort déchaîna ſon courroux,
Il ne put l'accabler qu'en frapppant ſon époux.

22 *Juillet* 1767. M. le Gentil, de l'académie des ſciences, qui eſt dans l'Inde depuis le voyage qu'il y avoit entrepris pour obſerver le paſſage de la planete de Vénus ſur le ſoleil en 1769, vient de faire ſavoir à cette compagnie, qu'il ſe rendra aux iſles Mariannes, pour y faire ſes obſervations, les iſles de la mer du ſud étant indiquées par l'aſtronomie comme les plus favorables.

22 *Juillet* 1767. On vient d'imprimer dans le plus grand détail tout ce qui s'eſt paſſé en Portu-

gal sur les jésuites lors de leur expulsion du royaume : tout cela n'apprend rien de nouveau, & ne peut-être bon que pour les ennemis aveugles de cette société, qui reçoivent avidement tout ce qui peut multiplier ses crimes & ses attentats.

23 *Juillet* 1767. L'*Esprit du Clergé* ou *le Christianisme primitif, vengé des entreprises & des excès de nos prêtres modernes. Deux volumes, traduction de l'Anglois, du célebre Gordon, auteur des Commentaires sur Tacite.* Quoique ce livre attaque spécialement le clergé d'Angleterre, comme son esprit est le même par-tout, on peut y trouver bien des reproches communs à celui des autres états. Il paroît fait solidement, mais le style n'a ni chaleur, ni énergie. En général l'ouvrage est diffus, minutieux, & ne peut avoir une grande vogue, malgré tout le mal qu'il dit des prêtres.

24 *Juillet* 1767. *La Défense de mon Oncle* est une brochure de plus de cent pages in-8°. C'est une plaisanterie particuliérement dirigée contre un M. Larcher, auteur obscur d'un prétendu *Supplément à la Philosophie de l'Histoire*, qui n'en est que la critique. M. de Voltaire, dont l'amour-propre s'égratigne facilement, accommode de toutes pieces ce piteux adversaire. Il enveloppe aussi dans cette facétie Freron & autres personnages, plastrons ordinaires de ses railleries. On ne peut refuser à cet écrit beaucoup de gaieté & même le feu de la jeunesse.

26 *Juillet* 1767. Le despotisme est le systême à la mode. Il paroît un gros livre in-4°., avec permission, intitulé *de l'Ordre naturel & essen-*

tiel des sociétés politiques, où l'on établit la même maxime que l'auteur de *la Théorie des loix*. Quelqu'adoucissement que celui-ci y apporte, sous quelque couleur qu'il présente cet abominable gouvernement, il ne peut que révolter tout ami de l'humanité. Cet ouvrage est écrit sans graces, avec sécheresse, & ne porte nul intérêt; mais il est savant & profond, très-métaphysique, c'est-à-dire, très-obscur.

L'auteur est M. Mercier de la Riviere, ci-devant conseiller au parlement & intendant de la Martinique. L'impératrice de Russie l'a invité de se rendre auprès d'elle, & l'aider à travailler à son code.

26 *Juillet* 1767. L'existence d'un certain livre, sur laquelle les bibliographes & les curieux n'étoient pas d'accord, est enfin constatée par divers exemplaires qui ont échappé à la vigilance du magistrat & des personnes intéressées à le proscrire & à en arrêter toute distribution. Il est intitulé, *les Sabbatines & les Florentines*. Il a 150 pages environ, est écrit avec autant de force que de noblesse, en forme de mémoire ou de roman, paroît n'embrasser d'abord que des intrigues amoureuses, mais est entrelardé d'anecdotes politiques, relatives aux deux personnages, auxquels on ne fait pas jouer de beaux rôles.

Ces jours derniers la police a fait une descente chez un M. *Samarie*, homme de lettres qui a été attaché cinq ans au héros de cette brochure. On a inventorié tous ses papiers. On le soupçonnoit d'avoir eu part à ce pamphlet très-diffamatoire, ou d'avoir au moins fourni des notes. On n'a rien trouvé qui l'inculpe, & on s'eſt retiré ſans lui déclarer le motif de cette inquiſition, qu'il préſume ſeulement, ne voyant rien autre choſe qui ait pu donner lieu à quelqu'accuſation contre-lui.

27 *Juillet* 1767. *Les honnêtetés littéraires* ſont au nombre de 26, formant une brochure d'environ 200 pages. M. de Voltaire, pour n'avoir pas l'air d'égoïſer trop, commence d'abord par venger quelques auteurs illuſtres de leurs ennemis. Il revient bientôt aux ſiens, entr'autres à un certain *Nonotte*, ex-jéſuite, qui a compoſé un livre intitulé *Erreurs de M. de Voltaire ſur les faits hiſtoriques & dogmatiques, &c.* & l'on eſt fâché de voir ce grand homme employer 30 pages à dire des injures à ce malheureux *Scribler*. Il donne lui-même le modele des groſſieretés qu'il reproche aux autres. Les mots de *Gueux*, de *Gredin*, de *Canaille*, &c. ſe reproduiſent trop ſouvent. C'eſt un champion qui d'abord entre en lice en riant, s'échauffe enſuite, éprouve enfin les mêmes fureurs convulſives de ſon adverſaire. La proſe eſt de temps en temps épicée de vers, encore plus piquants. On y lit entr'autres choſes une ſatire intitulée, *Montre Guignard*, qui n'eſt ſûrement pas une honnêteté littéraire

28 *Juillet* 1767. Dans une ſéance particuliere, l'académie Françoiſe a déclaré depuis quelques jours que M. de la Harpe avoit remporté le prix de cette année. Le ſujet étoit l'*Eloge de Charles V, roi de France.* Cet ouvrage ſera lu à l'aſſemblée publique du 25 août Au reſte, ce concours eſt à peu près comme le jeu de bague, quand on en a enfilé une, cela va tout

de luite. C'est pour la troisieme fois que M. de la Harpe est couronné. Il est *Laureat* de plusieurs autres académies.

29 *Juillet* 1767. M. Durosoy, auteur d'un *Siege de Calais* qu'il prétend de beaucoup antérieur à celui de M. de Belloy, a fait jouer cette piece aujourd'hui chez M. le duc de Grammont. Comme elle a été très-mal exécutée, elle perd beaucoup à la comparaison. Il faudroit qu'elle fût bien mauvaise pour être inférieure à celle qui a été applaudie & tant bassouée ensuite. Du reste, toutes deux sont imprimées, & l'on peut juger.

30 *Juillet* 1767. Il paroît une *Passion de Jesus-Christ*, en quatre dialogues & en vers. C'est vraisemblablement la même que nous avions annoncée sur le titre seul. Quoi qu'il en soit, les vers de celle-ci sont très-bien faits; on y remarque une sorte d'art, & l'on ne peut croire que ce soit une capucinade ou l'ouvrage d'un écolier. D'un autre côté, la noblesse, la décence qui regnent dans le poëme, ne doivent point faire suspecter l'auteur d'avoir voulu jeter du ridicule sur un mystere respectable, fût-ce, comme on le prétend, M. de Voltaire. Imaginons plutôt que voulant tenter tous les genres de travaux, il se sera imposé cette tâche difficile. Ainsi Corneille dans sa vieillesse mit en vers l'*Imitation*, ainsi Newton commenta l'*Apocalypse*.

1 *Août* 1767. *Les Ecosseuses de la halle*, ambigu poissard, en un acte, en vers libres, mêlé de vaudevilles & de danses, par M. Taconet, représenté pour la quatrieme fois sur le grand théatre des boulevards, le 25 juin 1767.

Ce Taconet paroît avoir hérité du talent de *Vadé* pour bien saisir les caracteres, les caricatures, les propos des femmes de la halle. Les *Ecosseuses de la halle* sont ici rendues d'après nature, avec une vérité dont quelques personnes s'amuseront par fantaisie. Le théatre représente d'abord la boutique d'un marchand d'eau-de-vie, ensuite le carreau de la halle. Il y a dans le cabaret beaucoup de gaieté & de chansons, & sur le carreau de la halle de la mauvaise humeur, des injures & des batteries; enfin le tout se termine par des chants & des danses.

2 *Août* 1767. M. de Voltaire, qui passe facilement d'un genre à l'autre, après avoir houspillé cette tourbe de petits auteurs qui se sont attirés son animadversion, donne des leçons aux rois & plaide la cause de l'humanité, dans une production nouvelle, intitulée : *Fragments des instructions pour le prince royal de....* Berlin, 1767. L'ouvrage contient 7 paragraphes, qu'on termine par un *N. B. le reste manque*. A la suite sont deux petits morceaux sur le divorce & sur la liberté de conscience. Cette brochure, comme tout ce qu'a fait depuis quelque temps cet auteur, est un mêlange de la morale la plus exquise avec les assertions les plus hardies & les plus dangereuses, & toujours un vernis de plaisanterie sur les choses les plus graves, des sarcasmes au lieu de logique : c'est Arlequin qui jette bientôt le manteau philosophique & se montre à découvert.

3 *Août* 1767. La fête que M. le chevalier d'Arcq a donné aujourd'hui à madame la comtesse de Langeac étoit destinée pour le jour de la

Magdelaine, patrone de cette dame; mais certains préparatifs ayant manqué, & les affaires de M. le comte de St. Florentin ne lui ayant pas permis de se rendre à Paris plutôt, elle n'a eu lieu que ce soir.

Cette fête a commencé par une loterie, une lanterne magique, des jeux de gobelets, &c. par tous les petits amusements qui peuvent précéder un grand & magnifique souper. Ensuite le spectacle s'est ouvert.

Il y a d'abord eu un prologue de la composition de M. le chevalier d'Arcq, exécuté par les enfants de madame la comtesse. On se doute bien qu'il y avoit beaucoup d'esprit & des choses très-flatteuses pour la mere & le ministre.

On a ensuite exécuté *l'acte de Vertumne & Pomone*, qui doit faire partie des fragments que les nouveaux directeurs se proposent de donner à l'opéra. Les principaux auteurs étoient le Gros & Mlle. Rosalie. La grossesse avancée de Mlle. Beaumesnil ne lui a pas permis de se charger du rôle.

L'opéra comique qui a succédé, étoit intitulé *le Bouquet*, piece toute nouvelle, mêlée d'ariettes, dont Audinot est le prête-nom, mais de plusieurs auteurs en société. La musique, très-agréable, est aussi un mélange de différents compositeurs. Audinot y a joué ainsi que Clairval, Mlle. Mandeville, &c.; & Mlle. Dubricule, quoique de l'opéra, n'a point cru dégrader la noblesse de son état en se mêlant avec des acteurs d'un spectacle du second ordre. Ce qui a enchanté & ravi dans ce drame, est la fille d'Audinot, âgée de six ans. Elle a déclamé, elle a chanté, touché du clavessin, dansé un menuet

& des entrées, & a reçu des applaudissements dans tous les genres. C'est un prodige de la nature encore plus que de l'art.

M. Poinsinet a donné un plat de sa façon, auquel on ne s'attendoit pas, une parade la plus parfaite, c'est-à-dire, la plus obscene & la plus ordurière; elle a pour titre l'Ogre. C'est en effet un Ogre, qui pour se ragoûter demande à son confident de la chair fraîche. Il lui faut une fille de quinze ans, &c. Bellecour faisoit l'Ogre, Auger le confident, & madame Bellecour étoit la chair fraîche, on peut juger du reste. Pour purifier ces gueulées dégoûtantes, il n'a fallu rien moins que tout le feu du ciel concentré dans un feu d'artifice très-chaud, très-rapide, terminé par une illumination charmante, qu'a remplacé le jour auquel tout le monde s'est retiré.

5 *Août* 1767. La censure de la faculté de théologie au sujet de *Bélisaire*, est enfin imprimée telle quelle. Elle est en latin & en françois, mais les sages maîtres ne veulent pas la faire paroître, que M. l'archevêque de Paris n'ait mis en lumière son mandement sur le même sujet, qu'on annonce pour le 10 de ce mois. C'est une déférence d'usage. On ne sait encore ce qui en résultera pour M. de Marmontel, plus récalcitrant qu'on ne l'avoit cru d'abord. Ce qu'il y a de sûr, c'est que l'académie Françoise ne peut garder dans son sein un membre inculpé d'hérésie, sans la rétractation la plus formelle de la part du condamné.

6 *Août* 1767. Les nouveaux directeurs de l'académie royale de musique ont recommencé leur bail avec la comédie Italienne pour le pri-

vilege de l'opéra comique, dont elle jouit depuis la réunion. Ce bail, qui n'étoit que de 22,000. liv. par an, est porté à 40,090 aujourd'hui. Il est pour six ans, & doit s'ouvrir à pâque 1768. Cette augmentation presque double est une preuve du gain excessif de ce théatre, qui ne désemplit point.

7 Août 1767. L'auteur du livre *de l'Ordre naturel & essentiel des Sociétés Politiques*, dont on a parlé, s'est rendu aux instances de l'impératrice de Russie : moins délicat que M. d'Alembert, il s'est cru en état de seconder les vues de cette auguste souveraine dans l'administration de ses états. On attend sous peu des nouvelles de son arrivée à Pétersbourg, & l'on est curieux d'apprendre quel accueil la Sémiramis du Nord aura fait à ce législateur moderne.

14 Août. Sur l'air : *Saint Esprit, Divine Essence, &c.*

Marmontel, ton Bélisaire
Ne te fera pas renom,
La Sorbonne ne veut guere
Sauver Socrate & Platon,
Sur leurs vertus disant non.
Quant à ton rite arbitraire,
Le plus sage est de se taire
Pour éviter tout soupçon.

15 Août 1767. L'Impératrice de Russie a réuni les plus habiles jurisconsultes de ses états, pour procéder à la rédaction d'un nouveau code, & c'est à cette assemblée que doit présider M. de la Riviere, qu'on attend avec impatience à Pétersbourg.

16 *Août* 1767. Mlle. Allard s'eſt attiré depuis peu les hommages d'un ſeigneur Allemand fort riche. La lubricité de la dame a fait tourner la tête à cet amoureux, au point qu'il a offert par écrit à l'actrice de l'épouſer. Sur ſon refus réitéré, il a écrit une lettre derniere, où il lui témoigne ſes regrets & ſa honte, il lui déclare qu'il ne voit d'autre parti à prendre que de ſe brûler la cervelle, mais qu'il ira la lui brûler avant. La demoiſelle effrayée eſt allée à M. le lieutenant de police, qui l'a raſſurée, & lui a dit qu'il veilleroit ſur elle.

17 *Août. Paſquinade ſur les carabiniers paſſant à Paris.*

Sont-ce-là ces braves guerriers,
Enfants de Mars & de la Gloire,
Ces ſuperbes carabiniers
Qui fixoient par-tout la victoire ?
Non, répondit un franc original,
C'eſt Brioché, ſuivi de ſa troupe à cheval.

17 *Août. Epître à M. de Buſſy, ſur le gain de ſon procès contre la compagnie des Indes.*

Quand Pompée au joug des Romains
Eut ſoumis les rois de l'Aſie,
Et rapporté dans ſa patrie
Les lauriers cueillis de ſes mains ;
Il entendit la ſombre Envie
Jeter ſes horribles clameurs
Contre la gloire de ſa vie,

Contre ses talents & ses mœurs.
Elle appella la Calomnie
Du fond de ces antres obscurs,
Et contre lui sa bouche impie
Exhala ses poisons impurs.
Il se vit en proie aux outrages
Des cœurs mercenaires & vains;
Un tas d'avides publicains
Vint insulter à ses images.
On les vit au mépris des loix,
En s'arrogeant des droits injustes,
De la main du vengeur des rois
Arracher les palmes augustes,
Dont Rome honoroit ses exploits.
Aux cris du peuple & de l'armée
L'orateur Romain s'éleva : (1)
En voyant la gloire opprimée
Sa grande ame se souleva.
Dans son héros aux yeux de Rome
Ce ferme & généreux soutien
Montra les talents du grand homme
Et les vertus du citoyen :
Des foudres de son éloquence
Il terrassa les envieux,
Et le jour doux de l'innocence
Eclaira bientôt tous les yeux.
Ce sénat qui du capitole
Fit précipiter *Manlius*, (2)
Qui fait encore son idole

---

(1) L'avocat Gerbier.
(2) M. de Lally.

De la justice & des vertus,
Marqua la gloire de Pompée
Du décret le plus solemnel ;
Et la haine d'un coup mortel
Par Thémis même fut frappée.
Pour le plus grand de ses guerriers
Rome enfin rougit d'être ingrate,
Et le vainqueur de Mithridate
Se reposa sous ses lauriers.

19 *Août* 1767. Il paroît dans le public un nouveau mémoire pour M. Charette de la Gacherie, conseiller au parlement de Bretagne. Il tend à justifier sa conduite depuis dix ans, & remet sous les yeux du lecteur toute l'affaire de Bretagne. Il est écrit avec force & simplicité.

M. Charette de la Coliniere a répandu aussi le sien adressé, ainsi que le premier, au roi, le 30 mai dernier, par la voie de M. le comte de St. Florentin. Il y expose les motifs de ses disgraces, y fait les mêmes réclamations que M. de la Gacherie, & rend compte des motifs qui le porterent en 1765 à composer une *Lettre à une personne de distinction sur l'ancienneté & l'immutabilité des droits que les états & le parlement ont réclamés.*... *sur les motifs qui ont déterminé l'abdication des magistrats*... *sur les moyens les plus solides pour parvenir à une réconciliation, & rétablir la paix dans la Province.*

Cet écrit, dont il fut alors question, & qui ne parut point dans le public, avoit été saisi chez l'imprimeur avant d'être achevé. Il y a apparence que lors de l'enlévement de M. de la Coliniere, le 11 novembre 1765, on trouva fous les fcellés de fes papiers les minutes informes de ce qui devoit le compofer. L'auteur prétend que cet ouvrage n'offre rien qui ne fe concilie avec le devoir d'un fujet, & que le zele pour fa patrie ne peut être un crime.

21 *Août* 1767. Le fallon de peinture doit s'ouvrir à l'ordinaire le jour de St. Louis : on voit en attendant un tableau particulier, qu'on n'offre point en fpectacle par des raifons de convenance. Il a été commandé par la chambre du commerce de Lisbonne, à M. Vanloo d'Efpagne. Il repréfente le comte d'*Oeyras* à fon bureau, avec tous les attributs du miniftre & de l'homme d'état. Il paroît donner des ordres à une figure emblématique, fous laquelle eft caractérifée le Portugal. Dans le lointain on voit le port, des vaiffeaux & des fbires en grand nombre, qui embarquent de force les jéfuites, faifant de vains efforts pour refter à terre. Cette belle & intéreffante compofition eft de deux peintres réunis : la partie de marine eft de Vernet.

22 *Août* 1767. *Paris* eft une brochure pofthume de M. Chevrier. Elle paroît avoir été compofée dans la chaleur des différends entre le parlement & l'archevêque de Paris. L'un & l'autre y font également maltraités, ainfi que les miniftres & madame de Pompadour. Toute l'hiftoire de Damiens y eft rapportée. M. de la Poupeliniere revient auffi fur la fcene : en un mot, c'eft une rapfodie très-digne de fervir de pendant au colporteur : elle eft auffi méchante & moins gaie, plus politique que galante. Le ftyle

n'en est pas meilleur, & cet ouvrage, comme beaucoup d'autres, ne tire son mérite que de ses ténebres & de la rareté.

25 *Août* 1767. L'académie Françoise a tenu aujourd'hui sa séance publique. Beaucoup de curieux attirés par l'envie de voir M. Marmontel ont été frustrés de leur espoir. Cet académicien n'a pas cru devoir se trouver à une fête littéraire & se proposer à notre admiration, étant encore sous les censures ecclésiastiques : il voyage.

M. d'Alembert a lu l'*Eloge de Charles V, roi de France*, par M. de la Harpe. Cet ouvrage n'a pas eu les applaudissements que reçoivent d'ordinaire les ouvrages couronnés. On y a remarqué peu de faits & beaucoup de digressions longues, qui font de ce discours plutôt une amplification de rhétorique, qu'un précis rapide & serré de la vie de ce monarque, qui tient une place aussi distinguée dans notre histoire. D'ailleurs, l'orateur a soutenu ce ton magistrat & chagrin, mis à la mode par M. Thomas, cette censure amere, qui semble transformer l'homme de lettres en un pédant, toujours armé de la férule pour frapper les grands & les rois. Le style est obscur, verbeux, entortillé, plein d'antitheses puériles, & qui même ont quelquefois fait rire l'assemblée. Chaque alinéa se termine par une chûte épigrammatique. Le lecteur avoit soin de la marquer en enflant la voix & se taisant ensuite un moment; mais rarement l'auditeur a répondu à cet appel par des battements de mains unanimes.

Il y a deux autres discours qui ont approché de celui de M. de la Harpe ; ils sont imprimés,

M. le directeur a dit ne pas connoître les auteurs.

M. Watelet a rempli la séance par la lecture de deux morceaux de sa traduction du Tasse : l'un tiré du chant quatrieme, est *le conseil des démons contre Godefroy*; l'autre est le seizieme chant, c'est-à-dire, *la description du palais d'Armide, & de ses amours avec Renaud.*

Le premier tableau exige une touche mâle & ardente, un coloris sombre, fier & terrible. Il faudroit le pinceau même des graces pour rendre la délicatesse, la volupté du second. Le crayon du traducteur sec & sans force est trop au dessous de son original. M. Watelet tourne bien un vers, il est correct, harmonieux; mais il n'a ni l'enthousiasme du poëte, ni ce velouté qui rend le *Tasse* si délicieux dans les peintures d'agrément.

26 *Août* 1767. Les tableaux & les morceaux de sculpture qui ont concouru pour le prix de l'académie ont été exposés d'hier aux yeux du public. Il y a six émules en peinture, & sept dans l'autre art : le premier sujet est *Alexandre qui tranche le Nœud Gordien*; l'autre est *Jesus-Christ chassant les vendeurs du Temple.* C'est samedi 29 de ce mois que s'adjugeront les prix. Il y en a deux pour chaque genre : les honoraires, les amateurs, les académiciens simples, les agréés, tous ont voix, seulement dans cette occasion.

Le sallon s'est ouvert *hier* : en général il a paru nombreux & peu riche, aucun morceau de *Pierre*, de *Boucher*, de *Greuze*. On ignore les raisons des deux premiers. Quant à l'autre, l'académie s'y est opposée, elle a voulu punir son amour-propre : depuis onze à douze ans qu'il est agréé, il n'a point encore donné son chef-d'œuvre, qu'il faut fournir dans les six mois : on a commencé par lui imposer cette peine ; & s'il s'obstine à ne point suivre les regles, on se portera à quelque châtiment plus fort. Ces trois auteurs absents font un grand vuide. On ne peut encore détailler les jugements du public. Beaucoup de portraits de gens obscurs & peu faits pour figurer dans un spectacle public.

N. B. On a renvoyé pour un recueil particulier trois lettres détaillées de l'auteur sur le sallon de 1767, qui, jointes à d'autres sur les autres expositions, formeront comme un cours complet de peinture fort curieux, de la part d'un amateur aussi distingué que l'étoit M. de Bachaumont.

28 *Août* 1767. Le panégyrique de St. Louis, prononcé le 25 de ce mois dans la chapelle du Louvre par M. l'abbé Bassinet, grand-vicaire de Cahors, fait grand bruit. On lui reproche d'avoir converti en cérémonie absolument profane cet éloge consacré spécialement au triomphe de la religion. Il en a supprimé jusqu'au signe de croix. Point de texte, aucune citation de l'écriture, pas un mot du bon dieu ni de ses saints. Il n'a envisagé Louis IX que du côté des vertus politiques, guerrieres & morales. Il a frondé les croisades, il en fait voir l'absurdité, la cruauté, l'injustice même. Il a heurté de front, & sans aucun ménagement, la cour de Rome : en un mot, tous les dévots sont alarmés, ils traitent d'athée cet ecclésiastique, & l'on craint qu'on n'arrête l'impression du panégyrique.

1 *Septembre* 1767. Monsieur Marmontel écrit de Spa à un ami qui lui rendoit compte de ce qui se passoit au sujet de son *Bélisaire*...... L'impératrice a fait traduire mon *Bélisaire* en langue Russe; il est dédié à un évêque du pays: l'impératrice reine l'a lu & en a témoigné sa satisfaction: les rois de Suede, de Danemarck, de Pologne, en veulent faire leur bréviaire. J'ai pour moi les têtes couronnées, que m'importe les cuistres de la Sorbonne?

3 *Septembre* 1767. La censure de la Sorbonne contre le Bélisaire est arrêtée par le gouvernement, au sujet de certaines assertions qu'il ne veut pas passer. Les sages maîtres, après avoir établi comme un principe du christianisme l'intolérance religieuse, prétendent que l'intolérance civile en doit découler naturellement, par l'intime union entre les deux puissances, & par la nécessité que le glaive de la justice soutienne les foudres de l'église. Le mandement de monsieur l'archevêque étant écrit dans le même esprit, essuie les mêmes difficultés; ce qui fait beaucoup rire monsieur Marmontel & ses partisans.

4 *Septembre* 1767. M. l'abbé Bassinet ne fera point imprimer décidément son discours, contre lequel on s'éleve de plus en plus. On regarde cette échauffourée comme un nouvel attentat du parti encyclopédiste contre la religion. Ce grand-vicaire a prêché le même sermon à Saint Roch, en y ajoutant seulement pour texte: *Erudimini, vos qui judicatis terram*. C'étoit M. Duclos qui l'avoit proposé au curé,

fort scandalisé du choix. Cet apôtre est assimilé à l'abbé de Prades. C'est le premier discours qu'il ait fait en chaire. Son dessein étoit de prêcher dans Paris; mais on échauffe M. l'archevêque à ce sujet, on excite son zele, & l'on croit que la chaire sera interdite à cet orateur.

4 Septembre 1767. Le service à Notre-Dame pour Mde. la dauphine a eu lieu hier. Les spectacles ont vaqué, suivant l'usage. M. l'évêque de Lavaur a prononcé l'oraison funebre : on a trouvé qu'il ne s'en étoit pas mal tiré.

7 Septembre 1767. On vient d'imprimer une *Lettre au roi*, par M. l'évêque du Puy, sur l'affaire des jésuites. C'est une petite brochure de seize pages, qui paroît avoir été adressée à S. M. lors de la proscription de ces religieux. Le prélat y gémit de la surprise faite à la religion du prince & des tribunaux, impute aux ennemis de la société son renversement, met sous les yeux du roi tout ce qui peut militer en faveur de cet ordre, dont il fait le plus grand éloge. On voit par le fait quel égard y a eu le gouvernement.

7 Septembre. Lettre de M. de Voltaire à monsieur l'ambassadeur de Russie à Paris.

Je vois par les lettres dont S. M. I. & votre Exc. m'honorent, combien votre nation s'éleve; & je crains que la nôtre ne commence à dégénérer à quelques égards. L'impératrice daigne traduire elle-même le chapitre de *Bélisaire* que quelques hommes de college calomnient à Paris. Nous serions couverts d'opprobre si tous les honnêtes gens, dont le nombre est très-grand en France, ne s'élevoient pas hautement contre ces turpitudes. Il y aura toujours de l'ignorance, de la sottise & de l'envie dans ma patrie: mais il y aura toujours de la science & du bon goût. J'ose vous dire même qu'en général nos principaux militaires, & ce qui regarde le conseil, les conseillers d'état & les maîtres des requêtes, sont plus éclairés qu'ils ne l'étoient dans le beau siecle de Louis XIV. Les grands talents sont rares, mais la science & la raison sont plus communes.

Je vois avec plaisir qu'il se forme dans l'Europe une république immense d'esprits cultivés. La lumiere se communique de tous côtés; il me vient souvent du nord des choses qui m'étonnent. Il s'est fait depuis environ 15 ans une révolution dans les esprits qui sera une grande époque. Les cris des pédants annoncent ce grand changement, comme les croassements des corbeaux annoncent le beau temps.

Je ne connois point le livre (de M. de la Riviere) dont vous me faites l'honneur de me parler. J'ai bien de la peine à croire que l'auteur en évitant les fautes où peut être tombé M. de Montesquieu, soit au-dessus de lui dans les endroits où ce brillant génie a raison. Je ferai venir son livre. En attendant, je félicite l'auteur d'être auprès d'une souveraine qui favorise tous les talents étrangers, & qui en fait naître dans ses états. Mais c'est vous sur-tout que je félicite de la représenter si bien à Paris, &c.

8 *Septembre* 1767. A la derniere fête que M. le prince de Condé a donné hier à Chantilly, il y a eu entr'autres surprises celle d'un Amour, qui est sorti au dessert d'un ananas. Ce rôle étoit représenté par un nain de douze ans,

d'une figure charmante, très-bien pris dans sa petite taille, & qui a chanté les couplets suivants, avec toute la grace possible, sur l'air : *Il faut, quand on aime une fois, aimer toute sa vie, &c.*

  Sous différents traits tour-à-tour
   J'ai paru pour vous plaire,
  Mais à vos regards en ce jour
   Je m'offre sans mystere;
  Reconnoissez en moi l'amour
   Qui cherche ici sa mere.

  Mais dans mon cœur en ce moment
   Je sens un trouble naître,
  Ici chaque objet est charmant,
   Ah! que le tour est traître!
  Maman, maman, maman, maman,
   Comment vous reconnoître?

  Vous refusez de m'éclaircir,
   De me tracer ma route;
  Eh bien! je vais vous en punir,
   Je vous adopte toutes.

Ces couplets sont de M. Poinsinet.

9 Septembre 1767. Il s'est établi depuis quelque temps en Allemagne un ouvrage périodique, sous le titre de *Courier du Bas-Rhin*. On peut juger combien il doit être recherché, par l'extrait ci-joint : *mois de juillet 1767*.

  Le prince aux clefs jadis terribles,
  A six cadavres insensibles

Donne séance en paradis,
Et par mépris pour ce bas monde
Laisse errer & périr sur l'onde
L'élite de ses bons amis.

« On débite ici (ajoute-t-il) la relation de
„ la canonisation de six saints que le pape vient
„ d'installer en Paradis. Ces esculapes divins ne
„ seront pas là-haut sans rien faire ; notre saint
„ pere leur a assigné à chacun leur département
„ dans les vastes champs des maux physiques qui
„ désolent le meilleur des mondes possibles : l'un
„ guérira de la goutte, l'autre du catharre, celui-ci
„ des vapeurs, celui-là de la migraine. Ah! si
„ quelque jour le pape envoyoit un saint en
„ paradis qui eût la vertu de guérir le mal que
„ St. Côme ne guérit pas toujours! »

11 *Septembre* 1767. Chanson sur le jeu de
Whisk, par M. de *Plainchêne*; sur l'air : *ah! ne
v'la-t-il pas que j'aime*, &c.

Whisk aimable, Whisk séduisant,
  Tu charme ma bergere;
Il faut que tu sois amusant,
  On te joue à Cythere.

Ta marche est celle des amours.
  Le secret t'environne.
C'est le côté du cœur toujours
  Qui dirige la donne.

Hymen peut te regarder noir
  Par juste antipathie;

Car qui ne fait que son devoir
    Chez toi perd la partie.

Tes tableaux offrent à nos mœurs
    Des traits philosophiques,
Le hasard donne les honneurs,
    Le savoir fait les triques.

De la retourne tout dépend,
    Apprenons à nous taire;
On tâte, on invite, on s'entend
    Avec sa partenaire.

Belles, pratiquez ma leçon,
    Employez l'artifice,
Moins on montre son singleton,
    Plus il rend de service.

Afin de plaire à votre ami
    Ayez quelque renonce,
Au point de huit on fait un cri
    Bien digne de réponse.

Pour faire le schelem fameux,
    Mettez chacun du vôtre;
On n'obtient ce triomphe heureux,
    Qu'en entrant l'un dans l'autre.

Etes-vous malheureux, pharez,
    De Paphos c'est l'usage
Après la Robe retirez,
    Le bonheur est volage.

14 Septembre 1767. On attribue à M. *Cailhava d'Estandoux*, auteur de la comédie du *Tuteur*

dupé, les vers suivants, envoyés à Mlle. Dangeville, le jour de sa fête.

    L'aimable Dieu des cœurs
      Dans l'empire de Flore,
Devançant ce matin le lever de l'aurore,
Composoit un bouquet des plus brillantes fleurs;
Les graces desiroient d'en former leur parure,
Même desir pressoit les jeux & les talents;
Quand l'Amour souriant de leur jaloux murmure
Leur a dit : suivez-moi, vous serez tous contents.
Il part, il vole à vous, émule de Thalie;
Il soupire, il dépose à vos pieds son présent;
Et les rivaux charmés en vous reconoissant
S'empressent d'en parer leur éleve chérie.

19 *Septembre* 1767. M. *Franklin*, ce physicien mémorable pour les expériences de l'électricité qu'il a faites & poussées en Amérique au point de perfection le plus curieux, est à Paris. Tous les savants s'empressent de le voir & de conférer avec lui.

21 *Septembre* 1767. Qui croiroit que dans ce siecle on pût mettre au jour un ouvrage tel que le suivant ? Ce sont deux énormes volumes in-4°, 1811 pages, sur *l'état des morts heureux de l'ancien Testament*. Il a pour titre : *Thomæ Mariæ Mamachi Ord. Prædic. Theol. Casanatensis, de animabus Justorum in sinu Abrahæ ante Christi mortem expertibus beatâ visioni Dei ∷ libri duo.*

21 *Septembre*. *Tableau Philosophique de l'histoire du genre humain, depuis la création du monde jusqu'à Constantin*, ouvrage prétendu traduit de

l'anglois, en trois parties, avec cette épigraphe : *aliud quaeritur quam corrigatur error ut mortalium*. C'est encore une production de M. de Voltaire, qui a voulu lutter cette fois-ci contre Bossuet. Mais c'est un nain qui s'élève en vain sur la pointe des pieds pour atteindre un superbe géant. L'auteur ne perd point de vue de sapper toujours la révélation & tout ce qui sert de base à la religion. Il ne le fait point ici si ouvertement que dans ses autres écrits, il s'y prend plus sourdement. C'est un ton d'ironie perpétuelle qui dépare tout-à-fait l'histoire, & est indigne de sa majesté. Au reste, l'ouvrage est rapide & serré, embrasse en moins de volumes beaucoup plus de faits que *l'Histoire Universelle* de l'évêque de Meaux.

23 *Septembre* 1767. L'inconstance de M. J. J. Rousseau ne lui a pas permis de se fixer en Auvergne; il est revenu en Normandie par la même raison. Il a repris les travaux littéraires qu'il disoit avoir sacrifiés à la botanique : il continue actuellement son *Dictionnaire de Musique*, dont il envoie les feuilles à mesure à Paris : on en a déja avancé l'impression.

24 *Septembre* 1767. Tout ce qui tient à la destruction des jésuites semble devoir faire titre contr'eux pour en prouver la légitimité. On rapporte une lettre soi-disant écrite par Sainte Thérèse, le 21 février 1579, au pere Gratien, son confesseur, qui lui avoit ordonné de lui rendre compte de ce que Dieu lui feroit connoître dans ses oraisons. L'original de cette lettre se conserve, dit-on, dans les archives du définitoire général des carmes-déchaussés de Madrid.

« Le Seigneur m'a dit (sur les jésuites, dont
» Ste. Thérèse étoit occupée), ils rendent &
» rendront même de grands services à l'église;
» mais la captivité & la domination qu'ils
» gagneront, flattera si fort leur vanité, que
» s'écartant de plus en plus ils dégénéreront
» si fort en hérésie, que l'on sera forcé de les
» détruire; & il n'y en aura plus dans deux
» cents ans. »

Voilà ce que des fanatiques de nos jours regardent comme une prophétie : on ne la rapporte que pour montrer l'inconséquence & la foiblesse de ce siecle philosophe.

25 *Septembre* 1767. Il paroît une petite brochure qui a pour titre : *Cas de conscience sur la commission établie pour réformer les corps réguliers.* L'auteur prétend y prouver que les réguliers ne peuvent en conscience, ni la reconnoître, ni se prêter à ses opérations qu'il discute dans le corps de l'ouvrage, en obtempérant aux ordres qu'elle leur a donnés de lui apporter leurs constitutions & réglements, leurs titres de fondation, & des mémoires sur l'état de leurs maisons & les sujets qui les composent : qu'ils doivent au contraire prendre toutes les voies que les loix leur ouvrent pour faire échouer une telle entreprise, y former opposition pardevant le parlement. Que si la voie légale de l'opposition ne réussit pas, ils doivent implorer la médiation du souverain pontife. Cet écrit, comme l'on voit, fronde absolument l'établissement de la commission, & y fait intervenir l'intérêt général de la religion, en ce que cette réforme ne seroit dans la réalité qu'une vraie destruction de tous les corps religieux, qui

réjailliroit sur elle, sur l'état, & plus particulièrement encore sur le clergé séculier.

30 *Septembre* 1767. L'académie royale de musique doit donner dans quelques jours le *Prologue des amours des Dieux*, dont le sujet est une fête célébrée par les Sarmates à la mémoire d'Ovide: paroles de Fuzelier, musique de Monnet.

Amphion, nouvel acte, dont le poëme est de M. Thomas, & la musique de M. de la Borde.

Théonie, pastorale nouvelle de monsieur Poinsinet pour les vers, & de M. le Berton pour la musique.

1 *Octobre* 1767. *Le Porte-feuille du R. F. Gillet, ci-devant soi-disant jésuite, ou petit Dictionnaire dans lequel on n'a mis que des choses essentielles, pour servir de supplément aux gros Dictionnaires qui renferment tant d'inutilités.* On lit à la tête de cet ouvrage un éloge historique du R. F. Gillet, personnage fictif & ridicule, qui donne lieu à quelques plaisanteries. Le Dictionnaire est pareillement dans un ton ironique, satirique & plaisant.

2 *Octobre* 1767. Lorsqu'en 1691 le célèbre *Halley* annonçoit aux astronomes les passages de Vénus sur le soleil en 1761 & 1769, il étoit bien éloigné sans doute de prévoir qu'une pareille annonce intéresseroit les habitants de la Russie. L'impératrice vient de donner des ordres pour que la conjonction de Vénus sur le Soleil en 1769 soit observée en huit différents lieux de ses vastes possessions. Les autres puissances concourent également à cette grande opération, & tant de préparatifs de toutes parts annoncent

son importance. Elle seule peut faire connoître avec précision la parallaxe du soleil, & par conséquent sa distance à la terre, d'où dépend la connoissance des distances de toutes les planetes au soleil & à la terre, celle de leurs grandeurs absolues & de leurs forces attractives.

L'observation dont il s'agit, sera d'autant plus précieuse, que celle de 1761 est devenue presque inutile par le concours d'une multitude de circonstances défavorables. D'ailleurs, après celle-ci il s'écoulera 105 années avant que le même phénomene ait lieu.

3 *Octobre* 1767. Aujourd'hui les éleves protégés, entretenus pendant trois ans à l'école royale, dont M. Vanloo est directeur, & M. Dandré Bardon, professeur pour l'histoire, la fable, la géographie & le costume, ont exposé leurs ouvrages dans la galerie d'Apollon. Cet usage, établi depuis deux ans, pour renouveller & suppléer celui qui se pratiquoit autrefois à Versailles, a pour objet de soumettre au jugement de l'académie royale de peinture & de sculpture les études des pensionnaires du roi, à qui elle adjuge le premier prix, & de la mettre en état d'évaluer leurs progrès à leur retour de Rome.

Le Sr. Gallet, peintre, éleve de M. Boizot, a exposé un tableau d'environ 9 pieds sur 6, représentant l'Assomption de la Vierge, en figures de grandeur naturelle.

Le Sr. Bardin, peintre, éleve de M. Pierre, a offert un tableau de même grandeur, où saint Charles Borromée est peint administrant le viatique aux pestiférés de Milan.

Le Sr. Menageau, clerc de M. Boucher, a

montré un tableau d'environ six pieds sur quatre, où l'on voit Bethsabée au bain, accompagnée de deux suivantes qui la servent.

Le Sr. Beauvais, sculpteur, élève de M. Coufton, a exposé, 1°. un modele en argile représentant l'inconsolable Rachel, déplorant le destin de ses fils massacrés : 2°. un petit enfant qui, avec un ruban, attache une lettre sous les ailes d'un pigeon : 3°. un portrait d'après nature.

Le Sr. Julien, aussi élève de M. Coufton, a dévoilé ses talents dans un grouppe de Vénus & l'Amour, piqués par une abeille. Le même a aussi exposé un petit enfant, qui tient en main du papier & un stilet, prêt à faire réponse à la lettre que porte le pigeon mentionné ci-dessus.

Le Sr. Senechal, élève de M. Falconet & de M. le Moine, a exposé l'Amour adolescent, qui s'amuse avec son carquois.

On voit par ces ouvrages que les pensionnaires protégés disputent entr'eux à qui saura mieux mériter les bontés de l'académie, les graces de M. le marquis de Marigny & les bienfaits du roi.

4 *Octobre* 1767. Epigramme de M. Piron, contre le *Bélisaire* de M. Marmontel, & l'*Hilaire*, parodie de ce roman, attribuée à l'abbé Coyer, ou à l'avocat Marchand.

L'un croit que par son *Bélisaire*
Télémaque est anéanti ;
L'autre prétend que son *Hilaire*
Vaut le *Virgile travesti.*
Voilà l'Hélicon bien loti.

Maçon de l'Encyclopédie,
Et vous, homme à la parodie,
A bas trompette & flageolet;
Que l'un reste à l'académie,
Que l'autre aille chez Nicolet.

5 *Octobre* 1767. Le fameux Massé, si renommé pour la miniature, est mort ces jours-ci, âgé de près de 80 ans. Il étoit peintre du roi, garde des plans & tableaux de sa majesté.

6 *Octobre* 1767. L'excessive licence qui regne depuis quelque temps sur les matieres les plus respectables, est portée à son comble. On voit journellement les écrits les plus répréhensibles, revêtus du sceau de l'immortalité par la voie de l'impression. Tels sont *les doutes sur la religion*, suivis de *l'Analyse, ou Traité théologico-politique de Spinosa, par le comte de Boulainvilliers*. Il y a tout lieu de présumer que ce dangereux & criminel ouvrage est plus celui d'un auteur vivant, que du feu comte, sous le nom duquel on le met.

8 *Octobre* 1767. L'académie royale d'architecture établie par le feu roi, étoit composée de deux classes, & l'on ne parvenoit à la premiere qu'après avoir passé par la seconde. M. Douailly, sujet distingué, ayant été présenté pour y être admis, des motifs particuliers, suite d'une animosité secrete entre M. Gabriel & M. de Marigny, a fait rejeter de la part de MM. de l'académie le candidat protégé par ce dernier contre les partisans de M. Gabriel. Comme on a vu qu'il y avoit de la cabale, le roi a envoyé une lettre de cachet pour faire recevoir l'aspirant, non-seulement dans la seconde classe, mais tout

de suite dans la premiere. Sur ce, beaucoup de représentations de la part de MM. de l'académie pour ne pas obtempérer à l'ordre de S. M. Cette affaire a été suspendue quelque temps, parce que M. de Marigny étoit aux eaux de Spa. Depuis son retour, sur le compte qui a été rendu au conseil de tout ce qui s'est passé dans cette affaire, qui est devenue une affaire de parti, le roi, pour y mettre ordre, a supprimé l'académie d'architecture, & a fait écrire à tous les membres qu'elle se proposoit de la rétablir dans une nouvelle forme, qui préviendra tous les différends survenus.

9 *Octobre* 1767. Chaque architecte a reçu une lettre de cachet, portant ordre de ne pas porter le titre d'architecte du roi, & faisant défenses de s'assembler. C'est une suite de la suppression de l'académie d'architecture, dont on vient de parler. Les Gabriellistes renvoient le tort à M. de Marigny; ils prétendent qu'il avoit fait, conjointement avec eux, un réglement qui défendoit aucun intrus dans ce corps qui ne fût éprouvé, &c. & qu'il a voulu essayer de l'enfreindre en poussant parmi eux, de son autorité, un quidam sans capacité & sans connoissances.

9 *Octobre*. La comédie François ayant accepté un plan de reconstruction, augmentera l'étendue de la façade de deux maisons qui l'avoisinent & de deux baraques sur le derriere. Pendant les travaux, la comédie jouera sur le théâtre actuel de l'opéra. On parle déja de la piece de début. On prend *Athalie*, où l'on suivra *le costume Grec* : on y rétablira les chœurs; en un mot, on jouera cette tragédie avec tout l'appareil qu'on y mit à Saint-Cyr.

10 *Octobre* 1767. M. Luneau de Boisjermain, singe de M. de Voltaire, & éditeur en conséquence d'un nouveau *Racine*, enrichi d'un commentaire en six volumes, annonce qu'enfin son ouvrage sera prêt incessamment. Il fait dans une lettre circulaire aux journalistes du 24 septembre l'énumération de ses travaux & de ses peines; selon lui, cet ouvrage est très-curieux, très-intéressant & très-bien fait.

10 *Octobre*. M. *d'Arnauld* annonce de son côté que parmi le nombre de contrefactions du drame du *comte de Comminges*, il y en a une dont on ne sauroit trop se défier. Il la cite, il dit qu'elle est remplie de fautes grossieres, & dit que la troisieme édition, avouée par l'auteur, paroîtra dans le courant de novembre prochain, ainsi que la suite de la collection intéressante d'histoires dont quelques-unes ont déja été publiées. Il annonce aussi *Euphémie*, autre drame de sa composition, dans le goût du *comte de Comminges*. Il ajoute qu'on trouve encore chez ses libraires des exemplaires de Sidney & Silly. Qu'ils y restent!

11 *Octobre* 1767. L'académie de dessin établie à Florence est la plus ancienne que nous connoissions en Europe, & celle aussi d'où sont sortis les plus grands dessinateurs, les sculpteurs, les architectes & les peintres les plus célebres. Cette académie existoit en 1389; elle éprouva des révolutions qui la jeterent dans la langueur jusqu'au temps du grand duc Ferdinand de Médicis, qui lui rendit son premier éclat, & qui voulut qu'il y eût de temps en temps, le jour de la fête de St. Luc, protecteur de cette académie, une exposition publique des

ouvrages jugés les plus parfaits. La premiere exposition fut faite en 1705, & depuis en 1715, 1724, 1729, 1737. Le grand duc régnant a rétabli cet usage. En conséquence l'académie a fait une exposition publique au sujet de laquelle M. le chanoine Bonso Pio Bonsi a publié un ouvrage, intitulé : *Il trionfo delle belle arti*, &c. dans lequel il s'est attaché à prouver l'utilité des beaux-arts.

13 Octobre 1767. On montre clandestinement une gravure très - plaisante. Elle représente un homme portant une hotte sur ses épaules : il tient à la main une canne à bec-de-corbin; il cherche dans les ruisseaux & dans tous les tas d'ordures. Du bout de son bâton sort des rouleaux de papier intitulés : *Arrêts du Conseil*. Il a des lunettes sur le nez, & paroît avoir la vue fort courte. Au bas est écrit : *au grand chifonnier de France*. On devine facilement quel ministre caractérise cette charge. La figure d'ailleurs est fort ressemblante : c'est M. de Laverdy, contrôleur-général.

14 Juillet 1767. L'académie royale du musique a mis hier sur son théatre de nouveaux fragments, précédés du *prologue des amours des dieux*. Ils forment deux ballets en un acte chacun. Le premier a pour titre *Théonis*, sujet d'imagination du Sr. Poinsinet, musique de le Breton & compagnie. Le second est *Amphion*, paroles de monsieur Thomas de l'académie françoise, & musique de M. de la Borde, l'un des premiers valets-de-chambre du roi. A en juger par l'accueil qu'ils ont reçu du public, on en auroit peu d'opinion, & les poëmes ne sont pas faits pour prêter à la musique. On a cherché à les étayer par des ballets agréables, qui ont aussi manqué leur but. En général, à cette premiere représentation on a été fort mécontent.

15 Octobre 1767. Extrait d'une lettre de Corse, du 14 août..... Le célebre prince Héraclius de Géorgie a envoyé à notre général Paoli un présent de six superbes chameaux, avec une lettre emphatique dans le goût du style oriental. Il finit ainsi : « grand prince, daigne accepter au » zénit de ta gloire, le tribut d'un homme glo- » rieux d'être né dans le même siecle de Paoli, » & de sentir tout ce que valent ses belles qua- » lités, de les admirer, & de n'en pas brûler » de la moindre étincelle de jalousie. »

15 Octobre. Extrait d'une lettre de Rome, du 15 septembre 1767.... Le pape a perdu une très-belle collection de médailles concernant l'Europe. C'étoit une suite servant à l'histoire de plusieurs siecles. Ce pontife les avoit fait déposer dans sa chambre pour plus grande sûreté. On ne doute pas que quelque curieux n'ait soustrait le trésor. Sa sainteté offre une pleine absolution à ce voleur virtuose, & une récompense à celui qui rapportera le larcin.

16 Octobre 1767. L'affaire de l'académie royale d'architecture fait beaucoup de bruit parmi les artistes. Voici la lettre par M. Marigny, de l'ordre du roi, à chacun des membres : à Paris ce 2 octobre. Le roi n'a pu voir, Monsieur, sans un nouveau mécontentement, la conduite que vient de tenir son académie d'architecture, & notamment son manque de respect & de soumission aux derniers ordres de S. M. notifiés par ma lettre à l'académie le 18 juillet dernier.

« S. M. informée d'ailleurs des abus qui se sont glissés dans l'académie, & voulant y remédier, en substituant à ce corps un établissement plus propre à remplir ses vues, tant pour le progrès que pour l'enseignement d'un art aussi utile que l'architecture, m'ordonne de vous mander, que jusqu'à ce qu'elle ait fait plus particulièrement connoître ses intentions sur l'établissement qu'elle projette, elle révoque & annulle le brevet par lequel elle vous a admis au nombre des membres de son académie, vous défendant très-expressément de vous qualifier désormais des titres que le brevet vous avoit conférés, & de vous trouver dans aucune assemblée pour y agir sous lesdits titres, ou relativement à la possession que vous en avez eue jusqu'à présent. „

18 Octobre 1767. Il vient de se passer une aventure très-comique & très-vraie. Un particulier venant du grand Caire a rapporté une momie, comme un objet de curiosité pour orner un cabinet. Passant par Fontainebleau il a pris le coche d'eau de la cour pour se rendre à Paris. Mais, par oubli, en faisant emporter ses bagages, il a laissé la boëte qui contenoit la momie. Les commis l'ont ouverte, ont cru y voir un jeune homme étouffé à dessein, ont requis un commissaire, qui s'est rendu sur les lieux, avec un chirurgien aussi ignorant que lui. Ils ont dressé procès-verbal, & ordonné que le cadavre seroit porté à *la Morgue* pour y être exposé & reconnu par ses parents ou autres, & qu'on informeroit contre les auteurs du meurtre. Cela a excité une grande rumeur dans le peuple indigné de l'atrocité du crime, dont on l'a instruit, & sur le-

quel on a forgé cent conjectures plus criminelles les unes que les autres. Le propriétaire de la *momie*, s'étant apperçu de son étourderie, a retourné au coche réclamer sa boëte. On l'y a arrêté, on l'a conduit chez le commissaire, qu'il a rendu bien honteux en lui démontrant sa bévue, son ignorance. Pour retirer de la Morgue le cadavre prétendu, il a fallu se pourvoir pardevant M. le lieutenant-criminel; ce qui a rendu très-publique cette histoire, qui fait l'entretien de la cour & de la ville.

18 Octobre 1767. On parle beaucoup d'un *Mémoire historique & critique sur l'affaire des dissidents de Pologne*. On l'attribue à M. de Voltaire : il est encore fort rare.

19 Octobre 1767. M. de Villette vient de faire imprimer un *Eloge de Charles V*. Il déclare dans une lettre à M. de Voltaire, qui sert de préface à l'ouvrage, qu'il n'a point été présenté à l'académie, qu'il n'étoit pas même destiné à la publicité; mais que cédant à l'instance de ses amis indulgents, & d'un libraire avide, il l'expose au grand jour, &c. Cet éloge n'est point mal fait, il est plus rempli de traits satiriques, que celui de M. de la Harpe, & d'ailleurs est bien écrit. On y remarque seulement trop de comparaisons. Il est décoré de tous les honneurs typographiques. On observe que l'auteur, en mettant son nom à la tête de l'ouvrage, n'a point pris la qualité de marquis. Le censeur (monsieur Marin) la lui restitue en comblant le manuscrit des plus grands éloges.

20 Octobre 1767. *Les Prêtres démasqués*, ou *les Iniquités du Clergé Chrétien* : ouvrage traduit

de l'anglois. Ce livre contient quatre discours d'un livre publié à Londres en 1742, sous le titre de *the ax laid to the root of Christian Priestcraft, by a Layman*, vol. in-8°. Ce qui signifie : " la coignée mise à la racine de l'im-
„ posture sacerdotale chez les Chrétiens, par un
„ Laïc. „

Cet ouvrage n'a rien de recommandable, quant au fond, ni de neuf ; il n'est point mal écrit, mais traite la matiere d'une façon trop timide, pour qu'il fasse grande sensation.

21 *Octobre* 1767. Mlle Durancy, excédée des tracasseries qu'elle essuyoit journellement à la comédie Françoise, vient de quitter ce spectacle : elle repasse à l'opéra. Les vrais connoisseurs la regrettent.

21 *Octobre*. L'académie d'architecture est rétablie ; & le nommé Douailly, qui avoit été le sujet de cette tracasserie, est agréé & reçu de la premiere classe. Les choses restent dans le même état. Il passe pour constant que les ministres avoient fomenté ces troubles, pour donner un croc en jambe à M. de Marigny, & le faire sauter ; mais le roi, dans un conseil tenu sur cette affaire, ayant fini par dire : *j'aime Marigny, & je veux qu'on arrange tout à sa satisfaction*, il a fallu entrer dans les intentions de sa majesté. Du reste, le sujet n'est point aussi médiocre qu'on l'avoit annoncé ; c'est un homme modeste, & qui n'avoit point demandé à entrer dans cette compagnie : c'est M. de Marigny qui de sa grace l'a sollicité de se mettre sur les rangs, & a pris la chose sur lui.

22 *Octobre* 1767. *Lettre de M. de Voltaire à M. le marquis de Villette, en réponse à celle que ce-*

lui-ci a écrite au premier, & qui est imprimée à la tête de son Eloge de Charles V.

Votre sage héros, si peu terrible en guerre,
Jamais dans les périls ne voulant s'engager,
 Il ne ravagea point la terre,
 Mais il la fit bien ravager.

 Votre amitié, Monsieur, pour M. de la Harpe, vous a empêché de composer pour l'académie ; mais vous avez travaillé pour le public, pour votre gloire & pour votre plaisir. Je vous ai deux grandes obligations ; celle de m'avoir témoigné publiquement l'amitié dont vous m'honorez, & celle de m'avoir fait passer une heure délicieuse en vous lisant. Puissiez-vous être aussi heureux que vous êtes éloquent ! puissiez-vous mépriser & fuir ce même public pour lequel vous avez écrit !
 M. de la Harpe reviendra bientôt vous voir ; il a été un an chez moi : s'il avoit autant de fortune que de talents & d'esprit, il seroit plus riche que feu Montmartel. Il lui sera plus aisé d'avoir des prix de l'académie que des pensions du roi. Lui & sa femme jouent la comédie parfaitement ; M. de Chabanon aussi. Notre petit théâtre a mieux valu que celui du fauxbourg St. Germain. Vous nous avez bien manqué. Vous devez être un excellent acteur, car, sans rire, vous jouez tous vos contes à faire mourir de rire.
 Conservez vos bontés pour un vieillard, dont elles feront la consolation, & qui vous sera véritablement attaché jusqu'au dernier moment de sa vie, &c,
    A Ferney, le 4 octobre 1767.

23 Octobre 1767. *Charlot*, ou *la comtesse de Givry*, est un drame tragi-comique, en trois actes & en vers, joué au château de Ferney au mois de septembre. Il est de M. de Voltaire, & n'en est pas digne assurément. Quoique sa touche comique n'ait jamais été merveilleuse, elle est du plus mauvais goût dans cet ouvrage très-froid, très-triste, & dont aucun caractere n'est développé qu'aux noms des acteurs. On assure qu'il a broché très-promptement cela, & il y paroît. Il dit dans un bout de préface, que le fond de la piece est *Henri IV*, mais qu'il n'a osé mettre ce roi sur la scene, après M. Collé. En effet, il est perpétuellement question de ce prince, qui ne paroît pas, & qui opere pourtant le dénouement. Rien de plus bizarre que cet embriom dramatique tout-à-fait informe.

25 Octobre 1767. La brochure qu'on avoit annoncé sous le nom de *l'Imposture sacerdotale*, transpire; & il y en a quelques exemplaires à Paris. Elle porte ce titre en effet, ou *Recueil des pieces sur le clergé, traduites de l'anglois*.

La premiere est le tableau fidele des papes, traduit d'une brochure angloise de M. Davisson, publiée sous le titre de *A true Picture of Popery*. On se doute bien que dans cet abrégé effrayant on a seulement résumé toutes les horreurs commises par quelques chefs de l'église, que l'histoire ecclésiastique même est forcée d'avouer. La seconde, de *l'Insolence Pontificale, ou des prétentions ridicules du pape & des flatteurs de la cour de Rome*, extrait de la profession de foi du célebre *Giannone*, par M. *Davisson*. Le titre seul annonce combien ce morceau doit être plaifant. Que d'abfurdités, que d'extravagances débitées fur pareille matiere ! La troifieme, *Sermon fur les fourberies & les impoftures du Clergé Romain*, traduit de l'anglois fur une brochure publiée à Londres en 1735, par M. *Bouru de Birmingham*, fous le titre de *Popery à Craft*. L'auteur prend ici la chofe au férieux, & prétend prouver, 1°. que la religion romaine eft une invention purement humaine : 2°. qu'elle ne fut inventée que pour obtenir des richeffes, du pouvoir, de la grandeur, ou pour exalter les prêtres & leur affervir le refte du genre humain. La quatrieme, *le Prêtrianifme oppofé au Chriftianifme*, ou la religion des prêtres comparée à celle de Jefus-Chrift, ou examen de la différence qui fe trouve entre les apôtres & les membres du clergé moderne, publié en anglois en 1720. Le titre feul annonce combien il prête à une fatire malheureufement trop vraie. La cinquieme, *des Dangers de l'Eglife*, traduit de l'anglois fur une brochure publiée en 1669, par M. Thomas Gordon, fous le titre d'*Apology for the danger of the Church*. L'auteur combat cette affertion ordinaire dans ce fiecle : que l'églife eft en danger. Il prétend que c'eft le cri de guerre du facerdoce. La fixieme & derniere piece eft *Symbole d'un Laïc*, ou *Profeffion de foi d'un homme défintéreffé*, traduit de l'anglois de M. Gordon, fur une brochure publiée en 1720, fous le titre *the creed, of an indépendant Wigh*.

Cette profeffion de foi, comme on s'en doute bien, eft celle d'un homme qui n'en a point, & la fatire de ceux qui en ont. On ne fait fi malgré les titres tout ceci eft traduction, & l'ouvrage du même traducteur. En général, le ftyle est lâche, diffus, embarrassé, comme les ouvrages anglois.

26 *Octobre* 1767. Les nouveaux directeurs de l'académie royale de musique, voulant mettre le bon ordre & une discipline sévere dans leur département, avoient fait rayer le fameux Vestris, qui depuis long-temps se donne les airs de s'absenter une partie de l'année pour courir l'Allemagne. Il a été sensible à cette expulsion; il a fait interposer l'autorité des puissances étrangeres; on compte qu'il aura la liberté de rentrer, & qu'il paroîtra incessamment.

26 *Octobre*. La brochure intitulée *Doutes sur la Religion*, suivie de l'analyse du Traité Théologico-politique de Spinosa, commence à pénétrer dans ce pays-ci. Quoique ces ouvrages soient attribués au comte de Boulainvilliers, on reconnoît facilement dans le premier la tournure d'esprit & le style de M. de Voltaire. A travers les objections fortes qui s'y trouvent & qui ne sont pas de lui, on y démêle ce ton d'ironie qui le caractérise. Il y a spécialement dans le chapitre sur l'église & les conciles, un dialogue entre l'église & un Indien, où il se dilate la rate, & s'en donne à cœur joie. Il y prend le singulier plaisir de faire dire à la premiere bien des sottises & des absurdités.

Quant au second traité, il est moins susceptible de plaisanterie. C'est une discussion assez seche, mais dangereuse, de l'authenticité des livres de l'écriture-sainte, & c'est toujours un projet abominable que d'avoir mis à portée du commun des lecteurs & réduit à peu de pages l'énorme dissertation de cet athée, dont le poison se trouvoit noyé dans un fatras de verbiages, qui sembloit en arrêter l'activité : l'ennui gagnoit avant l'erreur, l'in-folio tomboit des mains.

17 Octobre 1767. *Vers de M. de la Harpe à M. de Voltaire, pour le jour de St. François*

<pre>
François d'Assise fut un gueux,
Et fondateur de gueuserie,
Et ses disciples n'ont pour eux
Que la crasse & l'hypocrisie.
François, qui de Sale eut le nom,
Trichoit au piquet, nous dit-on ;
D'un saint zele il sentit les flammes,
Et vainquit celles de la chair,
Convertit quatre-vingt mille ames
Dans un pays presque désert.
Ces pieux foux qu'on admire,
Je les donne au diable tous deux,
Et je ne place dans les cieux
Que le François qui fit *Alzire*.
</pre>

Bouquet au même, par M. de Chabanon.

<pre>
L'église dans ce jour fait à tous les dévots
Célébrer les vertus d'un pénitent austere :
Si l'église a ses saints, le Pinde a ses héros,
Et nous fêtons ici le grand nom de Voltaire.
    Je suis loin d'outrager les saints,
    Je les respecte autant qu'un autre,
    Mais le patron des capucins
    Ne devroit guere être le vôtre.
</pre>

Au fond de ces cloîtres bénis
On lit peu vos charmants écrits,
C'est le temple de l'ignorance.
Mais près de vous, sous vos regards,
Le dieu du goût & des beaux arts
Tient une école de science.
De ressembler aux saints, je crois,
Voltaire assez peu se soucie,
Mais le cordon de St. François
Pourroit fort bien vous faire envie :
Ce don, m'a-t-on dit, quelquefois
Ne tient pas au don du génie.
Allez, laissez aux bienheureux
Leurs privileges glorieux,
Leurs attributs, leur récompense :
S'ils sont immortels dans les cieux,
Votre immortalité sur la terre commence.

Réponse de M. de Voltaire.

Ils ont berné mon capuchon :
Rien n'est si gai, ni si coupable.
Qui sont donc ces enfants du diable,
Disoit saint François, mon patron ?
C'est la Harpe, c'est Chabanon :
Ce couple agréable & fripon
A Vénus vola la ceinture,
La lyre au divin Apollon,
Et les pinceaux à la nature.
Je le crois, dit le penaillon,
Car plus d'une fille m'assure
Qu'ils m'ont aussi pris mon cordon.

28 *Octobre* 1767. On prétend que ceux du corps municipal de la ville de Calais commencent à sentir l'indécence d'avoir prodigué des honneurs aussi peu mérités à M. de Belloy. Ils rougissent de voir dans leur salle d'assemblée figurer un poëte médiocre parmi nos rois, & tenir au rang qui n'est dû qu'à des héros ou aux peres de la patrie. On a proposé de revenir sur une pareille délibération, & de substituer à cette effigie le portrait du fameux François duc de Guise, qui a repris cette ville en 1558, dont les Anglois étoient en possession depuis la conquête d'Edouard.

28 *Octobre* 1767. M. de Marigny a écrit le 13 de ce mois une lettre à tous les membres de l'académie d'architecture, pour regarder comme non avenue celle qui leur avoit été adressée le 2; & le même jour M. le comte de St. Florentin en a écrit une de la part du roi à M. Gabriel, avec ordre de la rendre commune à tous les académiciens pour leur annoncer la même chose; S. M. confirmant, sans tirer à conséquence, la réception du Sr. Douilly dans la premiere classe, comme on a dit, & blâmant la conduite de l'académie envers M. le marquis de Marigny. Sur cette lettre de M. le comte de St. Florentin & sur celle de M. de Marigny, tous les académiciens se sont assemblés extraordinairement hier mardi, chez M. Gabriel, pour y arrêter des réponses. L'académie étant en vacances, & n'ayant pas cru devoir s'assembler au Louvre, la rédaction de ces lettres n'a pu être fixée entiérement; ils ont continué leur assemblée à ce jour mercredi.

29 *Octobre* 1767. On a accordé la liberté aux

juifs d'entrer dans le commerce de France, conséquemment dans l'ordre de citoyens & dans les charges municipales. Un cauſtique a fait le quatrain ſuivant :

 Jeſus, pardonne l'infamie
 De ces Phariſiens nouveaux ;
 S'ils ont chaſſé ta compagnie,
 C'eſt pour adopter tes bourreaux !

29 *Octobre* 1767. La *Théologie portative*, ou *Dictionnaire abrégé de la Religion Chrétienne*, par *M. l'abbé Bernier, licencié en théologie*, n'eſt point de monſieur de Voltaire. On ſent bien auſſi que cet abbé Bernier n'eſt qu'un auteur pſeudonyme.

Ce dictionnaire eſt précédé d'un diſcours préliminaire, dont l'objet eſt de prouver que les théologiens font la religion, & que la religion n'a jamais que les théologiens pour objet. Ce réſumé ſuffit pour annoncer combien le fond de cet ouvrage eſt vicieux. L'auteur adopte une ironie perpétuelle ; mais ſon ſtyle eſt foible, lâche & trivial. Les articles alphabétiques du livre ſont dans le même ton de raillerie. L'impiété y regne plus ſouvent encore. Le ſel groſſier de l'écrivain & ſa plaiſanterie lourde, ſervent de contre-poiſon. On en peut juger par l'article *Cordeliers* : « Moines mendiants, qui depuis
» 500 ans défient l'égliſe de Dieu par leur tem-
» pérance, leur chaſteté & leurs beaux argu-
» ments. Il ne poſſedent rien en propre ; leur
» ſoupe, comme on ſait, appartient au ſaint
» pere. »

30 *Octobre* 1767. Suivant un uſage antique &

solemnel, le lundi d'avant la St. Simon & la St. Jude, se prêtent les sermens au Châtelet, & ce jour-là un de MM. les gens du roi traite un point relatif aux fonctions de la magistrature. M. Duval Despréménil, avocat du roi à cette jurisdiction, s'y est distingué par un discours, dont le texte étoit *de l'ambition du magistrat*. Il a parlé sur cette matiere avec une éloquence peu commune, & avec ce feu qui ajoute encore au talent de l'orateur. On y a remarqué des portraits qui entroient dans son sujet, qui ne sont pas restés sans application: on a cru y reconnoître MM. Laverdy, Langlois, de Calonne, Lambert; ils ont fait la plus vive sensation dans l'assemblée; on y a applaudi avec fureur, comme aux éloges des grands hommes qui ont occupé les premiers rangs de la magistrature, & dont la conduite mise en opposition a fait encore davantage ressortir celle qui a été l'objet de la censure publique. M. Despréménil n'a que 22 ans, il joint aux dispositions les plus grandes une mémoire très-heureuse. Cette mercuriale fait grand bruit & ne plaît pas à tout le monde.

30 *Octobre* 1767. Un auteur a présenté aux François une tragédie, qui a pour titre *les Vestales*. Elle a été reçue, & les comédiens se disposoient à la jouer. Elle a été portée au tribunal de la police, suivant l'usage. On y a trouvé des choses si fortes contre les couvens, qu'on a cru devoir en faire part à M. l'archevêque: sa grandeur en a référé à la Sorbonne, & les sages maîtres sont actuellement à l'examiner.

31 *Octobre* 1767. La chaîne des auteurs irréli-

gieux continue. Aux libelles scandaleux dont on a parlé déja, il en succede de nouveaux : un des plus dangereux est *le militaire Philosophe*. Quoique ce livre, attribué à M. de Voltaire, soit proscrit en France, on ne le voit pas sans étonnement s'y introduire par lambeaux dans un nouvel ouvrage périodique, intitulé *le Courier du Bas-Rhin*. Cette inconséquence du gouvernement alarme les gens sages, d'autant que l'écrivain en question paroît par-tout à la fois l'organe de la satire, de l'obscénité & de l'impiété.

31 *Octobre*. On doit se rappeller la *Requête des marchands & négociants de Paris au roi, contre l'admission des Juifs*. L'agent de la nation juive Portugaise de Bordeaux & de Bayonne y a répondu par une lettre circulaire, contenant des observations sur quelques passages de la requête des six corps contre ces juifs, & sur la réponse anonyme de cette lettre. Le même agent a repliqué & relevé une partie des altérations & des inexactitudes répandues dans la requête & dans la réponse anonyme, écrite avec plus de passion que de véritable raison.

1 *Novembre* 1767. C'est un M. de Fontanelle, qui est l'auteur des *Vestales*. Il est connu par une traduction récente en prose des *Métamorphoses d'Ovide*. On dit du bien de son drame, qui est en trois actes : on assure qu'il n'y a qu'un acteur mâle. On doute que la Sorbonne qui en est toujours en possession, donne les mains à sa représentation.

1 *Novembre*. Madame BONTEMPS, veuve du premier valet de chambre, femme jolie, ca-

pricieuse & répandue dans un grand monde, a reçu il y a quelques jours par la petite poste une lettre, où un inconnu qui signe *le chevalier de Vertumne*, lui fait une déclaration & lui promet deux mille écus de pension, si elle veut seulement avoir la complaisance d'aller à l'opéra le plus souvent qu'il lui sera possible, & regarder dans le parterre en entrant. Il assure qu'il va souvent à ce spectacle, & qu'il sera content de cette marque de bienveillance. Il envoie 500 livres en conséquence pour le premier mois d'avance, & ainsi de suite.

Madame Bontemps, au lieu de jeter la lettre au feu, de donner les 500 livres au curé de la paroisse, de garder un profond silence sur cette aventure, & de laisser se morfondre dans le parterre de l'opéra ce bizarre soupirant, a porté la lettre & l'argent chez M. le lieutenant-général de police, a exigé des recherches & a fait un grand quanquan : ce qui a donné de la publicité à son histoire & l'a couverte de ridicule.

2 *Novembre* 1767. Les nouveaux directeurs de l'académie royale de musique, voulant prouver leur zele au public, & curieux d'ailleurs de faire une récolte abondante cet hiver, ont tenté les derniers efforts pour engager Geliotte à reparoître sur la scene. Ils lui ont offert jusqu'à mille louis pour certain nombre de représentations. Ce moderne Orphée est resté inflexible.

3 *Novembre* 1767. Le sieur Taconnet a mis en parodie l'histoire très-véritable de la momie dont on a parlé. Cette piece a un succès prodigieux. Le commissaire *Rochebrune*, qui est le héros

de l'aventure, a fait beaucoup de démarches auprès de M. de Sartines pour arrêter le cours de cette facétie, mais en vain ; le sage magistrat n'a point cru hors de propos qu'on bernât un peu l'ineptie de ce suppôt de la police.

8 *Novembre* 1767. Les curieux vont en foule admirer une nouvelle grille posée depuis peu au chœur de St. Germain-l'Auxerrois, paroisse du roi, c'est-à-dire, des Tuileries. C'est un ouvrage merveilleux, très-propre à mettre en vogue le serrurier qui l'a travaillée. Mais ce qu'il y a de plus remarquable, c'est une délibération du chapitre, qui, ayant fait marché avec l'artiste pour le prix & somme de 38,000 livres, y a joint dans son enthousiasme, & par une acclamation unanime, une gratification de 12,000 livres.

12 *Novembre* 1767. *Les Vestales*, tragédie dont on a parlé, sont tellement déflorées & polluées par les sages maîtres, qu'il n'y a plus moyen de les présenter au public dans l'état de turpitude où ces vieux docteurs les ont mises. M. de Fontanelle prend le parti de remettre son drame dans le porte-feuille.

12 *Novembre*. Une dame Reich, qui chante au concert de la reine, l'une des plus belles voix de l'Europe, à ce que l'on prétend, vient d'être gagée pour l'opéra. Tous les amateurs attendent son début avec impatience.

13 *Novembre* 1767. Séance publique de l'académie des belles-lettres.

On a lu un mémoire de M. Guignes sur les Annales Chinoises, où l'on fait voir, 1°. l'inexactitude de l'ancienne chronologie des Chinois : 2°. le peu de progrès qu'ils ont fait dans l'astronomie, qu'ils paroiſſent n'avoir connue que par les obſervations qui avoient été faites avant eux dans la ville de Babylone : 3°. l'obſcurité de leur hiſtoire ancienne, où l'on ne trouve, au lieu de faits, que des principes de morale. On y prouve que ces peuples ne ſont pas auſſi anciens que pluſieurs perſonnes le prétendent.

M. l'abbé de la Bletterie a lu enſuite la préface de ſa traduction des ſix premiers livres de Tacite, où il annonce qu'il remplira par lui-même, & d'après ſes ſeules recherches, les trois années qui manquent dans ſon auteur. Cette préface, où il y a des regles ſur la traduction & des réflexions ſur la différence des langues latine & françoiſe, eſt bien écrite, & offre pluſieurs traits fins, plaiſants & agréables. On imprime actuellement cet ouvrage à l'imprimerie du roi.

On a lu auſſi un mémoire de M. l'abbé Bellot ſur une médaille antique du cabinet de M. le duc d'Orléans, ou plutôt ſur une cornaline ou pierre gravée des coloſſiens, & ſur la déeſſe de la fortune dont elle porte le nom inſcrit. Ce mémoire eſt très-froid, très-ennuyeux & n'eſt que ſavant, ou plutôt inutilement rempli d'érudition.

La ſéance a été terminée par la lecture que M. Bouchaud a faite de la premiere partie d'un mémoire ſur les publicains ou fermiers des impôts à Rome. Cette lecture, vaguement érudite, auroit été bonne à faire dans les écoles de droit. Les éleves de juriſprudence y auroient appris bien des choſes que l'académicien auroit dû oublier dans le sanctuaire des belles-lettres.

14 *Novembre* 1767. L'académie des sciences a tenu aujourd'hui son assemblée publique de rentrée d'après la St. Martin : n'y ayant aucun éloge à lire, ni aucune annonce à faire, toute la séance a été employée à la lecture de divers mémoires.

M. le marquis de Courtenvaux a lu la relation de son voyage, tant en mer que sur terre, pour la vérification de quelques instruments d'astronomie, servant à la recherche des longitudes, à l'occasion de la pendule ou montre marine du sieur Harrison, horloger Anglois, à qui le parlement d'Angleterre a accordé un prix considérable.

Deux autres montres construites à même dessein, l'une du sieur le Roi, l'autre du sieur Berthoud, horlogers de Paris, ont fait aussi partie de cet examen. On a trouvé dans ces pendules plus d'exactitude que dans les instruments de l'Anglois, qui n'a cependant obtenu que la moitié du prix proposé en 1774 par le gouvernement d'Angleterre. Les instruments de MM. de....., celui de M. de Valois & celui de M. l'abbé Rochon, ont été cités avec éloge.

M. l'abbé Nollet a lu diverses expériences sur l'explosion de la poudre à canon, qui lui ont fourni des observations curieuses & bien des ressources d'épargne.

M. Tenon a lu un grand mémoire sur les dents, sur leur formation, leurs maladies & leur guérison. Dans ce mémoire il y a bien des choses qui doivent plaire aux amateurs de l'art. L'auteur prétend avoir découvert douze dents nouvelles dans les animaux carnaciers, tels que le cheval, l'homme, &c. En effet ces dents sont des dents entées sur d'autres dents. On a vu cela avec étonnement sur des dents de cheval en nature, qui étoient sur la table de l'académie.

M. Ferrein a lu un mémoire sur les principes & sur la méthode de la médecine théorique & pratique, en réponse à plusieurs objections qu'on a coutume de faire contre la certitude de cette science. Ce mémoire n'est qu'un radotage, où le bon homme ne sait ce qu'il dit. M. le comte de Maillebois l'a prié, par le conseil du directeur & de M. le duc de Chaulnes, d'en rester aux trois quarts de son mémoire.

M. Cadet a lu ses expériences sur l'analyse du borax, qui est, comme on sait, un sel très-propre à faciliter la fonte des métaux; & il a fait voir que le sel sédatif marin entre essentiellement dans le borax. M. Cadet se reconnoît redevable de cette découverte, aux tentatives de MM. Bourdelin, Baron, &c.

M. l'abbé de Chappe a terminé la séance par le projet du voyage qu'il doit faire en plusieurs parages de la mer du Sud, pour y observer le passage de la planete de Vénus sur le disque du soleil, phénomene utile & précieux pour constater la véritable distance du soleil à la terre, qui arrivera en 1769, après être arrivée en 1761, & après avoir été prédit & décrit par M. Halley, il y a près de 80 ans; mais qu'on ne reverra peut-être pas de quelques siecles. M. de Laverdy a fait fournir tous les instruments propres à ce voyage.

18 Novembre 1767. On a vu un écrit publié sous l'intitulé de *Cas de conscience proposé & décidé par des soi-disant théologiens & canonistes, au sujet de la commission royale pour l'examen des réguliers.* C'est l'ouvrage attribué à *dom Clémencé*. Un anonyme vient d'y répondre, sous le titre de *Réflexions*, & paroît l'avoir réfuté aussi fortement que solidement.

19 Novembre 1767. *Lettre à son altesse monseigneur le prince de* *** *sur Rabelais & sur d'autres auteurs, accusés d'avoir mal parlé de la religion chrétienne.* Brochure in-8°. de 134 pages.

On ne pourroit qu'applaudir au but de l'auteur, si dans le précis des ouvrages qu'il présente, il s'étoit occupé sérieusement à les combattre ; mais on ne voit que trop que son objet est moins de les réfuter que de remettre sous les yeux du lecteur les opinions dangereuses des Porphyres, des Celses & des Juliens, adoptées & rajeunis par les auteurs de la ligue morne conjurée pour sapper & renverser le christianisme jusques dans ses fondements. Cet ouvrage, pour tout dire, est de M. de Voltaire. Il contient des faits curieux & intéressants. La partie historique en est très-bien faite.

22 Novembre 1767. On publie une estampe agréable, qui rend avec la plus grande vérité la demoiselle Allard & le sieur Dauberval dansant le pas de deux, qui leur attire tant d'applaudissements dans le second acte de l'opéra de *Sylvie*. Ces vers, au bas de l'estampe, expriment très-bien le moment dans lequel ces danseurs sont représentés :

Sur sa fierté la nymphe se repose :
Son amant perd déja l'espoir de l'attendrir :
Mais elle le regarde en songeant à le fuir.
Nymphe qui rêve aux tourments qu'elle cause,
Touche au moment de les guérir.

24 Novembre 1767. L'opéra de Philidor a été joué aujourd'hui avec une affluence qui ne peut se comparer qu'à celle qu'on vit aux François aux célebres journées des *Philosophes* & de *l'Ecossoise.* Toutes les loges étoient louées : il y avoit du monde dès midi, & la salle regorgeoit, ainsi que les corridors, les galeries, les avenues. Le poëme en trois actes est de Poinsinet, comme on l'a déja annoncé, & a pour titre *Ernelinde.* Le sujet est la réunion des trois couronnes du Nord. Nulles images, un drame tout simple, tout nu, une tragédie mauvaise, mise en musique & avec le seul spectacle naissant du sujet. Voilà le squelette offert par l'auteur au public & annoncé depuis long-temps comme un colosse qui devoit écraser tous les opéra anciens & modernes. Aussi n'a-t-il point produit l'effet qu'on en espéroit. On a trouvé de beaux morceaux dans la musique, un récitatif obligé, très-savamment fait & très-bien chanté. On ne peut refuser des éloges au compositeur. On y remarque beaucoup de talent. Mais il est bien loin du degré de perfection qu'exige le théatre lyrique. Il seroit difficile de prononcer en dernier ressort sur cette nouveauté, & il faut la voir plusieurs fois pour juger de l'effet qu'elle fera sur les esprits & sur les oreilles en général. On n'a pas été satisfait à cette premiere représentation. Les amis du musicien accusent le poëme, qui à la vérité ne prête pas au chant & à la scene.

25 *Novembre* 1767. Les Florentins sont les premiers qui aient établi chez eux une académie d'agriculture; mais cet établissement si utile, & à l'imitation duquel il s'est formé depuis peu un grand nombre de sociétés d'agriculture, n'avoit point encore pris une forme réguliere. Il vient de la recevoir par un rescrit du grand duc de Toscane, donné le 31 juillet dernier, lequel porte entr'autres dispositions que cette académie distribuera tous les ans un prix consistant en une médaille d'or de la valeur de 25 sequins, à l'auteur de la meilleure piece qui sera envoyée à l'académie sur un sujet par elle proposé. La médaille représentera Minerve avec une branche d'olivier, donnant la main à Cérès, caractérisée par les épis dont elle est la déesse, & à Bacchus, assis sur un tonneau & couronné de pampre, avec cette inscription autour: *Rei agraria augenda*; & sur le revers: *Præmium in academiâ Florentinâ de re rusticâ* ARCHID. PETRI LEOPOLDI M. E. D. *liberalitate constitutum, anno* 1767.

26 *Novembre* 1767. Un plaisant a fait l'épigramme ou chanson suivante, sur le nouvel opéra de Poinsinet:

<blockquote>
La muse gothique & sauvage,
De Poinsinet,
La muse a fait caca tout net.
A Philidor rendons hommage,
Et réservons le persiflage,
A Poinsinet.
</blockquote>

27 *Novembre* 1767. L'affluence avoit prodigieu-

sement diminué aujourd'hui à l'opéra : à cinq heures & demie on entroit encore facilement dans le parterre, & l'on a pu juger avec plus de réflexion & de tranquillité. On continue à rejeter sur la méchanceté du poëme & des paroles le peu de succès dans cet opéra. Ce défaut empêche l'effet des beautés musicales que Philidor a répandues dans son ouvrage, & qui étant faites pour produire de l'intérêt, n'y réussissent que foiblement, lorsque le charme est détruit par les absurdités. Le grand morceau du musicien est un récitatif obligé, dont on a déja parlé, & qui auroit pu ramener le spectacle des *Eumenides* d'*Eschyle*, si ce qui l'occasione eût été plus vrai, ou plus vraisemblable, ou mieux préparé. *Ernelinde* forcée par le tyran à choisir entre son pere & son amant, se détermine, comme de raison, mais non dans l'ordre des passions, pour son pere. Son choix à peine est fait, que la douleur, les remords la tourmentent : elle croit entendre l'ombre de son amant lui reprocher son ingratitude. L'accompagnement de ce récitatif est exécuté en partie par des cors, qui par des *Crescendo* admirables, peignent à l'imagination les cris d'une ombre plaintive. On trouve encore des *duo*, un *trio*, un ou deux chœurs de la plus grande beauté, &, quoi qu'en disent les détracteurs de ce genre, des symphonies & des airs de danse fort agréables dans le ballet de la fin. On se persuade, malgré tout cela, que cet opéra ne se soutiendra pas. Ce seroit une grande perte pour les entrepreneurs, qui ont fait beaucoup de dépense.

28 *Novembre* 1767. L'empereur de la Chine a envoyé en France par la compagnie des Indes

des deſſins magnifiques de conquêtes, pour être gravés par nos meilleurs artiſtes. M. le marquis de Marigny préſide à l'exécution de cet ouvrage.

29 Novembre 1767. Sur l'opéra de Philidor.

> Qui veut de tout, de tout aura,
> Qu'il aille entendre l'opéra,
> Chant d'égliſe, chant de boutique,
> Du bouffon & du pathétique,
> Et du romain & du françois,
> Et du baroque & du niais,
> Et tout genre de ſymphonie,
> Marche, fanfare *& cetera*;
> Rien ne manque à ce drame-là,
> Sinon eſprit, goût & génie.

29 Novembre. M. Dorat vient de faire paroître *la danſe*, chant quatrieme, qui manquoit à ſon *Poëme de la Déclamation*. Il eſt précédé de notions hiſtoriques ſur la danſe, ſuivi d'une *réponſe à une lettre de province*.

1 Décembre 1767. Enfin la faculté de théologie vient de publier ſa cenſure contre *Béliſaire*; elle forme un volume in-4°. françois & latin, de 231 pages. Elle s'eſt reſtreinte à 15 propoſitions, qu'elle diſſeque, & dont il réſulte la condamnation la plus détaillée. Elles ſont toutes extraites du chapitre XV. Mais les ſages maîtres annoncent que s'ils examinoient à la rigueur d'autres chapitres, pluſieurs mériteroient auſſi de fortes qualifications. On doit ſe rappeller que les commiſſaires avoient d'abord propoſé à la cenſure de la Sorbonne 37 aſſertions. Ce choix n'a pas été ſuivi en tout.

Cette censure est terminée par une espece de profession de foi sur la tolérance civile, en ce qui concerne la religion : article bien délicat, & sur lequel la faculté de théologie s'explique de façon à ne point laisser prise sur l'opinion qu'elle veut donner de ses sentiments à l'égard des droits de l'église envers les puissances de la terre. La conclusion de cette censure, portée dès le 26 juin dernier, a essuyé beaucoup de contradictions, ce qui en a retardé la publication.

3 *Décembre* 1767. M. le chevalier de Ressiguier, connu par des vers satiriques contre madame la marquise de Pompadour, qui lui ont mérité sa détention à Pierre-scize pendant plusieurs années, se trouvoit, il y a quelques jours, à souper chez M. le lieutenant-général de police avec beaucoup de monde. Il y avoit entr'autres personnes M. Daisne, maître des requêtes, nommé depuis peu à une intendance. Ce dernier parloit des parlements d'une façon peu patriotique. M. de Ressiguier voulut lui en faire sentir l'indécence. L'autre ne fit que confirmer & soutenir ses assertions. La conversation s'échauffa entr'eux à tel point, que M. Daisne repliqua vivement à l'autre : « En tout cas, Monsieur, si mes propos vous » déplaisent, ils ne me feront pas mettre à » Pierre-scize. » —— *Vous avez raison, Monsieur, ils sont d'un homme qui n'est digne que de Bicêtre.*

3 *Décembre* 1767. On ne peut omettre une pantomime exécutée le dimanche 29 novembre au dernier bal de l'opéra. Une troupe de six masques est entrée, trois habillés dans le costume des différents rois, personnages de l'opéra

moderne, avec des inscriptions qui les caractérisoient : un 4e. faisoit *Ernelinde*, & portoit écrit sur son front, *femme impie* (hémistiche répété souvent :) le 5e. en habit déguenillé, en mauvaise perruque, avec un domino de papier couvert de vers, tirés du poëme, figuroit la poésie. Le dernier étoit revêtu d'un domino aussi bariolé de toutes sortes de notes de musique. De ces deux figures la premiere paroissoit se soutenir sur l'autre & la faire chanceler. Ce grouppe, après s'être promené beaucoup dans l'assemblée & s'être fait remarquer de tout le monde, s'est remis au milieu de la salle, & ils sont tombés tout ensemble & tout-à-plat.

5 *Décembre* 1767. Deux filles du commun, nées à Compiegne & venues pour se soustraire à une suite de malheurs, y ont donné dans leur obscurité le spectacle rare de l'amitié la plus constante & la plus courageuse. Leur vertu est heureusement venue à la connoissance de madame la comtesse de Forcalquier, elle en a fait part à madame la marquise du Deffant, & ces deux dames ont excité la charité de M. le duc & de madame la duchesse de Choiseul, de M. le duc de Penthievre & de diverses autres personnes de de la cour, au point qu'on a assuré un sort honnête & une sorte de bien-être à ces deux infortunées. Il manquoit un historien à tant de belles & généreuses actions ; madame la présidente de Mesnieres, ci-devant madame Bellot, connue par des romans & différentes autres productions, vient de les célébrer dans une espece de nouvelle manuscrite, intitulée : *Le triomphe de l'amitié*, ou *Jacqueline & Jeanneton*. Les faits y sont simples & vrais, mais revêtus de tout le charme, de

tout le pathétique qu'y peut mettre une femme sensible, exercée à écrire. Sa modestie & quelques raisons de brouillerie particuliere ne lui permettent pas de la donner au public.

Un de ces deux personnages est attaqué d'une épilepsie accidentelle, & M. Maloët, médecin accrédité & fort charitable, a entrepris la cure gratuitement.

7 *Décembre.* On doit se rappeller deux chants du *poëme de la guerre de Geneve*, qui ont paru, il y a quelques mois, le premier & le troisieme. Le second se donne aujourd'hui. Il est inférieur aux deux autres : nulle gaieté & peu de poésie, un détail aride des principaux chefs des troubles, &c.

7 *Décembre* 1767. Mlle. Reich a débuté jeudi à l'opéra, dans un monologue du ballet *des Sens*, où brilloit autrefois Mlle. le Maure. Sa voix est belle & très-étendue, mais elle chante faux assez souvent ; elle n'a point de goût, & sa figure épaisse, ainsi que sa taille, lui donnent une représentation peu avantageuse pour le théatre.

8 *Décembre.* 1767. *Epigramme sur les œuvres de M. Dorat.*

Bons Dieux ! que cet auteur est triste en sa gaîté !
Bons Dieux ! qu'il est pesant dans sa légéreté !
Que ses petits écrits ont de longues préfaces ;
Ses fleurs sont des pavots, ses ris sont des grimaces :
Que l'encens qu'il prodigue est plat & sans odeur !
C'est, si je veux l'en croire, un heureux petit maître,
Mais si j'en crois ses vers, ah ! qu'il est triste d'être
    Ou sa maîtresse ou son lecteur !

On attribue cette épigramme à M. de la Harpe, d'autres la prétendent de M. de Voltaire.

9 *Décembre* 1767. La réforme que l'on veut introduire dans les communautés religieuses, n'est pas vue du même œil par tous les membres. Plusieurs ont écrit contre cette prétendue innovation, & l'ont fait avec une amertume vraiment théologique. Un anonyme, pénétré du sentiment contraire, vient de publier une lettre sur la conventualité, & paroît démontrer que c'est l'amour de l'ordre, le respect pour les loix de l'église & des premiers instituteurs; qui a déterminé les principaux membres de la religion à rappeller à la vie cénobitique & à supprimer les communautés peu nombreuses. L'auteur de cette lettre, qui paroît fort instruit, appuie ses raisons d'autorités qui forcent à souscrire à son assertion.

10 *Décembre* 1767. Le *Dictionnaire de Musique* de Jean-Jacques Rousseau est incomplet à bien des égards. L'auteur a omis beaucoup de termes techniques, & grand nombre des instruments de symphonie. Il y a quelques définitions peu exactes; mais plusieurs articles sont traités avec une profondeur hors de la portée du commun des compositeurs, & qui étonne les plus habiles. On ne conçoit pas comment un homme qui a autant senti, autant pensé, peut avoir acquis à ce degré la théorie d'un art, aussi aride & dégoûtant dans ses principes, qu'agréable dans ses effets. On retrouve dans ce livre tous les paradoxes que ce philosophe a répandus dans ses autres écrits contre la musique françoise. Il ne paroît pas avoir rien changé de ses opinions sur ce point.

Son premier projet avoit été de réduire son dictionnaire en un corps de syſtême raiſonné ſur la muſique; ſans rien déranger à l'ordre alphabétique, il y auroit mis des renvois: par ce moyen toutes les parties ſe ſeroient éclairées & prêté un mutuel accord. Sa patience n'a pu aller juſqu'à l'exécution d'un pareil projet. En général, on deſire dans preſque tous ſes ouvrages cette belle unité, premiere qualité d'un chef-d'œuvre. Monſieur Rouſſeau eſt un génie impétueux, auquel il manque le flegme néceſſaire pour mettre la derniere main à ſes productions.

10 *Décembre* 1767. Un nommé le Roi, ci-devant pere de l'Oratoire, ſe diſpoſoit à donner une nouvelle édition des œuvres de M. Boſſuet. Elle eſt annoncée dans tous les journaux. Il en avoit déja paru une de la façon de M. l'évêque de Troyes, neveu de ce grand homme, qui avoit alarmé un certain clergé, qui prétendoit qu'on avoit inſéré dans cet ouvrage des productions étrangeres. Les journaliſtes de Trévoux avoient ſur-tout ſonné l'alarme, au point que l'éditeur avoit pris le parti de dépoſer le manuſcrit chez un notaire, & de ſommer les journaliſtes de reconnoître l'authenticité de l'écriture : matiere d'un procès dans lequel les jéſuites avoient ſuccombé. On voit l'arrêt imprimé à la tête du livre des élévations de M. Boſſuet, évêque de Troyes.

L'édition en queſtion ne donne pas moins d'inquiétude. L'annonce que M. le Roi a faite de manuſcrits retrouvés, fait craindre qu'on ne répande dans cet ouvrage diverſes opinions favoables au janſéniſme, pour lequel on ſait que

Tome III.   M

le grand Bossuet avoit un secret penchant. En conséquence le clergé s'est échauffé ; on a mis M. l'archevêque en jeu, il est allé chez M. le lieutenant-général de police, il l'a prié de suspendre l'impression de cet ouvrage. Le magistrat s'y est refusé, en disant que cela ne dépendoit pas de lui. M. l'archevêque a insisté, il a témoigné ses inquiétudes sur les interpollations qu'on pouvoit y glisser. M. de Sartines, pour le rassurer, a nommé un nouveau censeur : [le syndic Riballier] celui-ci doit suivre l'édition avec le plus grand soin, & ne rien laisser passer qui ne soit reconnu pour être de l'auteur. Au moyen de la nomination de cet examinateur peu agréable à M. l'archevêque, sa précaution devient nulle, & l'on ne doute pas que l'ouvrage ne contienne bien des choses qui lui déplairont & à ceux de son parti.

10 *Décembre* 1767. Le 4 décembre il y a eu en sorbonne un grand débat sur la nouvelle censure de *Bélisaire*. Il faut savoir l'anecdote qui y a donné lieu.

On a dit que cette censure préparée, rédigée, arrêtée par la faculté de théologie, suivant la conclusion portée le 26 juin 1767, avoit déplu au ministere, par quelques propositions concernant la nécessité de l'*intolérance civile*, sur laquelle M. l'archevêque & ce corps devoient appuyer de concert, & caver au plus fort en proscrivant le livre en question. L'ouvrage étoit resté suspendu pour la publicité ; le gouvernement a imaginé de mander les gens du roi, & de leur proposer de corriger ce qui blessoit sur l'article en question : les corrections ont été faites ; on a exigé du syndic *Riballier*, homme dévoué à la cour, de les faire passer. Celui-ci a gagné les commissaires, au point que de quinze un seul a réclamé contre les nouveaux sentimens qu'on prêtoit à la faculté; & il étoit décidé que la censure paroîtroit en cet état. Il en a même été délivré des exemplaires. Cependant l'assemblée s'est tenue: on a fait les reproches les plus vifs au syndic & aux commissaires d'avoir laissé glisser des opinions aussi erronées. On a voulu dresser sur le champ une protestation. Ce syndic a cherché à calmer les esprits; & ayant obtenu que la délibération seroit renvoyée au mois prochain, il a remercié les sages maîtres de leur déférence à son avis, & en même temps a tiré une lettre de cachet pour leur prouver qu'ils avoient d'autant mieux fait, qu'il avoit des ordres supérieurs pour arrêter toute délibération à cet égard. Cependant M. l'archevêque, fâché de se voir désuni par-là de la façon de penser avec la faculté, s'est trouvé dans le plus grand embarras sur son mandement. Les évêques zélateurs se sont assemblés chez ce prélat, & il paroît qu'ils ont obtenu quelque retard de la cour, puisque l'ouvrage qui devoit être mis en vente hier 7 décembre, est décidément arrêté.

11 *Décembre* 1767. On a brûlé aujourd'hui, au pied du grand escalier du palais, un imprimé ayant pour titre: *Réflexions d'un Universitaire*, en forme de mémoire à consulter concernant les lettres-patentes du 20 août 1767, suivant l'arrêt du parlement rendu, les chambres assemblées, le 9 décembre.

12 *Décembre* 1767. L'académie des belles-lettres a élu le 4 de ce mois M. de Rochefort à la place de M. Mesnard. M. de Rochefort est connu

pour un grand enthousiaste d'Homere; il a entrepris en vers la traduction de ce poëte : il a déja donné au public les six premiers livres.

12 *Décembre* 1767. Pour contrebalancer la *censure de Bélisaire* par la faculté de théologie de Paris, on vient de faire imprimer des lettres de l'impératrice de Russie, du roi de Pologne, du prince royal de Suede & de différents hommes illustres du nord, qui font le plus grand éloge du livre, & traitent les sages maîtres comme des cuistres. Avant la publicité de ce manuscrit, M. Marmontel a fait mettre prudemment dans les petites affiches qu'il avoit perdu son portefeuille, & l'on ne doute pas que les originaux n'y fussent. Il met par-là sa modestie à couvert, & se disculpe de tout reproche. Il a prévenu ensuite qu'on lui avoit renvoyé anonymement ledit portefeuille réclamé.

13 *Décembre* 1767. Il paroît dans le public un drame qui a pour titre : *l'Honnête Criminel*, en cinq actes & en vers. Il y regne un intérêt d'autant plus touchant, que l'on assure que le héros de la piece vit encore retiré à Gauye en Languedoc, & se nomme *Fabre*. Le fond du sujet est le fils d'un religionnaire, qui se substitue à la chaîne des galeres pour son pere, dont le seul crime est d'être protestant, & d'avoir été à des assemblées proscrites par le gouvernement. Cette piece, par rapport au fond, n'est pas susceptible d'être jouée sur un théatre public, & n'a que la tolérance de l'impression. Son auteur attendrit par des situations vraiment de sentiment : il révolte par un style inégal & rempli de trivialités. C'est le premier ouvrage connu d'un jeune homme de

vingt-six ans : il se nomme *Fenouillot de Falbaire*, & étoit ci-devant abbé.

14 *Décembre* 1767. La brûlure dont le parlement a illustré le *mémoire d'un universitaire*, n'a servi qu'à lui donner plus de célébrité, & à le faire rechercher davantage en le rendant plus rare.

Avant d'en rendre compte, il faut premiérement observer qu'en faisant rentrer le college de Louis le Grand dans le sein de l'université, deux choses avoient été principalement établies pour le bien & l'avantage de cette maison, dont on vouloit faire comme le chef-lieu & le centre de ce corps littéraire. Ces deux choses étoient, un bureau de discipline qui en embrassoit l'ordre moral, & un bureau d'administration concernant l'ordre physique ou des biens temporels. On avoit en outre réuni à ce college tous les boursiers épars dans quantité d'autres petits colleges subalternes.

L'auteur du mémoire prétend que par les lettres-patentes du 20 août dernier, le bureau de discipline est supprimé, celui d'administration est augmenté, une nouvelle forme de régie est ordonnée, toutes les bourses, quant à la valeur, sont réduites à une même espece. La durée de plusieurs d'elles est changée, l'application & la destination de celles qui étoient affectées aux facultés de droit & de médecine est réunie, jusqu'à ce que ces facultés aient fourni leur mémoire & donné leur avis à ce sujet. Les bourses théologiques ne sont promises qu'à condition que ceux qui en étoient titulaires auront obtenu de nouvelles provisions. L'admission définitive des boursiers est reculée & attachée à des conditions qui la rendent arbitraire. Leur destination est abandonnée à une autorité qui, faute de digue, pourroit devenir despotique. Les aliénations sont autorisées, sans qu'au préalable l'université & les supérieurs majeurs en aient été avertis, ou qu'ils en aient donné leur avis. Pour prouver les différentes assertions, l'universitaire divise son mémoire en deux parties : la première traite des atteintes données à la dignité & aux droits de l'université, quant au temporel; la seconde, des atteintes données à l'autorité de l'université relativement à l'ordre moral.

14 *Décembre* 1767. Le sieur Vestris est rentré à l'opéra après beaucoup de négociations, & a été réintégré dans son rang de premier danseur. Comme Gardel avoit été mis à ses appointements, & ainsi de suite, les directeurs n'ont point voulu retrancher les augmentations qu'ils avoient faites, & c'est une charge de plus pour eux.

15 *Décembre* 1767. Il est question du *Joueur Anglois*, piece traduite par M. Saurin, & dont les comédiens s'occupent. On prétend que cet académicien a apporté de nouvelles situations à ce drame, déja très-intéressant & très-noir. Il est écrit en vers libres. Il a été joué à Saint-Germain, chez M. le duc de Noailles, par les dames & seigneurs de sa société; il a fait grande sensation.

17 *Décembre* 1767. M. Dorat a pris le parti de répondre aux vers contre ses *œuvres*; mais il a mis l'épigramme dans le procédé, & tout le monde applaudit à la façon honnête & ingénieuse dont il s'est tiré d'un pas toujours difficile, quand l'amour-propre est en jeu. Quoique l'épigramme passe généralement pour être de M. de la Harpe, comme quelques personnes l'attribuent

à M. de Voltaire, il est parti de là, & la supposé réellement de ce grand poëte. Voici ce qu'il lui dit:

 Grace, grace, mon cher censeur,
Je m'exécute, & livre à ta main vengeresse
 Mes vers, ma prose & mon brevet d'auteur.
 Je puis fort bien vivre heureux sans lecteur;
 Mais par pitié laisse-moi ma maîtresse.
Laisse en paix les amours, épargne au moins les miens.
Je n'ai point, il est vrai, le feu de ta saillie,
 Tes agréments; mais chacun a les siens.
 On peut s'arranger dans la vie;
 Si dans mes vers Eglé s'ennuie,
 Pour l'amuser je lui lirai les tiens.

20 *Décembre* 1767. Il s'est formé à Paris une nouvelle secte appellée *les Economistes*: ce sont des philosophes politiques, qui ont écrit sur les matieres agraires ou d'administration intérieure, qui se sont réunis & prétendent faire un corps de système, qui doit renverser tous les principes reçus en fait de gouvernement, & élever un nouvel ordre de choses. Ces messieurs avoient d'abord voulu entrer en rivalité contre les encyclopédistes, & former autel contre autel: ils se sont rapprochés insensiblement: plusieurs de leurs adversaires se sont réunis à eux, & les deux sectes paroissent confondues dans une. Quesnay, ancien médecin de Mde. la marquise de Pompadour, est le coryphée de la bande; il a fait, entr'autres ouvrages, la *Philosophie rurale*. M. de Mirabeau, l'auteur de *l'Ami des hommes* & de *la Théorie de l'Impôt*, est le sous-directeur. Les assemblées se tiennent chez

lui tous les mardis, & il donne à dîner à ces messieurs. Viennent ensuite M. l'abbé Baudot, qui est à la tête des *Ephémérides du Citoyen*; M. Mercier de la Riviere, qui est allé donner des loix dans le Nord, & mettre en pratique en Russie les spéculations sublimes & inintelligibles de son livre de *l'Ordre naturel & essentiel des Sociétés politiques*; M. Turgot, intendant de Limoges, philosophe pratique & grand faiseur d'expériences; & plusieurs autres, au nombre de dix-neuf à vingt. Ces sages modestes prétendent gouverner les hommes de leur cabinet, par leur influence sur l'opinion, reine du monde.

25 *Décembre* 1767. M. de la Loupriere a envoyé à M. Dorat le madrigal suivant, à l'occasion de l'épigramme qu'on a vue sur les vers de ce poëte:

Non, les clameurs de tes rivaux
Ne te raviront point le talent qui t'honore;
Si tes fleurs étoient des pavots,
Tes jaloux dormiroient encore.

27 *Décembre* 1767. Mlle. Duprat, chanteuse de chœurs à l'opéra, ayant besoin de 268 livres, il y a neuf ans, M. Poinsinet s'offrit de les lui faire trouver sur une montre de 40 louis qu'elle avoit. Cette demoiselle lui confia sa montre, & M. Poinsinet lui apporta l'argent, sans lui donner aucun renseignement sur ce qu'étoit devenu le bijou : il se contenta de lui en faire une reconnoissance. Quelque temps après Mlle. Duprat se trouvant en fonds, remit à son agent douze louis pour retirer sa montre, & payer le principal

& les arrérages du prêt: oncques depuis elle n'a revu ses douze louis, ni sa montre, ni M. Poinsinet. Depuis qu'il est question de son opéra, elle a retrouvé cet auteur; elle l'a d'abord traduit devant M. le lieutenant-général de police, qui a bien voulu s'en mêler. Mais ce magistrat ayant en vain interposé sa médiation, il a conseillé à la demoiselle de porter l'affaire en justice réglée; ce qui a été fait. Un nommé Vermeille, avocat en possession de faire des mémoires plaisants, & de remplacer le sieur Marchand à cet égard, se propose de s'égayer sur la friperie de M. Poinsinet. Il a de quoi: savoir si la police permettra l'impression de cette facétie.

28 *Décembre* 1767. On écrit de Naples qu'on a déterré une antique statue d'airain du fameux Annibal, général des Carthaginois, dans le voisinage de la vieille Tunis, sur la côte de Barbarie. Il paroît qu'elle a été fondue dans le temps de la seconde guerre punique.

29 *Décembre* 1767. Le parlement & le conseil s'étant battus réciproquement à l'occasion d'un maître des requêtes nommé *Chardon*, un facétieux a fait l'épigramme suivante:

Pour un *Chardon* on voit naître la guerre.
Le parlement à bon droit y prétend,
 Et d'un appétit dévorant,
 S'apprête à faire bonne chere.
Le roi leur dit: « Messieurs, tout doucement!
 » Je ne saurois vous satisfaire:
 » Laissez-là tout cet appareil;
» Je vois mieux ce qu'il en faut faire;
 » Je le garde pour mon conseil! »

30 Décembre 1761. Le *courier du Bas-Rhin*, dont on a parlé, est arrêté depuis quelque temps. Le ton de licence & d'impiété qui régnoit dans cet ouvrage, n'a pas permis de le tolérer plus long-temps en France. On prétend qu'il se continue à Cleves sous les auspices du roi de Prusse.

Le *gazetin de Bruxelles* vient d'être supprimé plus récemment : quoique M. de Bastide, l'auteur de ce journal, respectât la religion & les mœurs, tant de particuliers dont on y relevoit les ridicules, se sont émeutés contre cet ouvrage, que l'introduction en a été défendue en France ; & le ministere a pris la chose si fort à cœur, qu'il y a intéressé celui de Vienne, & ledit gazetin est supprimé à sa source même.

ANNÉE M. DCC. LXVIII.

1 Janvier. LE *Calendrier historique & chronologique des Théatres*, pour cette année 1768, contient des changements & additions très-propres à flatter les amateurs. Le spectacle de Nicolet & autres treteaux de la foire qui y avoient été omis, y occupent leur rang dans le plus grand détail. Mais ce qui doit sur-tout flatter les étrangers & la jeunesse galante, ce sont les adresses qu'on y donne de toutes les demoiselles d'opéra. Quelques rieurs avoient empêché que cette notice utile ne fût continuée ; on en a senti l'importance, & les éditeurs se sont rendus à la nécessité publique.

2 Janvier 1768. Ernelinde, que la curiosité du public a soutenue quelque temps, commence à tomber. Jamais on n'a mieux défini cet opéra, qu'en disant que *la musique y ressemble à tout, & que les paroles n'y ressemblent à rien.*

2 Janvier. M. Dupont, trésorier de l'école militaire, & associé à l'intendance dont il a la survivance, vient de publier un livre intitulé, *la Physiocratie*. Cet ouvrage, qui devroit être à la portée des gens les plus simples, puisqu'il traite de la beauté de la nature & des travaux de la campagne, commence par un titre scientifique & inintelligible. C'est un membre de la société des *économistes* ; & voilà à peu près comme écrivent tous ces messieurs.

3 Janvier 1768. La cour redoutoit l'assemblée de la faculté de théologie qui devoit se tenir hier. En conséquence, le syndic Riballier avoit une lettre de cachet qui défendoit toute délibération quelconque sur la censure de *Bélisaire*, réputé l'ouvrage complet & absolu de ce corps. Le doyen Xaupy avoit ordre, en cas qu'on voulût faire des représentations sur le fond & sur la forme, de déclarer qu'il n'y pouvoit consentir ; que les sages maîtres pourroient en arrêter cependant dans des assemblées particulieres, mais qu'il ne pourroit en être question dans une assemblée générale. Soit que les craintes du ministere fussent mal fondées ; soit que les docteurs eux-mêmes, qui n'ignoroient pas ce dont il étoit question, fussent effrayés, il a été foiblement parlé de la censure : la délibération a encore été renvoyée, & les doyens & syndic n'ont pas été dans le cas de faire usage de leurs pouvoirs.

Cette circonstance embarrasse M. l'archevêque, dont le mandement est tout imprimé. On ne sait s'il le fera paroître. On le dit bon, en ce qu'il est court, & qu'il a la prudence de ne traiter que vaguement l'article des deux pouvoirs.

3 Janvier 1768. Autre Epigramme sur l'affaire de M. Chardon.

De tout temps on a vu le sénat de la France
Se mettre en mouvement pour de grands intérêts :
On a vu le conseil, du moins en apparence,
Prendre le bien public pour but de ses arrêts :
    Mais aujourd'hui, par un cas fort étrange,
Un Chardon, à lui seul, fixe l'attention
De tous nos magistrats, qui prennent bien le change ;
Puisqu'un objet si mince en est l'occasion.

4 *Janvier* 1768. Les comédiens Italiens ont donné aujourd'hui la premiere représentation de *l'Isle sonnante*, comédie en trois actes, mêlée d'ariettes. Les paroles sont de M. Collé, lecteur de M. le duc d'Orléans; la musique est de Monsigny. Cette piece de féerie, dont il étoit question depuis long-temps, & qu'on paroissoit avoir rejetée comme détestable pour le poëme, a trouvé grace, retouchée par le sieur Sédaine, qui n'a pu, avec tout son art, en faire un bon drame. C'est un amphigouri, une parade, une parodie; c'est en un mot un ouvrage très-digne des treteaux de la foire, qui a pu amuser à Bagnolet la cour de M. le duc d'Orléans, mais qui n'a aucun sel pour le public. Peut-être qu'en un acte cette bouffonnerie auroit passé, & se seroit soutenue par sa gaieté folle. La musique est pleine de choses agréables & qui plaisent. Il y a de belles décorations. M. le duc d'Orléans, comme protecteur de l'auteur, étoit annoncé sur l'affiche.

5 *Janvier* 1768. Extrait d'une lettre de Berlin, du 10 *décembre*. L'académie royale des sciences & belles-lettres de cette ville, dans son assemblée du 3 de ce mois, a reçu un témoignage très-glorieux pour elle de la bienveillance de l'impératrice de Russie. Cette auguste princesse a remis au comte de Solms, ministre plénipotentiaire de Prusse en Russie, un volume en langue Russe, in-8°. relié en étoffe d'or, qui contient ce qui a été fait jusqu'ici dans l'important ouvrage de la nouvelle législation, en le chargeant de l'envoyer à notre académie royale, comme une marque de son gracieux souvenir, & comme une assurance de sa considération

particuliere pour elle : faveur dont aucune autre académie n'a été honorée. Le professeur Formey, secretaire perpétuel, qui avoit reçu le volume des mains du comte de Falkenstein, à qui le comte de Solms l'avoit fait parvenir, l'a présenté à l'académie, qui a été pénétrée de cette grace, & il a lu en même temps la lettre de remerciement à S. M. impériale, qu'il avoit préparée, & qui, étant approuvée, a été signée.

6 Janvier 1768. Extrait d'une lettre de Rome, du 14 *décembre*. M. le Brun, célebre sculpteur François, vient de découvrir, dans l'église de Saint Charles-de Milan, une statue colossale de Judith, en marbre blanc. Elle est admirée de tous les connoisseurs, pour la correction & le fini des contours, pour la belle simplicité des ornements, & pour la légéreté & l'élégance de la draperie. Il est à terminer actuellement le buste du pape régnant, & il partira au commencement de janvier pour Varsovie, où le roi de Pologne le demande. Ce monarque lui destine une place distinguée dans son académie des beaux arts.

6 Janvier. La comédie du *Joueur Anglois* de M. Saurin, qui devoit passer la premiere aux François, est renvoyée bien loin, par l'impertinence du sieur Bellecour, qui n'a pas voulu accepter le rôle que lui destinoit l'auteur, le jugeant inférieur pour lui. Il est surprenant qu'on n'arrête pas l'insolence de ces histrions.

6 Janvier. Au moyen des difficultés qu'essuie le *Joueur* de M. Saurin, les François vont donner incessamment une tragédie d'un auteur qui débute, intitulée : *Amélise*.

7 Janvier 1768. *Le Militaire Philosophe, ou difficultés sur la Religion, proposées au R. P. Mallebranche, prêtre de l'Oratoire, par un ancien officier.* Tel est le titre du livre dont on a déja parlé vaguement. Si l'on en croit l'avertissement, on ne connoît point l'auteur. Ce traité est imprimé pour la premiere fois, d'après un manuscrit provenant de l'inventaire de feu M. le comte de Vence. Ce livre dangereux est composé avec beaucoup de méthode & de logique. Il est d'un homme qui cherche plus à convaincre qu'à persuader. Nul enthousiasme, nulle chaleur; un style, un raisonnement froid : voilà ce qui le caractérise. Il est assez dans le goût & dans le style de *Freret*. On promet au public un ouvrage sur la morale du même philosophe. Il annonce lui-même dans une note que ses principes sur cette matiere sont développés dans un autre traité, où il prétend faire voir l'indépendance de la morale de toute religion factice, qui ne peut jamais que nuire à la morale universelle, ou à la religion de la nature.

8 Janvier 1768. Il a été établi à Paris une école gratuite de dessin, dont l'ouverture s'est faite au mois de septembre 1766, sous la direction de M. Bachelier. L'utilité de ce projet a engagé le roi à l'autoriser par des lettres-patentes du 20 octobre 1767, & il a en même temps été rendu un arrêt du conseil qui nomme six personnes pour former un bureau de discipline & d'administration concernant cette école, dont le lieutenant de police doit être le président-né. Pour exciter l'émulation, il a été distribué le 28 du mois dernier soixante-six prix dans une des salles des Tuileries. Cette assemblée a eu lieu avec toute la solemnité possible. On y a invité les six corps des marchands, tous les amateurs distingués, & quantité de personnes illustres. M. Bachelier a ouvert la séance par un discours politique aux éleves, qui y étoient au nombre d'environ quinze cents. Il leur a fait sentir toute l'obligation qu'ils avoient à leur maître & au sage magistrat sous le gouvernement duquel ils recevoient un secours si utile & si propre à développer les talents. La cérémonie a été suivie de ces acclamations vives, témoignages naïfs du sentiment des enfants, véritables interpretes de leurs cœurs.

9 Janvier 1768. Les comédiens François ont donné aujourd'hui *Amelise*, tragédie nouvelle dont on a parlé, d'un M. Dulis, employé dans les bureaux à Versailles, âgé de plus de quarante ans. Ce drame qui ne mérite aucune analyse, est tombé, sans pouvoir se relever comme tant d'autres. On ne conçoit pas comment les comédiens, qui font les difficiles vis-à-vis les auteurs, & sont quelquefois plusieurs années à recevoir une piece, ont pu agréer celle-ci, détestable en tout point, qui n'a pu les séduire ni par des coups de théatre, ni par la beauté de la versification. Cet exemple prouve mieux que jamais combien ces juges sont ineptes & destitués de toutes les qualités nécessaires pour un pareil examen.

10 Janvier 1768. *Ernelinde* ne pouvant plus se soutenir, & la recette diminuant trop sensiblement, les directeurs de l'académie royale de musique sont obligés de remettre *Titon & l'Aurore*, qui doit être joué mardi prochain, 12 de ce mois.

10 *Janvier* 1768. On parle d'une plaisanterie récente de M. de Voltaire, intitulée *le Dîner*. C'est un dialogue entre un grand vicaire, l'*abbé Couet*, M. *& Mad. de Boulainvilliers*, & *Freret*, ce fameux athée de l'académie des belles-lettres. Il est en trois parties, embrassant l'avant-dîner, le dîner & l'après-dîner. La religion est ordinairement la matiere principale des nouveaux pamphlets de M. de Voltaire. Celui-ci, de deux cents pages, est encore fort rare : on le dit très-gai & très-impie.

10 *Janvier Ernelinde* n'a eu que dix-huit représentations. M. le duc de Chartres avoit parié cent louis que cet opéra n'iroit pas à vingt. Il a gagné.

11 *Janvier* 1768. Dans un conseil tenu le lundi 4 janvier, S. M. a signé le nouveau projet pour continuer la reconstruction du Louvre. Il y a eu de grands débats. M. le contrôleur-général s'opposoit fortement à cette dépense. M. le marquis de Marigny l'a emporté. Il sera appellé *le Palais des sciences & des Arts*. On y doit transporter la bibliotheque du roi, y établir un *Museum*, c'est-à-dire, une galerie, où l'on placera les bustes & les monuments élevés aux Génies de la nation. Les cabinets d'histoire naturelle, les académies, les tableaux du roi, &c. occuperont ce grand monument. On doit vendre l'emplacement de la bibliotheque du roi, lorsqu'elle sera transportée.

11 *Janvier*. M. Luneau de Boisgermain vient de remettre en vente la nouvelle édition de Racine, avec le commentaire. C'est une singerie du

Corneille de M. de Voltaire, qui peut être meilleure, & très-mauvaise encore.

12 *Janvier* 1768. On diftribue le *profpectus* d'un nouveau journal appellé le *Journal d'éducation*. Le chef-lieu de cette compofition eft Amiens, où l'auteur réfide apparemment. Il préfente fon projet fous un très-beau point de vue, mais l'exécution en paroît difficile; elle fera néceffairement monotone & minutieufe.

12 *Janvier*. Il fe paffe de grands mouvements dans la littérature relativement au *Mercure*. Un ci-devant avocat, devenu libraire, nommé *la Combe*, offre de fe charger de l'entreprife du journal, de payer toutes les penfions affignées deffus, de faire un fort très-heureux à M. de la Place, d'augmenter même les fonds de cet établiffement. Il ne demande que la liberté de faire faire l'ouvrage par qui bon lui femblera. On croit que c'eft pour le remettre entre les mains de M. de Marmontel.

13 *Janvier* 1768. L'opéra a remis hier *Titon & l'Aurore*, qui doit avoir fix repréfentations jufqu'à *Dardanus*. Les gens habitués à l'harmonie forte du dernier opéra, ont trouvé celle-ci nue & trop fimple.

Il n'eft plus queftion d'*Iffé*, qu'on devoit jouer. Les directeurs ont eu peur que la fimplicité de la mufique ne fît aucun effet.

14 *Janvier* 1768. Dans la lettre de cachet préfentée à la faculté de théologie le 2 de ce mois, le roi déclare qu'il n'y a dans l'expofé des principes fur les deux puiffances, que ce que la faculté a enfeigné ou dû enfeigner fur

cet objet. Elle n'en convient pas, mais ses réclamations n'étant consignées nulle part, & le livre se débitant sous son nom, cette doctrine passe pour la sienne, & c'est une astuce de la cour qui a réussi.

14 *Janvier* 1768. Au moyen du transport de la bibliotheque du roi au Louvre, on sera en état d'en vendre l'emplacement & les bâtiments actuels ; & des fonds qui en proviendront, M. de Marigny compte pouvoir achever la partie qui donne sur la riviere & sur le jardin de l'infante.

15 *Janvier* 1768. M. Rousseau de Geneve étant venu à Paris avec son opéra des *Neuf Muses*, que les nouveaux directeurs lui ont demandé, il s'en est fait une répétition chez le prince de Conti au Temple, où l'on a conclu que cet opéra n'étoit pas jouable.

M. Rousseau a par occasion été voir son *Devin de Village*; il est sorti enthousiasmé du jeu de Mlle. d'Ervieux.

16 *Janvier* 1768. La faculté de Médecine a rendu hier un décret de tolérance à l'égard de l'inoculation. Il a passé à la pluralité de 30 voix contre 23 ; mais il faut qu'il soit confirmé dans une assemblée subséquente.

Quelques docteurs sont d'avis en outre d'établir une espece de bureau, où les gens qui voudront se faire inoculer se présenteront, pour qu'on examine s'ils ont toutes les qualités requises, & si cette opération ne pourroit pas leur être nuisible. Ces commissaires pour l'inoculation donneront leur consultation *gratis*. Ce n'est encore qu'un projet de perfection, qui n'est pas sur le point de se réaliser.

Lorsque le décret de la faculté sera revêtu

de toutes fes formalités, il faudra qu'il foit remis au procureur-général. Il fera enfuite communiqué à la faculté de théologie, qui s'expliquera & donnera fa décifion. Avant que ce concours de fuffrages foit réuni, il s'écoulera bien du temps.

17 *Janvier* 1768. On vient de rendre public dans un écrit périodique qui s'imprime en Allemagne, une relation authentique de la mort du marquis Monadelfchi, grand écuyer de la reine Chriftine de Suede, par le R. P. le Bel, miniftre de la Ste. Trinité du couvent de Fontainebleau, copiée fur le manufcrit original qui eft conservé dans la bibliotheque de ce couvent.

Ce morceau d'hiftoire eft d'autant plus curieux, que ce *P. le Bel* eft celui que la reine prit pour unique confident dans cet affaffinat, & qui fut le confeffeur du patient.

18 *Janvier* 1768. La Secte des *Economiftes* a une rivale. A la tête de ce dernier parti eft M. de Forbonais. Les premiers regardent l'agriculture comme le feul bien d'un état. Ceux-ci font réfider fa richeffe dans les manufactures & dans la commerce. Ces meffieurs, fuivant l'ufage, fe chantent pouille réciproquement. Chaque parti a un journal, qui eft comme l'arfenal où fe dépofent tous les traits qu'on fe lance de part & d'autre. Les *Ephémérides* dont on a parlé, eft celui des *Economiftes*: le *Journal Economique* eft le répertoire de l'autre fecte. C'eft M. de Grace qui fait ce dernier journal.

19 *Janvier* 1768. L'affemblée de la faculté de théologie du *primâ menfis* de ce mois, prorogée au jour du lundi 18, a enregiftré la let-

tre de cachet du roi, qui leur défend de délibérer & de réclamer contre l'addition faite à la censure de *Bélisaire*, & a cependant délibéré que cette addition n'étoit pas son ouvrage, s'abstenant néanmoins de dire son sentiment sur le fond de cette addition.

19 *Janvier* 1768. M. l'abbé Barthelemy, garde des médailles du roi, de l'académie des belles-lettres, a succédé à M. Dubois dans la place de secretaire-général des Suisses. Cette place vaut 30,000 livres de rentes. Elle est faite pour un tout autre homme qu'un savant, & des officiers-généraux l'ont reçue pour récompense.

20 *Janvier* 1768. La fermentation de Bretagne semble se soutenir malgré le laps du temps. On vient d'imprimer au commencement de cette année *la liste des membres du parlement actuel de Rennes, avec des notes satiriques*. On y a joint une lettre de M. Dugay, nouvel intendant de Bretagne, très-propre à le couvrir de ridicule.... On y a joint un jeu de mots qui n'en est peut-être un qu'aux oreilles.

21 *Janvier* 1768. La comédie des *Fausses Infidélités*, qui devoit avoir lieu hier, & qui avoit été même affichée, n'a point été jouée par défense de la police, qui a trouvé mauvais que les histrions se fussent donné les airs de l'annoncer avant que le manuscrit lui eût été présenté & d'avoir son attache.

22 *Janvier* 1768. M. Sédaine, auteur du *Philosophe sans le savoir*, ayant envoyé chercher de l'argent à la caisse des comédiens, a été fort surpris quand on lui a dit que la piece étoit tombée dans les regles, & qu'il n'y avoit plus

de droit. L'auteur confondu a écrit aux histrions une lettre à cheval, où il les traite avec le dernier mépris, & taxe même leur probité, en se plaignant : 1°. Qu'il n'a point été averti : 2°. Que les comédiens ont malicieusement joué sa piece dans des circonstances malheureuses, où ils sentoient bien qu'il n'iroit personne au spectacle : 3°. Qu'ils louent pour 50,000 écus de petites loges à l'année, dont le produit réparti devoit entrer dans le calcul journalier : 4°. Qu'ils ont une infinité d'entrées arbitraires, dans lesquelles les auteurs ne devroient pas entrer, & qu'il faudroit mettre encore en ligne de compte. Les comédiens ont été fort indignés qu'un comique maçon les traitât avec cette hauteur. On assure qu'en conséquence ils ont arrêté qu'ils renverroient leurs rôles à M. Sédaine, & qu'elle ne seroit plus représentée, pour preuve de leur désintéressement & de leur générosité. Cette affaire fait grand bruit, & pourroit être mise en justice.

23 *Janvier* 1768. L'abbé Routh, ou plutôt le pere Routh, car il n'avoit jamais abjuré l'institut des jésuites, retiré à Bruxelles, vient d'y mourir. Il avoit travaillé à la continuation de l'Histoire Romaine des peres *Catrou* & *Rouillé*. Il avoit eu part aux journaux de Trévoux pendant plusieurs années, & passoit en outre pour un génie délié & politique, très-initié dans les mysteres de son ordre, dont il étoit grand enthousiaste.

24 *Janvier* 1768. M. l'abbé le Gendre, grand-oncle de Mad. la duchesse de Choiseul, de Mad. la maréchale de Broglio, frere de Mad. Doublet, fameuse par sa société illustre, sa-

vante & choisie, vient de mourir âgé de quatre-vingt-huit ans. C'étoit une espece d'homme de lettres médiocre, mais fort lié avec beaucoup d'auteurs, & sur-tout avec Piron, qui l'a célébré dans différentes pieces de vers. Il avoit fait une comédie du *Gourmand*. On peut juger par cet échantillon dans quel genre il travailloit. Il n'a rien fait imprimer. Du reste, M. l'abbé le Gendre avoit les mœurs très-douces, étoit un excellent convive, & jouissoit dans la plus grande vieillesse de cette santé du corps à laquelle contribue beaucoup la tranquillité d'ame, qu'il a conservée jusqu'au dernier instant.

24 *Janvier* 1768. On parle beaucoup d'une belle action de Mlle. Guimard, la premiere danseuse de l'opéra. Cet actrice, très-célebre par ses talents, ayant eu un rendez-vous dans un fauxbourg isolé, avec un homme dont la robe exigeoit le plus grand mystere, a eu occasion d'y voir la misere, la douleur & le désespoir répandus dans le peuple de ce canton, à l'occasion des froids excessifs. Ses entrailles ont été émues d'un pareil spectacle, & des deux mille écus, fruit de son iniquité, elle en a distribué elle-même une partie, & porté le surplus au curé de St. Roch, pour le même usage.

On sera peut-être surpris qu'il y ait un homme assez fou pour payer aussi cher une semblable entrevue. On le sera moins quand on saura que Mlle. Guimard est entretenue par M. le maréchal prince de Soubise, dans le luxe le plus élégant & le plus incroyable. La maison de la célebre Deschamps, ses ameublements, ses équipages n'approchent en rien de la somptuosité de la moderne Terpsichore. Elle a trois soupers par semaine : l'un composé des premiers seigneurs de la cour, & de toutes sortes de gens de considération : l'autre, d'auteurs, d'artistes, de savants, qui viennent amuser cette muse, rivale de madame Geoffrin en cette partie : enfin un troisieme, véritable orgie, où sont invitées les filles les plus séduisantes, les plus lascives, & où la luxure & la débauche sont portées à leur comble.

25 Janvier 1768. Les comédiens François ont donné aujourd'hui la premiere représentation des *Fausses Infidélités*, comédie en un acte & en vers de M. Barthe. On ne s'attendoit pas que le froid auteur de la piece exciteroit la sensation qu'il a faite aujourd'hui. On a trouvé dans son drame une adresse, une intrigue, une vivacité de dialogue, un piquant de style, qui lui ont procuré tous les suffrages. On ne peut dissimuler que le jeu des acteurs n'ait infiniment contribué à ce succès : Molé sur-tout s'est distingué par les graces & par le feu qui lui sont naturels, mais où il s'est en quelque sorte surpassé lui-même.

On a demandé l'auteur unanimement, qui a paru avec la modestie convenable dans un triomphe.

26 Janvier 1768. Il n'est point de passion que le temps n'use à la fin. Mlle. Clairon est dans la plus grande désolation ; M. de Valbelle, sur le cœur duquel elle comptoit au point de se flatter de l'épouser, vient de la jeter dans le désespoir par une apparition subite qu'il a faite après une longue absence, & un retour encore plus rapide en province, où il est, dit-on, éperdument épris d'une femme de considération.

26 *Janvier*

26 *Janvier* 1768. Les directeurs de l'opéra, pour se dédommager du peu de monde qu'ils ont à leur spectacle, ont imaginé de former des quadrilles pour les bals, qu'ils ont composés des danseuses les plus élégantes & les plus agréables, avec des habillements très-propres à exciter la curiosité. Ce genre varié d'amusements attire beaucoup de gens, amateurs de la nouveauté.

27 *Janvier* 1768. Les Italiens ont donné aujourd'hui la premiere représentation des *Moissonneurs*, comédie en trois actes & en vers, mêlée d'ariettes. Les paroles sont de M. Favart, & la musique est de M. Duni. Quant au drame, c'est exactement l'histoire de Booz, de Ruth & de Noémi. Il est singulier de voir un tel sujet présenté sur un pareil théatre. Quelque susceptible qu'il soit de morale & d'intérêt, il prête peu à la gaieté, aux sarcasmes, qu'on regarde comme l'assaisonnement des drames chantants. Il y a dans le premier acte des morceaux philosophiques sur l'agriculture, trop embellis, d'un esprit étranger à la chose. Quoi qu'il en soit, la piece a été reçue avec les transports qu'on a pour tout ce qui vient de cet auteur. La musique est agréable, mais n'a pas cette force d'harmonie dont *Philidor* a coutume de nous étonner. Madame Favart y a joué, comme de raison, & en faveur de l'enfant qu'elle vient d'avoir; on lui a permis de prétendre encore aux graces de la coquetterie. Quelques plaisanteries triviales & grossieres ont fait remarquer aux critiques deux sortes de style dans cet ouvrage, & l'on veut toujours que l'abbé de Voisenon prête sa main officieuse au Sr. Favart. Il est certain qu'on y a distingué deux sels tirés de différentes mines.

18 *Janvier* 1768. Le maufolée du cardinal de Fleuri, découvert depuis peu à St. Louis du Louvre, eft du Sr. le Moine. On y voit le cardinal couché, que la Religion reçoit dans fes bras. Aux pieds eft la France éplorée, qui détourne les yeux de ce fpectacle douloureux. Dans l'enfoncement on reconnoît l'efpérance, ferme fur fon ancre, qui levant les yeux au ciel, femble défigner le bonheur du cardinal. Cette derniere idée du compofiteur n'eft pas affez fentie par le commun des fpectateurs. La figure du cardinal eft très-bien. Celle de la Religion a de la nobleffe & de l'onction. On n'eft pas fi content de celle de la France. En général elles font trop coloffales pour la petiteffe du vaiffeau, & l'on ne peut y trouver le point de vue néceffaire. Ce monument, qui devoit être exécuté aux frais du roi, n'a été payé qu'en partie par S. M.; la famille a fait le refte, ainfi qu'une chapelle qui eft vis-à-vis, où le même artifte a fculpté en relief une annociation.

19 *Janvier* 1768. Il eft arrivé récemment de Rome un artifte fur lequel on fonde les plus grandes efpérances. C'eft le Sr. Guyard, fculpteur, l'éleve de Bouchardon, & qui, dès le temps qu'il fut queftion de la ftatue du roi, avoit fait un modele fupérieur à celui de fon maître. La menace que lui fit M. de Marigny de ne le point laiffer aller à Rome s'il ne brifoit fon ouvrage, a fait perdre ce morceau. On lui offrit en dédommagement une gratification de 7,000 liv. qu'il refufa. L'Apollon qu'il a fait pour M. Bouret, & qu'on voit à Croix-fontaine, eft un garant de fon talent. Le Sr. Guyard eft un homme

rustre, sans éducation, ne connoissant d'autre livre qu'une mauvaise traduction d'Homere; mais d'un génie chaud, ardent & d'une ame fiere & inflexible. Ses desseins ont autant de force que de sagesse. Un Anglois lui ayant offert à Rome 15,000 liv. de la figure d'Apollon, que M. Bouret n'a payé que 6,000 livres, il refusa; & ce trait est une preuve de sa façon de penser honnête & grande.

30 *Janvier* 1768. La comédie Françoise se délabre de plus en plus. Il est sur-tout urgent de trouver des acteurs dans le tragique. Le Sr. le Kain périclite, ne joue plus depuis long-temps; il a des obstructions, & l'on craint qu'il ne soit hors d'état de reprendre les rôles. Le Sr. Molé ne peut jouer que trois fois la semaine, & sa santé frêle tient à peu de chose. En conséquence ce sont tous les jours des débuts. Le public goûte quelquefois les nouveaux venus, & les siffle quelque temps après. Il est question aujourd'hui du Sr. *Auger*. Cet acteur, assez bon valet, & sur-tout dans les *Daves*, c'est-à-dire, dans l'espece la plus triviale, se présume des talents pour la tragédie. Il s'est offert, il a déclamé des morceaux sur le théatre des Menus : les amateurs ont cru lui reconnoître beaucoup de talents. Il apprend en conséquence différents rôles; il doit débuter après pâque dans ceux de le Kain. Sa taille, ainsi que sa figure, ne sont pas théatrales : il est difficile qu'un masque de valet aille sur la physionomie d'un empereur.

30 *Janvier*. On croit que le mandement de M. l'archevêque contre *Bélisaire*, après beaucoup de variations de la part de ce prélat, sera lancé incessamment, & même publié demain

dimanche au prône. Pour le coup, l'auteur absolument *in reatu* sera sans doute obligé de donner une rétractation, pour pouvoir rester dans le sein de l'académie Françoise. Un prêtre, nommé Vial, compatriote de Marmontel & l'homme de confiance de M. de Beaumont, avoit suspendu le coup jusqu'à présent : mais la foudre va partir. Les plaisants continuent à rire de l'auteur. On rajeunit l'épigramme ci-jointe, peu répandue jusqu'à présent :

Si Marmontel eût été Bélisaire,
Il eût bien mieux parlé du trône & de l'autel.
Si Bélisaire eût été Marmontel,
Il eût pris sagement le parti de se taire.

31 *Janvier* 1768. Le gentilhomme ordinaire de la chambre de service a voulu réconcilier le Sr. Sedaine avec les comédiens. Il l'a envoyé chercher, & l'a sollicité de faire quelques politesses à la troupe. Cet auteur s'y est refusé, & Préville a juré de ne point jouer dans *la Gageure de Village*, petite piece en un acte de ce poëte maçon, annoncée depuis long-temps. Il y a apparence qu'elle sera mise au rebut. L'autorité en général ménage beaucoup les histrions.

1 *Février* 1768. *Epigramme de M. de Voltaire contre M. Piron.*

Le vieil auteur du cantique à Priape,
Humilié, s'en alloit à la Trappe,
Pleurant le mal qu'il avoit fait jadis.
Mais son curé lui dit : «bon Métromane,
» C'est bien assez d'un plat *De profundis*;

» Raſſurez-vous : le ſeigneur ne condamne
» Que les vers doux, faciles, arrondis ;
» Ce qui ſéduit, voilà ce qui nous damne.
» Les rimeurs durs vont tous en paradis. »

1 *Février* 1768. Avant-hier on a brûlé au pied du grand eſcalier un livre intitulé : *l'Hiſtoire impartiale des Jéſuites, depuis leur établiſſement jeſqu'à leur premiere expulſion*, 2 *vol*. L'arrêt du parlement, rendu le 19 janvier & publié aujourd'hui, le condamne comme contenant des maximes dangereuſes, des principes erronés & une déclamation indécente contre tous les monaſtiques. Ce livre eſt de M. Linguet, auteur de la *Théorie des Loix*.

1 *Février*. On a publié hier au prône le mandement de M. l'archevêque de Paris, portant condamnation d'un livre qui a pour titre : *Béliſaire, par M. Marmontel, de l'académie Françoiſe*, &c. M. l'archevêque fait lui-même l'analyſe de ſon mandement dans ſa concluſion. Il y donne la récapitulation de tous les points traités dans le corps de l'ouvrage. Il y dit que la raiſon doit être ſubordonnée à la révélation ; qu'il ſera toujours glorieux aux ſouverains de protéger la foi catholique ; que c'eſt leur droit & leur devoir, en uſant du glaive, (comme il eſt dit au corps du mandement, page 34) ; que la religion catholique eſt le plus ferme appui du trône. La concluſion du mandement condamne l'ouvrage de *Béliſaire*, comme contenant des propoſitions fauſſes, captieuſes, téméraires, ſcandaleuſes, impies, erronées, reſpirant l'héréſie & hérétiques. Ce mandement contient 56 pages in-4°.

2 *Février* 1768. Extrait d'une lettre de Berlin, du 15 janvier 1768.... Le 30 octobre, l'académie royale des sciences de cette ville a tenu une assemblée extraordinaire, où l'on a lu l'éloge du jeune prince Henri de Prusse, mort à 19 ans de la petite vérole, au mois de mai 1767. Cet éloge, fait par le roi même, son oncle, est digne de l'un & de l'autre. Il est imprimé.

2 *Février.* On a dû jouer aujourd'hui sur le théatre de Mad. la duchesse de Villeroy, *L'Honnête Criminel.* Ce drame a été resserré & retouché, quant au style, par M. Marmontel & autres auteurs de cette cour-là. Ce sont les comédiens François qui représentent. Il y a eu dimanche une répétition très-larmoyante.

3 *Février* 1768. On a représenté en effet hier chez madame la duchesse de Villeroy, le drame de *L'Honnête Criminel.* Les spectateurs en ont été très-satisfaits. Ce qu'il y a de plus grand à la cour & à la ville y a assisté. Plusieurs ministres y étoient, entr'autres M. le comte de St. Florentin, qui a été sollicité très-vivement pour en permettre la représentation sur le théatre de la comédie Françoise. Il a témoigné être très-disposé à écouter favorablement cette demande, mais n'a pas cru devoir prendre sur lui de donner sur le champ la permission, avant que d'en avoir pris l'ordre du roi. Il a promis ses bons offices auprès de S. M., & a demandé que la piece lui fût remise telle qu'elle venoit d'être jouée, pour être mise sous les yeux du monarque. Les changements en effet la rendent plus théatrale & plus susceptible de la faveur du gouvernement. M. de Falbaire, l'auteur du drame, étoit à cette

représentation : il y a reçu les compliments de toute l'assemblée. Si le gouvernement permet qu'on joue cette piece, il faudra nécessairement changer le titre qui est faux ; on pourroit y substituer : *La Piété filiale récompensée.*

3 *Février* 1768. On donne demain *Dardanus*, après différents délais occasionés par les tracasseries de ce tripot lyrique. Le Sr. le Gros ne veut point faire le rôle de *Dardanus*, tant que Mlle. Arnoux fera celui d'*Iphise*. Il ne peut pardonner à cette actrice de l'avoir traité injurieusement, & de lui avoir donné des épithetes qui choquent son amour-propre. Les directeurs ont en vain essayé de raccommoder ces deux especes ; & par une suite de l'anarchie introduite à tous les théatrales, on a l'indulgence de se prêter aux délicatesses & aux fantaisies de ces gens à talents, qu'on gâte de plus en plus.

4 *Février* 1768. *Dardanus* joué aujourd'hui, seroit complétement bien remis sans le Sr. Pilot qui gâte tout. Ce chanteur a été reçu avec les dégoûts ordinaires du public, & poursuivi de huées qu'on lui prodigue au lieu d'applaudissements. Le poëme, d'une contexture vraiment théatrale, dont les paroles pleines de force & d'harmonie ont si dignement inspiré le musicien, & encore mieux goûté, en sortant de la barbarie & du chaos d'*Ernelinde*, ouvrage où l'auteur, au lieu de merveilleux, semble avoir entassé toutes les absurdités imaginables. Aussi a-t-on changé peu de chose au drame, ainsi qu'à la musique. On a ajouté à la fin une ariette des plus Italiennes. Elle est chantée par le Sr. Narbonne ; & quoique disparate avec le reste, elle a trouvé

des partisans qui l'ont admirée comme hors d'œuvre, & l'ont fort applaudie.

Les ballets sont exécutés avec beaucoup d'art, & par les meilleurs danseurs. Le Sr. Vestris & Mlle. Guimard, principalement dans le quatrieme acte, dans une pantomime très-voluptueuse, ils excitent les sensations les plus vives & les plus soutenues dans l'ame des spectateurs.

4 *Février* 1768. *Louison Ray*, jeune danseuse surnuméraire de l'opéra, vient de mourir de la poitrine. C'étoit un sujet d'espérances. La perte de ce rejeton de la famille des Rays, recommandable du théatre, féconde en éleves pour les séminaires de Vénus, a jeté la désolation dans les quadrilles des bals. Nous avons encore à l'opéra, Mde. Pitrot, issue de cette tige, & une Ray, danseuse en double & figurante.

5 *Février* 1768. Le bal de cette nuit a été fort gai. Le Sr. Poinsinet en a fait les honneurs & le plaisir en grande partie. Différentes demoiselles des quadrilles, à la tête desquelles étoit mademoiselle Guimard, ont entouré le poëte qui n'étoit point masqué, & sans dire gare, sont tombées sur lui à coups de poing, à qui mieux mieux. En vain le pauvre diable, qui n'osoit se venger, demandoit pourquoi on le tourmentoit ainsi ? *Pourquoi as-tu fait un méchant opéra*, lui répondoit-on en chorus ? Et les coups de pleuvoir de nouveau sur lui comme grêle. Cette farce, assez bête, a attiré tous les spectateurs, & n'en est pas moins désagréable pour le Sr. Poinsinet, qui a eu beaucoup de peine à s'échapper, roué, moulu de coups, maudissant sa gloire, & sentant combien une grande réputation est à charge.

5 Février 1758. Il s'est répandu depuis quelque temps un livre *sur l'origine & la propriété des biens ecclésiastiques*. On l'attribue à M. le marquis de Puységur, lieutenant-général des armées du roi. Il a fait grand bruit par la nouveauté des systêmes de l'auteur. Il y prétend spécialement que les biens ecclésiastiques ne sont autre chose que des usurpations sur la noblesse, que c'est mal-à-propos que le clergé s'intitule le premier ordre de l'état, puisqu'il n'est point un ordre distinct & ne peut l'être. Ces assertions hardies dans ce siecle de paradoxes, ont effrayé le clergé, qui est en mouvement pour faire arrêter & supprimer le livre.

6 Février 1768. Les comédiens François se disposent à donner jeudi prochain une petite comédie de M. *Rochon de Chabannes*, intitulée : *les Valets Maîtres de la maison*, ou *le Tour de Carnaval*. M. Barthe, auteur *des Fausses Infidélités*, dont le succès continue, a été alarmé de cette nouveauté. Il a fait ce qu'il a pu pour en empêcher la représentation : il continue à regarder ce procédé comme une iniquité de la part des comédiens & de M. Rochon, son ami. Celui-ci se défend sur ce qu'il ne peut faire un pareil sacrifice, le titre & la maniere de sa piece exigeant absolument qu'elle soit jouée en carnaval pour faire quelque sensation. L'aréopage comique paroît avoir égard aux raisons du dernier.

6 Février. Il se répand une épître de monsieur Marmontel à mademoiselle Guimard, trop longue pour être transcrite ici. C'est à l'occasion de l'aumône dont on a parlé. Le poëte, qui l'appelle *la belle damnée*, étale dans cette plaisanterie une gaieté pédantesque. On voit qu'il cherche à faire contre fortune bon cœur. Elle ne cadre nullement avec la componction qu'il devroit avoir, & ne sent point le pénitent gémissant sous les censures ecclésiastiques.

A propos de Mlle. Guimard, on a oublié de dire que M. de la Borde, le valet-de-chambre ordinaire du roi, ne contribue pas peu à soutenir le luxe de cette actrice. M. le maréchal prince de Soubise est l'amant honoraire; le second est l'amant utile, mais modeste, se tenant toujours dans la plus grande réserve, sortant comme les autres, & même avant les autres, des soupers brillants qu'elle donne toutes les semaines, ainsi qu'on a dit.

7 *Février* 1768. L'énumération des pieces traduites du Portugais, concernant les ci-devant soi-disant jésuites, est innombrable, & toutes tendant à inculper cette célebre société. Parmi celles qui ont été publiées, on vient d'imprimer le requisitoire présenté au roi de Portugal par le procureur-général de sa couronne, sur les circonstances critiques où se trouve cette monarchie depuis que la compagnie de Jesus a été bannie & expulsée des domaines de France & d'Espagne. Cet écrit réunit une foule de faits qui semblent démontrés certains & incontestables, pour prouver l'abus énorme que dans tous les temps les jésuites ont fait de leur institut pour parvenir à leurs fins *per fas & nefas*.

7 *Février*. Un écrit imprimé, portant pour titre : *Entretiens sur l'assemblée des états de Bretagne*, 1766, a été dénoncé vendredi 5 au parlement, & il a été ordonné qu'il seroit communiqué au procureur-général du roi, pour donner ses conclusions mardi 9.

7 Février 1768. La Sorbonne est aujourd'hui l'objet des sarcasmes de tous nos modernes philosophes. Chaque jour ce sont de nouveaux pamphlets où l'on rappelle des anecdotes peu flatteuses pour ce corps. On vient d'imprimer une prophétie où elle est fort maltraitée.

8 Février L'*Honnête Criminel* ne sera pas joué sur le théatre de la comédie Françoise : le ministere ne veut & ne peut absolument se prêter à laisser donner au public un spectacle qui jette une sorte d'exécration sur une loi rigoureuse, mais qu'on regarde comme nécessaire. En effet il question dans ce drame d'un pere puni pour avoir assisté à des assemblées de protestants illicites & contraires aux ordonnances. Le crime n'est pas d'être protestant, mais de favoriser par des associations nombreuses un esprit de révolte & d'indépendance.

9 Février 1768. La piece des *Moissonneurs* aux Italiens continue d'etre jouée avec beaucoup de succès. L'abbé de Voisenon prétend plaisamment, sur le reproche qu'on faisoit à Favart d'avoir profané l'écriture sainte, en mettant sur la scene un pareil sujet; que ce n'est point l'ancien testament que l'auteur a eu en vue, mais un conte du pere Berruyer, qu'on a gazé comme on a pu. Ce jésuite, en effet, est accusé d'avoir fait un roman de son *Histoire du Peuple de Dieu*.

9 Février. Dans l'assemblée de la faculté de théologie du 3 de ce mois, il a été fait lecture d'une lettre de M. le comte de St. Florentin au syndic, pour lui dire que l'intention du roi étoit toujours qu'il ne fût plus parlé ni délibéré en rien sur la conclusion de la *Censure de Bélisaire*. Malgré cette lettre & les défenses de la part du roi, la faculté continue à s'occuper de cet objet dans des assemblées particulieres.

Elle n'est pas contente du mandement de M. l'archevêque. Elle reproche à son tour à ce prélat, ou à ceux qui ont fait son mandement, de ne s'être pas expliqué nettement sur la matiere traitée dans la conclusion de la *Censure de Bélisaire* par cette même faculté.

9 *Février* 1768. Le parlement a supprimé ce matin l'imprimé, portant pour titre : *Les Entretiens sur la Bretagne*, &c.

9 *Février*. M. l'archevêque, échauffé par les *Zelanti*, s'est plaint au gouvernement de l'audace avec laquelle le Sr. Favart a osé traduire sur le théatre de la comédie Italienne un sujet de l'écriture sainte. Il a demandé la suppression de ce drame, tant à la représentation qu'à la lecture. On en a suspendu la vente. Quant au premier point, la piece va encore, & la chose est restée indécise.

10 *Février* 1768. Le Sr. le Gros a pris le rôle de *Dardanus*, Mlle. Beaumesnil ayant fait celui d'*Iphise* dimanche & mardi.

10 *Février*. La prophétie dont on a parlé, est attribuée à M. de Voltaire. La voici :

La prophétie de la Sorbonne, de l'an 1530, tirée des manuscrits de M. Baluze. Tom. I. p. 117.

Au *primâ mensis* tu boiras
Assez mauvais vin largement ;
En mauvais latin parleras
Et en françois pareillement.

Pour & contre clabauderas
Sur l'un & l'autre testament ;

Vingt fois de parti changeras
Pour quelques écus seulement (1).

Henri Quatre tu maudiras
Quatre fois solemnellement (2);
La mémoire tu béniras
Du bienheureux Jacques Clément (3).

La bulle humblement recevras,
L'ayant rejetée hautement (4);
Les décrets que griffonneras,
Seront sifflés publiquement (5).

Les jésuites remplaceras,
Et les passeras mêmement :
A la fin, comme eux, tu seras
Chassé très-vraisemblablement (6).

10 *Février* 1768. Dans une séance tenue à la faculté de médecine, pour confirmer le jugement porté par ce corps sur l'inoculation, il a été lu un mémoire de M. l'Epine, l'un des commissaires, qui en avoit déja donné un contre

―――――――――――――――――――――――

(1) On a encore à Londres les quittances des docteurs de Sorbonne, consultés le 2 juillet 1530 sur le divorce de Henri VII, par *Thomas Kronck*, agent du Tyran, qui délivra l'argent aux docteurs.

(2) Il y eut quatre principaux libelles de Sorbonne, appelés *Décrets*, qui méritoient le dernier supplice. Le plus violent est du 17 mai 1590. On y déclare excommunié & damné le grand Henri IV, ainsi que tous ses fideles sujets.

(3) Le moine Jacques Clément, étudiant en Sorbonne, ne voulut entreprendre son saint parricide, que lorsque 72 docteurs eurent déclaré unanimement le trône vacant, & les sujets déliés du serment de fidélité le 7 janvier 1589.

(4) On sait que la Sorbonne appella de la bulle *Unigenitus* au futur concile en 1718, & la reçut ensuite comme regle de foi.

(5) C'est ce qui vient d'arriver, & ce qui désormais arrivera toujours. (6) Amen !

l'inoculation, & qui replique dans celui-ci à monsieur Petit, auteur du mémoire en faveur de cette méthode. Cet ouvrage a occasioné de nouveaux débats, des querelles même indécentes: ce qui a davantage embrouillé la matiere. On a demandé communication du mémoire de M. de l'Epine, & il est question d'y répondre.

11 *Février* 1768. M. l'abbé Barthelemy est fort scandalisé d'une farce jouée au bal, qui est une espece d'épigramme en action contre lui. Un grand homme maigre, sec, déguingandé comme cet abbé, s'est présenté devant l'assemblée, masqué en Suisse, avec une calotte & un manteau noir: *Qu'est-ce que cela, beau masque? De quel état êtes-vous? Abbé ou Suisse?* — *L'un & l'autre, tout ce qu'on voudra, pourvu que cela me rende 30,000 liv. de rentes.* On prétend que M. le duc de Choiseul est irrité de cette critique, & voudroit découvrir le plaisant.

12 *Février* 1768. La piece de M. Rochon, intitulée: *Les valets-maîtres de la maison, ou le Tour de Carnaval*, a été jouée aujourd'hui. Ce n'est qu'une farce établie sur un fond trivial. Rien de piquant dans l'intrigue ni dans le style. Le seul caractere assez plaisant est celui de Préville, qui a quelquefois des saillies heureuses, une critique fine, très-disparate avec le gros sel dont est saupoudré le reste du drame. Il est en prose, & ne peut faire tort à celui de M. Barthe. On doute que cela passe le carnaval.

13 *Février* 1768. Outre l'*Almanach des spectacles*, intitulé: *Les Spectacles de Paris*, les intendants des menus font imprimer, par ordre des gentilshommes de la chambre, un autre almanach, qui a pour titre: *Etat actuel de la mu-*

fique & des trois spectacles, &c. C'est le sieur Ventes libraire, qui a ce privilege, & le livre n'est soumis à aucune inspection de police. Il s'est adressé au Sr. Poinsinet pour faire l'article historique de la comédie Italienne, c'est-à-dire, une notice ou espece d'avertissement concernant ce spectacle. Cet auteur l'a traîné en longueur jusqu'à la veille du jour de l'an ; & dans un moment où il le savoit à Versailles, il a envoyé le morceau. Le Prote & autres garçons, très-pressés & instruits de l'attente du libraire, se sont mis tout de suite en besogne, & l'on a porté l'almanach en présent, suivant l'usage, aux acteurs de la comédie. Ceux de la comédie Italienne ont été fort surpris de s'y voir très-maltraités, & d'y trouver un éloge complet du petit auteur ; ils s'en sont plaints à M. le duc de Duras. On a arrêté la vente de l'almanach, & l'on a été obligé de mettre un carton pour corriger l'impertinence du Sr. Poinsinet. Le premier exemplaire est devenu très-rare & fort cher.

14 *Février* 1768. Des lettres de Hambourg du 27 janvier, disent, qu'au rapport de quelques voyageurs revenus depuis peu de Turquie, les imprimeries sont devenues fort communes dans l'empire Ottoman, malgré les protestations des imans ou ecclésiastiques qui avoient intérêt à s'y opposer ; & d'autres disent au grand préjudice d'un grand nombre de personnes, tant dans les villes qu'au fond des provinces, qui gagnoient leur vie en faisant des copies de livres. Quoi qu'il en soit, ces progrès y sont sensibles, & il se trouve des Musulmans qui traduisent les ouvrages François en langue Turque & les font imprimer.

14 *Février* 1768. M. le maréchal de Richelieu ayant désiré voir jouer *Auger* dans le tragique, avant son départ pour son gouvernement, ce comédien doit débuter dans ce genre incessamment. Il prend les rôles du Sr. le Kain dans les *Illinois, Warwick, Rhadamiste & Zénobie*. Cette grande & importante nouvelle intéresse beaucoup les amateurs qui se disposent à rire.

15 *Février* 1768. De tous les scandaleux écrits qui ont paru jusqu'à ce jour, aucun ne mériteroit plus l'anathême des sages maîtres que celui qu'on vient d'imprimer sous le titre du *Cathécumene*. L'auteur, qui se cache, y rassemble, en 34 pages in-12 d'impression, sous une fiction ingénieuse, tout le sel de la plus coupable plaisanterie. On ne peut pas pousser plus loin l'ironie & le sarcasme sur les matieres les moins faites pour en être l'objet. On ne doute pas que cet ouvrage ne soit de M. de Voltaire.

15 *Février*. L'ariette qu'on avoit ajoutée à la fin de *Dardanus* est de la composition du Sr. *Trial*, l'un des directeurs de l'opéra. Il y avoit un grand accompagnement de cor-de-chasse. Elle n'a pas fait fortune depuis le premier jour. Elle faisoit une disparate si sensible, que les connoisseurs se sont recriés contre cette interpellation musicale. Ils ont trouvé que cette broderie légere & toute de clinquant, n'alloit point sur la magnifique étoffe du corps de l'ouvrage. On ne chante plus.

16 *Février* 1768. On écrit d'Amsterdam qu'on se dispose à jouer en Hollande la piece de *l'Honnête Criminel*, dont la lecture a fait la plus grande sensation.

16 *Février*. Un cordonnier de femme nom-

mé *Charpentier*, fait aujourd'hui le second tome de monsieur André, perruquier, si fameux, il y a quelques années, par sa piece du *Tremblement de terre de Lisbonne*. Celui-là ne compose point encore, mais joue des comédies chez lui, entre autres *Zaïre*, où il exécute le rôle d'*Orosmane*. Cette parade fait l'histoire du jour dans ce pays de modes & d'oisiveté, sur-tout depuis que le duc de Chartres y a assisté avec d'autres seigneurs de la cour. Ce prince y est allé à six chevaux, & c'est à qui aura des billets pour ce spectacle burlesque.

17 Février 1768. M. Poinsinet ne joue pas toujours un rôle passif; il attaque à son tour & vient de s'escrimer contre M. Marmontel, qu'il plaisante sur son épître à Mlle. Guimard. C'est une espece de lettre en vers, où il reproche à ce philosophe de louer l'action de cette demoiselle, comme si elle étoit extraordinaire parmi les filles de son état, qu'il trouve aussi susceptible d'humanité que les autres. Il le blâme ensuite de prétendre qu'un théologien, comme tel, ait nécessairement un cœur de bronze. Cette facétie est trouvée par bien des gens plus légere que celle de M. Marmontel, ouvrage en effet d'un auteur toujours devant son bureau.

18 Février 1768. Les directeurs actuels de l'opéra, voulant encourager les auteurs à travailler pour leur théâtre, reconnoître les talents de ceux qui ont bien mérité du public par les ouvrages qu'ils ont donnés, ont demandé au ministre la permission de donner une pension de 1,000 livres sur l'académie royale de musique à M. de Mondonville: ce qui leur a été accordé.

Les anciens directeurs avoient rendu le même honneur à Rameau, à qui l'on fit 1,500 livres de pension.

17 *Février* 1768. M. Hosti, médecin très-renommé pour l'inoculation, est de retour de Londres depuis quelques jours. Il étoit passé en Angleterre par ordre du gouvernement, pour y prendre encore de nouvelles lumieres sur l'art d'inoculer, que le ministere a fort à cœur d'accréditer, s'il répond à l'idée qu'on en veut donner en politique, & qui paroît justifiée par beaucoup de faits.

19 *Février* 1768. Le Sr. Sedaine va bientôt paroître en justice pour une anecdote qui ne lui fait point honneur, quelque bon que son procès paroisse au fond & dans la forme. On a parlé de son mariage, exécuté l'année derniere, & de la réclamation de madame le Comte, morte de chagrin. L'ingratitude de ce poëte maçon a contribué autant que la jalousie à faire périr cette femme de douleur. Elle avoit fait donation au Sr. Sedaine d'une maison ayant trois corps de logis, bon & excellent bien. On prétend qu'il voulut, dès qu'il fut marié, la mettre à exécution, & faire sortir cette bonne femme de chez elle. Cette scene de *Tartufe* renouvellée, est un des moyens que font valoir les héritiers pour rentrer en possession du bien, & faire casser une donation qu'ils regardent comme le fruit de la séduction & de l'obsession.

20 *Février* 1768. Le Sr. Auger a débuté hier dans le rôle de *Huascar* dans la tragédie des *Illinois*. Il y avoit une affluence de monde prodigieuse. Cet acteur n'a pas eu tout le succès qu'il se promettoit. On ne lui a trouvé ni la chaleur ni la noblesse nécessaires pour un pa-

reil rôle. Il a cependant été applaudi, sur-tout dans un endroit où, ayant mal débité deux vers qui l'ont fait huer, il n'a point perdu la tête, les a recommencés avec une autre inflexion de voix, & a entraîné les suffrages.

20 *Février* 1768. M. l'abbé Barthelemy vient de faire un acte de modération qui lui attire beaucoup d'éloges ; il a remis 5,000 livres de pension qu'il avoit sur le *Mercure*.

21 *Février* 1768. *L'homme aux quarante écus* est une nouvelle brochure de M. de Voltaire, où il prétend démontrer d'abord l'absurdité des faiseurs de projets qui voudroient n'établir qu'un impôt unique. Cette critique tombe sur *la Richesse de l'Etat*, & sur le livre de M. *de la Riviere*. Il enveloppe ensuite dans ses sarcasmes les deux sectes des *Economistes* & des *Commerçants*. Il traite après différentes matieres, qu'il passe en revue avec assez peu d'adresse. Il n'est pas jusqu'à la vérole qui n'y trouve sa place & son chapitre. Cette facétie n'est point amusante comme les autres : elle n'a ni graces ni légéreté. *Freron*, *Nonotte* & tous les autres plastrons ordinaires des railleries & des injures de M. de Voltaire, reparoissent encore sur la scene. Cela devient fastidieux jusqu'à la nausée.

22 *Février* 1768. On ne parle plus de l'affaire du Sr. Poinsinet. On assure pourtant qu'elle se poursuit toujours par les voies ordinaires de la justice. Des gens prétendent même qu'il y aura un mémoire, non par l'avocat Vermeil, mais par Palissot ; auquel cas il sera plus méchant que plaisant. D'ailleurs il est à craindre qu'il ne vienne trop tard.

22 *Février*. Le roi a rendu en son con-

seil d'état le 12 de ce mois, un arrêt qui supprime le livre de M. de Puiségur dont on a parlé. Son titre est *Réflexions intéressantes sur la prétention du clergé d'être le premier corps de l'état*. S. M. le regarde comme plein de principes faux, & comme contestant au clergé même ses propriétés.

23 *Février* 1768. M. le curé de St. Sulpice a invité l'académie royale d'architecture de vouloir bien examiner les moyens d'achevement du grand portail de sa paroisse, que M. Pattu, architecte du duc régnant des Deux-Ponts, a proposé, il y a quelques mois, dans un mémoire. En conséquence cette compagnie est actuellement occupée de cet objet important.

24 *Février* 1768. Il est parvenu en France quelques exemplaires d'un *Journal de St. Domingue*. Cet ouvrage dont on connoît ici 15 cahiers, a été commencé dans la colonie vers la fin de 1765. Il en paroît un par mois. Il contient en général des choses intéressantes pour le pays. Il est assez bien écrit; mais on assure que l'ouvrage ne se continue point. La souscription coûtoit sur les lieux 96 livres de France par année.

25 *Février* 1768. M. l'abbé Baudeau, secrétaire de la société des *économistes* & rédacteur de leur journal, appellé, *Les Ephémérides du Citoyen*, va en Pologne, où on lui fait avoir une prévôté royale, bon & excellent bénéfice. On prétend que le monarque d'ailleurs est bien-aise d'avoir ses conseils pour la législation, dont il doit devenir maître incessamment. Auquel cas il veut mettre en pratique *les principes essentiels de la société politique*, &c. En un mot, cet abbé va être le pendant de M. de la Riviere en Russie. Les gens de Paris, qui ont vu de près

ces modernes Solons, rient bien de voir associés au gouvernement des états ces philosophes cyniques, qui ne savent pas gouverner leur ménage. On reproche entr'autres choses à M. de la Riviere d'avoir une femme, qu'il tient éloignée de lui, & pour laquelle il a les plus mauvaises manieres.

26 *Février* 1768. *Le triomphe de la probité*, comédie en deux actes & en prose, imitée de *l'Avocat*, comédie de Goldoni. Madame Benoit est auteur de ce drame. La piece est conduite sagement & écrite avec facilité. On desireroit plus d'art dans le tissu de l'intrigue, & plus de force dans les caracteres.

27 *Février* 1768. Le *Théatre de Société* du sieur Collé vient enfin d'être rendu complet. Il est en 2 volumes.

Le premier contient, *Le Rossignol*, opéra comique en un acte; *La Veuve*, comédie en un acte & en prose; *Le Bouquet de Thalie*, prologue, joué avant *la Partie de Chasse de Henri IV*; *La partie de Chasse de Henri IV*, comédie en trois actes & en prose; *Les Adieux de la Parade*, prologue en vers libres; *Le Galant Escroc*, comédie en un acte & en prose; *Tanzaï & Néadarné*, tragi-comédie en un acte & en vers, précédée de *La Lecture*, prologue en prose.

Le second volume contient *l'Espérance*, prologue en vaudevilles, prose & vers; *Joconde*, opéra comique en deux actes; *Nicaise*, comédie en deux actes & en prose; *La Vérité dans le vin*, comédie en un acte & en prose; *Madame Prologue*, prologue en prose & vaudevilles, suivi d'un *Proverbe*, comédie; *Cocatrix*, tragédie amphigouristique, en vers & en cinq scenes; enfin,

La tête à Perruque, petit conte dramatique en un petit acte.

Ce *théatre* est vraiement de société, c'est-à-dire, fort libre & fort ordurier, très-propre à être joué chez des filles ou chez de grands princes. A quelques pieces près, toute imagination obscene en fera facilement autant.

28 *Février* 1768. L'inépuisable auteur du *siecle de Louis XIV* vient de donner sous le nom d'un sermon prêché à Basle, le 1 janvier 1768, par *Jôsias Rosere*, ministre du St. Evangile, un écrit très-agréable à lire. Il roule sur l'esprit de tolérance qui commence à se répandre de proche en proche. L'impératrice des Russies y est célébrée avec un faste, un enthousiasme fort à la mode chez la secte encyclopédique. Le roi de Pologne y est aussi prôné. Il est fâcheux que l'auteur, après avoir débuté d'une façon grave & imposante, ne puisse soutenir le même ton, & revienne aux mauvaises plaisanteries qu'il a remâchées cent fois contre la religion, qui peuvent faire rire dans un ouvrage *ad hoc*, mais toujours déplacées dans un discours sérieux.

1 *Mars* 1768. Il paroît un livre, intitulé: *Doutes sur le livre de l'ordre naturel & essentiel des sociétés politiques*. On y prétend que monsieur de la Riviere, sous l'apparence de l'amour de la justice & de l'humanité, n'est qu'un promoteur dangereux du despotisme le plus décidé & le plus complet. Il regne dans cet ouvrage une fierté de caractere, un goût pour la liberté, bien digne de l'auteur des *Observations de l'Histoire de France*. Tout le monde sait que le gouvernement a arrêté la suite de ce livre: que pour mieux fermer la bouche à l'abbé Mably on

avoit tâché de le séduire par la faveur; qu'en conséquence on avoit fait demander par S. M. même à M. l'évêque d'Orléans un bénéfice pour cet abbé, dont il est pourvu; qu'il est en outre occupé pour les affaires étrangeres. Bien des gens sont surpris de voir cet auteur, qu'on croyoit vendu à la cour, déployer dans ce nouvel ouvrage une vigueur, une indépendance plus propres au patriote qu'au courtisan. Il donne pourtant à croire qu'il n'a pris la plume que par ordre de la cour, ou, qu'avec son agrément; que M. de la Riviere n'a point rempli l'objet qu'il s'étoit proposé, & que son livre ne plaît point dans ce pays là autant qu'il l'espéroit. On en peut conclure que le gouvernement a peut-être bien autorisé M. l'abbé Mably à répondre à M. de la Riviere; mais que celui-ci a un peu abusé de la permission.

Le livre de M. de la Riviere déplaît au gouvernement, en ce qu'il voudroit ramener tous les impôts à un impôt unique, & que trop de gens sont intéressés au système contraire pour qu'il réussisse.

2 *Mars* 1768. On a parlé d'un ouvrage, intitulé: *Entretiens sur la Bretagne*, composé par ordre & sous les auspices de M. le duc d'Aiguillon. Il paroît aujourd'hui la contre-partie: c'est la *Lettre d'un gentilhomme de Bretagne à un noble Espagnol*. Elle est fort rare.

3 *Mars* 1768. On vient d'imprimer *les trois Imposteurs*, manuscrit relégué jusqu'à présent dans les plus profondes ténebres. Cet ouvrage, sur lequel il y a plusieurs dissertations pour prouver à qui on l'attribue, est un de ceux qui ont excité le plus de recherches dans leur temps. Aujourd'hui, que ce genre de dispute s'est multiplié

à l'infini, on n'y trouve plus que des choses peu nouvelles. On y a joint une lettre du sieur *Pierre Frédéric Arpe*, de Kiel dans le Holstein, auteur de *l'Apologie de Vanini*, imprimée à Rotterdam *in-8°*. 1712. Il rend compte dans cette lettre de la maniere dont il a eu le manuscrit *de Tribus Impostoribus*, & dont il en a fait la traduction : en sorte qu'il n'y a guere lieu de douter de l'existence de ce livre infernal.

4 Mars 1768. M. de Voltaire, grand défenseur de *Bélisaire*, vient de répandre une plaisanterie contre le mandement de M. l'archevêque de Paris sur cet ouvrage. Elle est intitulée: *Lettre de l'archevêque de Cantorbery à l'archevêque de Paris*. Cette facétie, dans laquelle l'Anglois appelle *Milord* le François, n'est soutenue ni par le raisonnement ni par la gaieté. Elle ne tire sa célébrité que de son auteur, & cette célébrité ne peut être qu'éphémere. Il y a un post-scriptum, où l'auteur a rapproché différents événements, concernant la décadence du pouvoir papal, sous une allégorie soutenue & dans le goût Anglois.

5 Mars 1768. Le tribunal de l'université a reconnu aujourd'hui dans une assemblée, à la tête de laquelle étoit le recteur, dans le requisitoire de M. Séguier & l'arrêt du parlement, concernant le bref du pape contre les ministres du duc de Parme, la doctrine de l'université, & en conséquence il a enrégistré, d'une voix unanime, le requisitoire & l'arrêt.

6 Mars 1768. Les représentations des *Moissonneurs* se continuent avec une fureur qui redoubleroit, s'il étoit possible, & si la salle pouvoit s'élargir. Il n'y a pas de représentation
où

où quelques gens étouffés, pour le moment, n'attestent la bonté du spectacle. Quoi qu'il en soit, les dévots sont outrés de ce succès, & n'ayant pu arrêter le cours de la piece, ils ont voulu se venger sur le censeur, dont voici l'approbation littérale.

« J'ai lu par ordre de monseigneur le vice-
» chancelier, *les Moissonneurs*. Si l'on n'avoit
» représenté sur nos théatres que des pieces de ce
» genre, il ne se seroit jamais élevé de question sur
» le danger des spectacles, & les moralistes les
» plus séveres auroient mis autant de zele à
» recommander de les fréquenter, qu'ils ont sou-
» vent déclamé avec chaleur pour détourner le
» public d'y assister. A Paris, ce 24 janvier 1768.
» (Signé) MARIN. »

Cette approbation, en effet, très-singuliere, a fait crier contre le sieur Marin, & le clergé s'est remué avec chaleur pour s'en plaindre. La rumeur paroît pourtant appaisée, mais il fait mettre des cartons à tous les exemplaires qu'il a pu tirer, & a substitué une approbation toute simple.

M. le contrôleur-général l'a rayé de sa main sur la liste des pensions, & il lui en a ôté une de 2,000 livres qu'il avoit.

7 *Mars* 1768. On débite à l'occasion des circonstances actuelles, relatives à la Bretagne & à la nomination de M. Ogier pour aller tenir les états extraordinaires de St. Brieux, une centurie de *Nostradamus*, que voici :

> Dans une armorique cité
> Doit être alégresse publique,
> Quand Aiguillon sera piqué
> Par le dard du valet de pique (1).

---

(1) Le valet de pique se nomme *Augier*,
Tome III.

(314)

8 *Mars* 1768. Madame Denis, niece de M. de Voltaire, & sa compagne fidelle depuis nombre d'années, vient de quitter ce cher oncle, & est à Paris depuis peu avec madame Dupuy, la petite-fille du grand Corneille, & qui doit son établissement au zele officieux de M. de Voltaire, &c. Cette séparation donne lieu à mille propos, que le temps seul peut éclaircir. On débite aussi que M. de Voltaire va à Stutgard, chez le prince de Wirtemberg, répéter des sommes considérables qui lui sont dues. D'autres donnent à ce voyage un motif plus important & plus fâcheux. Ils disent que M. de ****, accueilli par M. de Voltaire avec tant de bonté, a eu l'ingratitude de lui voler des manuscrits, où il s'explique avec toute la liberté qu'on se permet dans le silence du cabinet, sur le gouvernement de France, les ministres, le roi même, &c. Que dans la crainte que cette publicité ne lui attire des ennemis redoutables & de fâcheuses affaires, il avoit cru devoir prévenir la poursuite de sa personne, en se retirant chez l'étranger.

9 *Mars* 1768. Mlle. Heynel, danseuse de Stutgard, éleve du sieur l'Epy, éleve lui-même du sieur Vestris, est à Paris, & a débuté depuis peu à l'opéra. Sa maniere noble, majestueuse & accompagnée de graces sévères de la haute danse, attire tout Paris. On croit voir Vestris danser en femme. La structure un peu colossale de cette Allemande, & les grands traits de sa figure, ne plaisent pas également à tout le monde.

10 *Mars* 1768. *Relation de la mort du chevalier de la Barre, par M. C***, avocat aux conseils du roi, à M. le marquis de Beccaria.*

Toute cette histoire tragique est contée avec une oration bien propre à inspirer l'horreur la plus forte contre les auteurs du jugement dont il est question. Il faut se rappeller que ce malheureux jeune homme a été condamné à la mort pour quelques impiétés dont on l'accusoit, qui ne paroissent pas bien prouvées, qui pouvoient s'attribuer à un excès d'intempérance, & qui d'ailleurs ne faisoient aucun tort direct à la société.

11 *Mars* 1768. L'épître suivante, peu recherchée pour son mérite poétique, va être consignée ici comme pouvant servir à l'histoire & faire anecdote.

Epître à M. le président Ogier, sur sa mission en Bretagne.

Pour les fanges de la Vilaine,
Quitter les trésors de la Seine,
Cher Ogier, quel aveuglement !
Tu veux passer bien saintement
La rigoureuse quarantaine.
Reçois mes adieux : carnaval
Est trop bien ici pour te suivre
Dans un pays où tout va mal,
Où pas un homme ne s'enivre,
Nulle femme n'y songe au bal.
Long-temps j'en ai fait mes délices.
Mais depuis un lustre je vois
Qu'on ne parle à ces bons Gaulois
Que de dragons & de supplices ;
Que pour les réduire aux abois,
De par le plus juste des rois,
On a fait cent mille injustices
Et violé quarante loix.
Malheureux ! la cour les abhorre ;
Et les haïr ; c'est le bon ton.
Que vas-tu faire en ce canton !
Tu brûles d'être utile encore
A notre bien-aimé Bourbon ;

Tu veux que son peuple Breton
Plus que jamais l'aime & l'adore,
Et ne tremble plus à son nom.
Quoi donc oserois-tu lui dire
Qu'en dépit de leurs ennemis,
Les Bretons sont les plus soumis,
Les plus zélés de son empire !
Je te crois un peu trop prudent :
Dans ce pays, cher président,
Répands de nouvelles alarmes :
Prends ce qui lui reste d'argent ;
Laisse-lui ses fers & ses larmes.

12 *Mars* 1768. L'opéra a donné aujourd'hui pour la capitation, *Sylvie*, qui a été vue avec le concours ordinaire à de pareils jours.

14 *Mars* 1768. Mlle. Grandi, danseuse en double de l'opéra, & figurante d'un talent médiocre & d'une figure très-ordinaire, se plaignoit, il y a quelques jours, sur le théatre de l'opéra, d'avoir perdu un amoureux qui lui avoit donné mille louis en cinq semaines. Un des spectateurs lui dit qu'elle étoit faite pour trouver aisément à remplacer cette perte. La demoiselle répond que cela ne se répare pas si facilement : elle ajoute qu'en tout cas elle ne veut point d'amant qu'à la condition d'un carrosse & de deux bons chevaux, avec au moins cent louis de rentes assurées pour les entretenir. La conversation tombe. Le lendemain il arrive chez Mlle. Grandi un magnifique carrosse, attelé de deux chevaux. Trois chevaux suivent en lesse, & l'on trouve 130,000 livres en espèces dans le carrosse. On ne dit point encore le nom de ce magnifique personnage, bien digne d'être inscrit dans les fastes de Cythere. On l'assure étranger, ce qui est injurieux pour la galanterie françoise.

14 *Mars* 1768. On ne tarit point sur les histoires de toute espece auxquelles donne lieu l'arrivée de madame Denis dans ce pays-ci. Il passe pour constant aujourd'hui que M. de Voltaire est encore à Ferney, avec un secretaire & le pere Adam, qu'il a recueilli lors du désastre de la société, & duquel il disoit plaisemment en le présentant à la compagnie : *Messieurs, voilà le pere Adam. Il est inutile de vous avertir que ce n'est pas le premier homme du monde.* En effet, ce jésuite est, dit-on, très-borné.

15 *Mars* 1768. On apprend par des lettres de Mantoue, du 30 janvier, que l'académie des sciences & belles-lettres, établie l'année derniere dans cette ville, a proposé pour un des sujets des prix à distribuer au mois de novembre prochain, *de déterminer la méthode la plus simple de réunir la sûreté des approvisionnemens avec la liberté du commerce & de l'exportation des grains.*

16 *Mars* 1768. Le début du sieur Auger se continue sans succès. Il est absolument dénué de toutes les qualités propres à l'acteur tragique. La curiosité attire pourtant du monde, & à la faveur de ce concours, *les Valets maîtres de la maison* vont comme petite piece. Les voilà traînés jusqu'à demain pour leur onzieme & derniere représentation.

16 Mars. Vers de M. le chevalier de Boufflers à Mad. la comtesse de Boufflers sa mere, en lui envoyant les fables de la Fontaine.

  Voilà le bon homme qui fit
  Cent prodiges qui nous enchantent,
  Des fables qui jamais ne mentent,
  Et des bêtes pleines d'esprit.

La morale a besoin, pour être bien reçue,
Du masque de la fable & du charme des vers :
La vérité plaît moins quand elle est toute nue,
Et c'est la seule vierge en ce vaste univers
 Qu'on aime mieux à voir un peu vêtue.
  Si Minerve même ici-bas
  Venoit enseigner la sagesse,
  Il faudroit bien que la déesse
A son profond savoir joignît quelques appas.
Le genre humain est sourd quand on ne lui plaît pas.
Pour nous éclairer tous, sans offenser personne,
La savante Minerve a pris vos traits charmants ;
  En vous voyant je le soupçonne,
  J'en suis sûr quand je vous entends.

17 *Mars* 1768. *Trop est trop. Capitulation de la France avec ses moines & religieux de toutes les livrées, avec la revue générale de tous ses patriarches ; avec cette épigraphe :* tout arbre qui ne portera pas du bon fruit sera déraciné & jeté au feu. *Matth. chap. VII, v. 19.*

Tel est le titre d'une œuvre du sieur Maubert, mort depuis peu à Altona. On sait que cet auteur étoit transfuge d'un couvent de capucins de France ; il s'ensuit que les religieux ne sont sûrement pas bien traités dans cette brochure satirique, & qui par-là même est très-amusante. Il y regne une licence réprouvée chez les honnêtes gens, mais qui réveille leur attention.

19 *Mars* 1768. On écrit de Rennes que le procureur-général ayant requis que la *Lettre d'un gentilhomme Breton à un gentilhomme Espagnol*, dont on a parlé, fût brûlée par la main du bourreau ; un de MM. dit : *eh ! messieurs, ne nous lasserons-nous jamais de faire brûler la vérité ?*

L'arrêt qui condamne au feu cette brochure, a été rendu le 4 mars, suivant les conclusions du procureur-général.

20 *Mars* 1768. Le mariage de Mlle. Mazarelli, cette virtuose également connue sur le Parnasse & à Cythere, est enfin déclaré avec M. le marquis de Saint-Chamont : elle jouit de tous les honneurs & privileges de son titre de marquise ; elle a pris livrée ; on lui porte la robe, le sac, le carreau à l'église, &c.

20 *Mars* M. de Beauchamp, auteur de *la Recherche des théatres*, de quelques romans, pieces dramatiques, &c. est mort, il y a déja quelque temps, dans un âge assez avancé. Avant de mourir, il avoit consigné ses sentiments dans une espece de testament, qui roule purement sur sa façon de penser, & est une espece d'apologie de sa maniere de vivre. Il ne dit rien de nouveau sur les motifs d'incrédibilité, & répete seulement en assez bon ordre les principaux arguments qu'ont fait valoir ceux qui ont écrit sur cette matiere. Cet ouvrage manuscrit court dans les mains des gens du parti, & sans doute il sera imprimé quelque jour.

21 *Mai* 1768. Extrait d'une lettre de Leeds en Angleterre, du premier mars.... Il y a peu de jours que la société pour l'encouragement des arts, établie à Londres, a fait payer à M. Evert de Swillington, près cette ville, un prix de 50 guinées, pour l'invention de sa curieuse machine pour battre & moudre le bled, ensemble ou séparément.

22 *Mars* 1768. Si la réforme que l'on se propose de faire dans les communautés religieuses a le vœu du gouvernement & d'une partie même des ordres monastiques, il y a des particuliers intéressés à combattre, & quelques-uns se sont permis d'attaquer la commission par des écrits

qu'ils ont fait paroître anonymement. On vient d'y répondre sous le titre de *Lettres d'un religieux à son supérieur-général, sur la réforme des communautés religieuses ; troisieme lettre sur la conventualité.* On ne peut présenter avec plus de décence & avec de meilleures preuves les raisons que l'auteur met en avant pour assurer son assertion.

23 Mars 1768. Un chat s'étant introduit derniérement au parlement, dans l'assemblée des chambres, cet animal a attiré l'attention de messieurs ; M. de Saint-Fargeau, président à mortier, grand ami de cette engeance, a pris ce chat, & l'a caché sous sa robe, croyant arrêter par-là le désordre & le scandale ; mais cet animal a miaulé, égratigné, fait le diable ; & il a fallu le mettre à la porte. Un plaisant de l'assemblée, (M. Heron, conseiller) a dit là-dessus le bon mot, matiere de l'épigramme suivante :

> Tandis qu'au temple de Thémis
> On opinoit sans rien conclure,
> Un chat vient sur les fleurs de lis
> Etaler aussi sa fourrure.
> Oh ! oh ! dit un des magistrats,
> Ce chat prend-il la compagnie
> Pour conseil tenu par les rats ?
> Non, reprit son voisin tout bas,
> C'est qu'il a flairé la bouillie
> Que l'on fait ici pour les chats.

25 Mars 1768. Extrait d'une lettre de Londres, du 8 mars 1768.... M. Draper, colonel durant la derniere guerre, du 79me. régiment, a érigé dans son jardin de *Clifton* un magnifique cénotaphe, avec l'inscription suivante :

« Ce cénotaphe est consacré à la mémoire des guerriers du 79e. régiment, morts au service

» de S. M. Ce font eux en partie qui ont fou-
» tenu d'abord & repouffé les efforts redoutables
» & multipliés des François dans l'Inde, qui
» y ont empêché la destruction de nos établif-
» femens, & ruiné enfin ceux de nos ennemis.
» La défense de *Madrafs*, à jamais mémora-
» ble, la bataille décifive de *Wandewash*, douze
» forterefses puiffantes & importantes, trois ca-
» pitales fuperbes, *Arcot*, *Pondichery*, *Manille*
» & les *Ifles Philippines*, tout attefte dans les
» Indes la bravoure indomptable de ce régiment,
» les talens confommés de ces officiers, & l'hu-
» manité rare du foldat le plus groffier. Tels
» étoient tous les membres de ce corps victorieux,
» qui a étendu les conquêtes & la gloire de la
» Grande-Bretagne jufques dans les contrées les
» plus reculées de l'Afie.

» Leurs exploits rendent vraifemblables ceux
» des Grecs & des Romains, fi vantés & fi in-
» croyables. Ils méritent d'être tranfmis à notre
» derniere poftérité, & leur nom fera célebre,
» tant que le vrai courage, la valeur, la difci-
» pline, l'humanité, refpireront dans le cœur des
» Anglois.

» Trois officiers de l'état-major, dix capitaines,
» treize lieutenants, cinq enfeignes, trois chirur-
» giens & 1,000 foldats de ce régiment, ont péri,
» durant le cours de la derniere guerre. »

26 *Mars* 1768. *Ericie*, ou *la Veftale*, tragédie dont on a parlé, qui, fucceffivement préfentée à la police, à l'archevêque & à la Sorbonne, a paru contenir des tirades trop fortes
contre la vie religieufe, paroît imprimée. Ce
drame, qui n'eft autre chofe que l'acte de la
Veftale, ou *du feu tiré des élémens*, a le mérite

d'une action simple, étendue en trois actes. Il n'est pas traité aussi supérieurement que le sujet le comportoit, & d'ailleurs n'a point dans le style cette énergie nécessaire pour peindre toute l'horreur de la vie monastique : tableau qui paroît avoir été le principal but de M. de Fontanelle, & auquel son drame ne devoit servir que de cadre. Une épître de M. de la Harpe qui a paru, il y a plus d'un an, en dit beaucoup plus que M. de Fontanelle ; elle est intitulée : *Lettre d'un solitaire de la Trappe à M. l'abbé de Rancé.* On en a fait mention dans le temps.

27 *Mars* 1768. M. l'abbé Barthelemy a en effet remis 3,000 livres de pension qu'il avoit sur le *Mercure*, dont 1,000 livres en faveur de M. de Guignes, 1,000 en faveur de M. de Chabanon, 1,000 à la masse. Il en avoit déja remis 2,000 il y a quelque temps, dont 1,000 en faveur de M. Marin, censeur de la police, & 1,000 à la masse. Les arrangements ultérieurs du *Mercure* n'étant pas finis, les choses restent *in statu quo*.

27 *Mars.* L'abbé Baudeau ne part qu'au mois de mai pour la Pologne. On prétend que c'est l'évêque de Wilna qui l'appelle & lui a donné un bénéfice de plus de 20,000 livres de rentes. Il veut mettre en pratique les vues économiques de cet auteur agricole.

27 *Mars. La princesse de Babylone* est un roman de M. de Voltaire, espece de féerie ou de folie. Il y regne une grande gaieté, à laquelle il a su adapter des traits très-philosophiques, comme aussi des satires contre des personnages qu'il aime à remettre sur la scene.

28 *Mars* 1768. Un des principaux griefs de M. de Voltaire contre M. de la ✶✶✶✶, c'est d'avoir

retenu de mémoire les divers lambeaux que le premier récitoit à l'autre, du 2e. chant du poëme de *la guerre de Geneve*, & de les avoir fait paroître fans fon aveu ; d'autant qu'il y a une tirade contre *Tronchin*, que l'auteur n'eût pas voulu rendre publique. Tel eſt le fait, comme le raconte Mad. Denis.

28 *Mars* 1768. Mlle. Heynel, célebre danſeuſe de Stutgard, dont on a prôné le ſuccès prodigieux à l'opéra, où elle a débuté depuis peu, vient d'opérer une merveille plus grande encore ; ſes charmes ont ſéduit M. le comte de Lauraguais, au point de lui faire oublier ceux de Mlle. Arnoux. Il a donné pour préſent de noces à l'Allemande 30,000 livres, 10,000 à un frere qu'elle aime beaucoup, un ameublement exquis, un carroſſe, &c. On compte que la premiere coûte 100,000 livres à ce magnifique ſeigneur. Mlle. Heynel ne s'étoit jugée modeſtement qu'à 14,000.

30 *Mars* 1768. Il paroît très-conſtant que Mad. Denis eſt à Paris pour y reſter, que ſa ſéparation d'avec ſon oncle, M. de Voltaire, eſt une ſuite de querelles domeſtiques qui ne leur permettent plus de vivre enſemble. Les dépenſes conſidérables que M. de Voltaire a faites aux *Délices* & dans ſes châteaux de *Tourney* & de *Ferney*, ont fort dérangé les affaires de ce grand homme, qui n'a pas compté avec lui-même. Il ſe trouve aujourd'hui fort en avance ſur ſes revenus, dont la plupart ne ſont pas liquides. Ce qui l'a forcé à une réforme de maiſon, dont l'entretien étoit très-cher, & ſur-tout entre les mains de perſonnes peu économes.

Dans cet embarras, M. de Voltaire, qui ſe trouvoit un riche mal-aiſé, a voulu, pour ſe débarraſſer tout de ſuite de ſes créanciers & ſe mettre au niveau, vendre sa terre de *Ferney*, comme d'une défaite plus facile, ou comme celle dont la vente rendroit davantage. Il a fallu le consentement de Mad. Denis, sous le nom de laquelle elle étoit achetée; & cette niece l'a refusé opiniâtrement. *Inde ira.*

30 *Mars* 1768. Longchamps, cette promenade fort en vogue dans les jours de la semaine sainte, a commencé à s'ouvrir hier avec toute l'affluence que promettoit la beauté du jour. Les princes, les grands du royaume, s'y sont rendus dans les équipages les plus lestes & les plus magnifiques, les filles y ont brillé à leur ordinaire; mais mademoiselle Guimard, la *belle Damnée*, comme l'appelle M. Marmontel dans son épître peu catholique, a attiré tous les regards par un char d'une élégance exquise, très-digne de contenir les graces de la moderne Terpsichore. Ce qui a sur-tout fixé l'attention du public, ce sont les armes parlantes qu'a adoptées cette courtisane célebre : au milieu de l'écusson se voit un marc d'or, d'où sort un guy de chêne. Les graces servent de supports, & les amours couronnent le cartouche. Tout est ingénieux dans cet emblême.

30 *Mars.* La *Lettre d'un gentilhomme Breton à un noble Espagnol* roule principalement sur les menées des jésuites pour se venger de M. de la Chalotais : on leur impute tous les maux qui ont affligé cette province; on les regarde comme les émissaires d'un grand (M. le duc d'Aiguillon,) pour entretenir la division des esprits. Il regne dans cet écrit une aigreur peu propre à inspirer la confiance, & toujours mal-adroite de la part de l'auteur.

Fin du Troisieme Volume.

www.ingramcontent.com/pod-product-compliance
Lightning Source LLC
Chambersburg PA
CBHW071241160426
43196CB00009B/1137